浙江省哲学社会科学规划
后期资助课题成果文库

国际组织创业教育
发展策略研究

吴静超 著

ZHEJIANG UNIVERSITY PRESS
浙江大学出版社
·杭州·

图书在版编目（CIP）数据

国际组织创业教育发展策略研究 / 吴静超著. —杭州：浙江大学出版社，2022.7

ISBN 978-7-308-22784-1

Ⅰ.①国… Ⅱ.①吴… Ⅲ.①国际组织－创造教育－研究 Ⅳ.①G40-012

中国版本图书馆 CIP 数据核字（2022）第 111626 号

国际组织创业教育发展策略研究

Guoji Zuzhi Chuangye Jiaoyu Fazhan Celüe Yanjiu

吴静超　著

责任编辑	陈静毅
责任校对	黄梦瑶
封面设计	周　灵
出版发行	浙江大学出版社
	（杭州市天目山路 148 号　邮政编码 310007）
	（网址：http://www.zjupress.com）
排　　版	浙江时代出版服务有限公司
印　　刷	杭州良诸印刷有限公司
开　　本	710mm×1000mm　1/16
印　　张	18.5
字　　数	265 千
版 印 次	2022 年 7 月第 1 版　2022 年 7 月第 1 次印刷
书　　号	ISBN 978-7-308-22784-1
定　　价	69.00 元

前　言

　　国际组织是创业教育研究的蓝海。进入 21 世纪以来,以联合国系统为代表的各个国际组织纷纷开始制定创业教育策略以推动全球创业教育发展。本书以全球治理理论、多源流政策议程理论及全球政策发展理论为依据,对国际组织创业教育发展策略的生成背景、总体框架、推进举措进行了研究分析,总结了国际组织创业教育发展策略的特点、影响和局限性,以期为我国创业教育发展提供参考。

　　从全球治理的视角出发,国际组织将创业教育视为进行全球治理的关键手段,并制定了一系列创业教育发展策略。冷战结束以后,人类社会进入了新的发展阶段,全球化、可持续发展观念以及知识经济的冲击正改变着人类的思考和行为方式,贫困、不平等、失业、老龄化、环境污染等问题困扰着世界,2008 年全球性经济危机的出现更加剧了进行全球治理的紧迫性。国际组织因其地位、职能和作用领域的变化,在全球治理中肩负了更重的责任,而各主权国家和非政府组织对创业教育的关注,则为国际组织提供了解决全球问题的思路。与此同时,创业教育研究的深入与完善扩大了创业教育的影响力,增进了全球社会对创业教育的认识,创业教育也因不断被证明能够满足国际社会对于“发展”的需求而受到了国际组织的认可,并最终完成了策略转化。

1

国际组织创业教育发展策略由四部分构成。其一,国际组织确立了三维创业教育认知,旨在通过创业教育促进经济增长与体面就业,帮助极端贫困与边缘人口,实现个人价值与社会福祉。其二,国际组织呼吁构建终身创业教育体系,将创业教育融入基础教育、职业技术教育、高等教育和非正规教育。其三,国际组织强调完善创业教育的实施过程,通过设立明确的目标、发展课程与培训项目、改善师资与教学、探索多元的监督与评价方法等提升创业教育质量。其四,国际组织倡导多元力量参与创业教育,特别注重加强政策引导和各方合作。

本书以联合国教科文组织、世界银行、国际劳工组织三者为典型案例,分析了国际组织推进创业教育发展策略的主要举措。联合国教科文组织以理念倡导为主要职能,通过设立创业教育联盟和教席增进创业教育话语的全球传播,并依托已有的职业技术教育与培训项目宣传创业教育理念,始终坚持以人为本,倡导国际合作。世界银行集团将为各国创业教育发展提供经济援助视为己任,为创业教育与培训、初创企业和中小企业发展、创业教育外部环境改善提供经济支持,呈现出综合性、整体性和针对性的特点。国际劳工组织则致力于为各国创业教育发展提供技术支持,项目聚焦创业技能发展、创业管理培训、女性创业支持等领域,开发了可灵活使用的培训包,采取乘数策略培养创业师资,全方位支持创业教育发展并及时分享项目经验。

总体来看,国际组织创业教育发展策略呈现出公共性、立体性、指引性和合作性四大特点,并对国际创业教育发展产生了一定的积极影响:在国际层面强化了创业教育的合法性;在区域层面激发了创业教育活力;在国家层面推进了创业教育在国家教育体系中的融入。但国际组织创业教育发展策略也存在价值模糊不清、专业性有限、组织行为松散等局限,策略效果有待进一步加强。

目前,我国创业教育正处于从规模发展到质量转型的关键时期,国际组织创业教育的经验启发我们,应推进创业教育观念转型,建设创业教育生态系统,深化创业教育国际合作,实现创业教育内涵式发展。

吴静超

2021 年 9 月

目　　录

第1章

绪 论

国际组织关注创业教育由来已久。将研究视角聚焦于国际组织创业教育发展策略,无论是从创业教育学科自身的发展轨迹来看,还是从国内国际社会需求的角度出发,都具有重要的理论意义和现实意义,既能深化现有的创业教育理论,也有助于探索国际组织参与教育事业的具体路径。

1.1 研究缘起

在两个一百年交汇的重大历史时期,我国经济社会各领域变革为创业教育发展提供了肥沃的土壤。与此同时,国际组织作为国际社会致力于创业教育事业的一支重要力量,也对我国创业教育发展进程产生了不可忽视的影响,并逐渐成为创业教育比较研究的新对象。

1.1.1 国内视角:新历史时期创业教育的重要性

改革开放以来,我国经济、社会、教育、外交等领域都经历了翻天覆地的变化:与改革开放初期对比,我国国内生产总值占全球生产总值的比重由

1.8％上升到 15.2％，一跃成为世界第二大经济体；以民生建设为重点的社会建设加速前进，建立了世界上规模最大的覆盖 10.5 亿城乡居民的大病保险制度，人均寿命由 1981 年的 67.8 岁提高至 2017 年的 76.7 岁[①]；教育事业全面发展，九年义务教育巩固率达 93.8％，高等教育毛入学率由改革开放初期不足 5％到 2020 年的 54.4％；积极参与国际事务，承办奥运会、G20 领导人峰会等大型国际活动，牵头发起亚投行建设及"一带一路"倡议，引领全球治理，建设人类命运共同体。当前，我国正处在全面建设现代化强国的特殊历史时期，前所未有的发展机遇中也蕴含着严峻的挑战。经济下行压力、贫富差距带来的社会不安定因素、高校毕业生就业困难、以中美贸易摩擦为代表的国际压力陡升等问题亟须找到破解之法。在此背景下，创新创业因能释放经济活力、缓解就业压力、促进社会可持续发展而备受关注。通过创业教育培养具备创新思维和创业能力的创新型人才及潜在创业者，成为回应时代发展痛点的关键所在。

其一，创业教育能助推我国经济转型升级，实现由要素驱动、效率驱动到创新驱动的转变。世界经济论坛（World Economic Forum）将各经济体的经济发展水平划分为要素驱动、效率驱动和创新驱动三种类型。我国正处于由要素驱动、效率驱动向创新驱动转型的重要时期，推动"大众创业、万众创新"是实现经济转型的关键举措。习近平总书记在省部级主要领导干部学习贯彻党的十八届五中全会精神专题研讨班上的讲话中提到，我国经济发展的主要特点是："增长速度要从高速转向中高速，发展方式要从规模速度型转向质量效率型，经济结构调整要从增量扩能转向调整存量、做优增量并举，发展动力要从主要依靠资源和低成本劳动力等要素投入转向创新

---

① 习近平. 在庆祝改革开放 40 周年大会上的讲话[EB/OL]. (2018-12-18)[2019-03-14]. http://politics. people. com. cn/n1/2018/1218/c1024-30474793. html? form=rect.

驱动。"①实现这一转变,关键在创新。创新之道,唯在得人;而育人之道,唯在教育。全球创业观察(Global Entrepreneurship Monitor)在研究报告中指出,创业教育是影响创业的最重要的因素之一。② 世界经济论坛 2018 年全球竞争力报告显示,美国和丹麦分列创新生态系统中商业活力排名和创新能力排名的第一位,而这两国都十分重视创业教育。商业活力排名第一位的美国有 42 个州将创业教育设为高中必修课,有超过 5000 所高校提供创业教育课程;而创新能力排名第一位的丹麦,则提出了"创业从 ABC 到 PhD"的发展口号,将创业教育与普通教育充分融合。世界创新驱动国家的经验表明,开展创业教育有利于提高国家创新力,提升国家竞争力。

其二,创业教育能缓解人口结构变动带来的压力,应对人口老龄化衍生出的一系列问题。受计划生育政策、女性受教育水平、城镇化水平、房价等多重因素的影响,我国育龄人口生育意愿正在下降,生育率一直维持在较低水平。据预测,到 2030 年我国将会进入持续的人口负增长阶段。与此同时,中国社会面临着严峻的人口老龄化问题。按国际惯例,如果一个国家或地区 65 岁以上人口占比超过 7%,则意味着该国家或地区进入老龄化社会。而调查数据显示,中国老年人口数量持续走高,2017 年 65 岁以上人口占比为 11.4%,中国社会老龄化已成为一个不争的事实。③ 在低生育水平和高老龄化程度的双重夹击下,劳动力活力降低、创新力下降将是不可避免的问题。研究表明,青壮年时期是创业活力较高的时期,而老龄化程度越高的国

---

① 习近平. 在省部级主要领导干部学习贯彻党的十八届五中全会精神专题研讨班上的讲话 [EB/OL]. (2016-05-10) [2019-04-10]. http://www. xinhuanet. com/politics/2016-05/10/c_ 128972667. htm.

② GEM. Global report 2017—2018 [EB/OL]. (2018-01-30) [2019-03-14]. https://www. gemconsortium. org/report/50012.

③ 智研咨询. 2018 年中国人口老龄化现状分析及人口老龄化趋势 [EB/OL]. (2018-05-17) [2019-03-14]. http://www. chyxx. com/industry/201805/641672. html.

家,创业率越低。① 此外,与世界其他的老龄化国家相比,中国的老龄化还呈现出"未富先老"的特点,并直接表现为沉重的社会养老压力:预计到2050年,中国职工的抚养比将从现在的3∶1变为3∶2(即由3个职工养1个退休人员,变成1.5个职工养1个退休人员)。② 要解决这一问题,就要改变以往利用人口红利带动经济和社会发展的思路,转而通过培养创新人才、促进创业活动等方式,激活经济潜力,提高社会活力,寻求老龄化社会中蕴藏的发展机会,以创新手段解决养老、福利、医疗等社会问题,同时充分发挥老年创业的潜力。

其三,创业教育能满足互联网文化影响下个体对人生价值的追求。中国拥有世界最多的互联网用户,互联网对中国社会产生了难以磨灭的深刻影响。以百度、阿里巴巴、腾讯、字节跳动等巨头为代表的互联网产业,正在通过改变人们的信息获取途径、学习和工作方式、消费和社交观念,改变着人们的生活习惯,同时也通过改变人的行为来改变人的思维。正如央视纪录片《互联网时代》所言,互联网赋予了每个个体无限可能,增强个人力量,释放个体价值。互联网突破了百年来形成的专业屏障、权威评价和路径依赖,使个人获得平等而充分的展现机会,个人和个人力量汇聚,从而释放出以往不曾有过的自我价值与创造力。③ 在这个开放、平等、包容的互联网时代,人的个体意识正经历着前所未有的觉醒,人们开始寻找在传统的工作之外更充分地实现自我价值的途径。马克思的劳动异化理论曾指出,传统工业社会的生产关系和过于精细的生产分工使劳动者与其生产成果分离,削

---

① LIANG J, WANG H, EDWARD P L. Demograghics and Entrepreneurship[EB/OL]. (2014-09-18)[2019-03-14]. https://www.nber.org/papers/w20506.

② 智研咨询. 2018年中国人口老龄化现状分析及人口老龄化趋势[EB/OL]. (2018-05-17)[2019-03-14]. http://www.chyxx.com/industry/201805/641672.html.

③ 中央电视台. 互联网时代[EB/OL]. (2014-08-29)[2019-04-10]. https://www.iqiyi.com/v_19rrmmoflg.html? vfm = 2008_aldbd&fv = p_02_01#curid = 300066200_712b789484a5d5f2c87be8f1b526f22b.

弱了个体价值,而创业则被许多年轻人视为实现自我价值的途径。正如陶行知所言,"人生志在创业"。创业教育以培养合理的人生观为宗旨,以整个生活的教育作为出发点和归宿①,是帮助每一个有志者追求人生价值的重要方式。

1.1.2　国际视野:国际组织与创业教育的相关性

教育长期以来被视为国家主权范围内的事务,创业教育亦然,因而在国际创业教育的演进过程中,有一个十分重要且特殊的角色长期以来被大众忽略,那就是国际组织。实际上,国际组织与创业教育的关系之密切,从中国创业教育的发展进程中就可见一斑。联合国教科文组织(UNESCO)1989 年 11 月在北京召开的"面向 21 世纪教育国际研讨会"被多数学者视为中国创业教育的起点。在这次研讨会上,联合国教科文组织提出了"创业教育"(enterprise education,当时被翻译为"事业心和开拓技能教育")的概念,并在中国开设了"提高青少年创业能力的教育联合革新项目"。在此后的30 年间,联合国教科文组织与中国创业教育互相影响,至今仍保持着密切的联系。联合国教科文组织在中国设立了创业教育教席并建立了创业教育联盟(Entrepreneurship Education Net),多次组织学者对中国创业教育情况进行研究,曼谷办公室的高级官员也曾多次到访中国,参加创业教育会议等学术活动。虽然学界对"中国创业教育发端于联合国教科文组织"这一观点还有争议,但上述事例已足够表明该组织对中国创业教育的重大影响。除了联合国教科文组织外,国际劳工组织也对我国创业教育发展起到了很大的推动作用。2005 年 8 月起,共青团中央、全国青联、全国学联和国际劳工组织合作在我国大学中开展了解企业(Know About Business,KAB)创业

① 王占仁.中国创业教育的历史发端与科学表述论析[J].东北师大学报(哲学社会科学版),2015(4):181-186.

教育(中国)项目。截至 2017 年 2 月,KAB 项目已培训了来自 1500 多所高校的 9100 多名师资,在 330 多所高校设立大学生 KAB 创业俱乐部,1300 多所高校开设了"大学 KAB 创业基础"课程。①

除上述两组织外,欧盟、经济合作与发展组织(简称经合组织)、全球创业观察等国际组织均对创业教育给予巨大的关注。欧盟从 20 世纪末起颁布了多个超国家层面的创业教育策略,在"创业 2020 行动计划"中明确将创业教育作为支撑欧洲创业发展的三大支柱之一;经合组织自 2011 年起每年发布创业调查报告,积极关注创业及创业教育的发展进程;全球创业观察每年邀请来自各国的学者进行国际合作调研,发布全球报告和地区报告,为各国创业与创业教育发展提供参考。国际组织在创业教育领域所做的诸多努力,无不是为了实现组织使命,完成组织目标。无论是重视教育与青少年权益的联合国教科文组织和国际劳工组织,还是致力于促进经济进步的经合组织和全球创业观察,都选择了创业教育。因而,研究国际组织创业教育,有助于我们更全面和准确地理解创业教育的重要价值,并从国际组织的创业教育发展策略中汲取先进经验。

1.1.3 学科视点:创业教育比较研究的新趋势

在社会需求和国家政策的双重推动下,我国创业教育研究持续升温。以中国知网收录的论文总数为参考,从 2007 年不足 1000 篇(844 篇)到 2017 年逾 8000 篇(8266 篇),增长了近 9 倍。创业教育研究文献的聚类分析显示,创业教育及教学研究、中外高校比较研究、大学生自主创业研究、大学生创业素质能力培养和创业环境研究是我国创业教育研究的五大领域。②

---

① 关于 KAB 创业教育(中国)项目[EB/OL]. (2011-09-15)[2019-03-15]. http://chuangye. cyol. com/content/2011-09/15/content_4894576. htm.

② 黄兆信,李炎炎,刘明阳. 中国创业教育研究 20 年:热点、趋势与演化路径:基于 37 种教育学 CSSCI 来源期刊的文献计量分析[J]. 教育研究,2018,39(1):64-73.

由此可知,比较研究在现有的创业教育研究中占据了重要位置。开展国际比较研究,有利于创业教育研究者和政策制定者全面把握创业教育国际发展趋势,吸收和借鉴国际先进经验,客观评估国内创业教育总体水平和优劣势,也为我国创业教育的快速发展奠定了理论基础。

纵观国内创业教育比较研究的现有成果,国别研究仍是主流。截至2019 年 4 月,通过对《教育研究》和《比较教育研究》两种国内比较教育研究领域顶级期刊已刊发的 113 篇以创业教育为主题的论文进行统计和分析可得,对发达国家创业教育的研究共 33 篇,研究对象包括美国、英国、日本、新加坡、韩国、加拿大、芬兰、瑞士、俄罗斯、荷兰、法国、澳大利亚,其中以美国为研究对象的论文共 16 篇,占总数的近一半。此外还有 4 篇论文以印度、坦桑尼亚等发展中国家的创业教育为研究对象。而与国别研究相比,我国对国际组织创业教育的研究却相对较少,仅有 4 篇对欧盟的创业教育的研究分析及 1 篇联合国教科文组织创业教育会议综述。

但我们必须意识到,随着全球化的不断加深和全球治理理论的普及,国际组织理应成为比较教育研究新的不可或缺的研究对象,其中包括与教育相关的政府组织和非政府组织。[①] 国际组织是国际社会的重要组成部分,能够制定和促进跨国理念与原则,从而指导各国的实践。国际组织能够通过话语传播、资金援助、专家援助等手段支持和影响各国教育发展。[②] 毋庸置疑,国际组织在创业教育发展中也扮演了至关重要的角色。2015 年以来,也逐渐有学者开始关注国际组织在创业教育研究中的贡献,在《美国大学生创业的外部支撑体系研究》《美国高校社会创业教育研究》《美国研究型大学创业生态系统研究》等多篇博士论文中,都有一定的篇幅对已有的国际组织创业教育策略进行梳理和论述,足以见得国际组织在创业教育比较研究中

---

① 张民选,夏人青. 全球治理与比较教育的新使命[J]. 教育发展研究,2017,37(17):1-9.

② MCNEELY C L. Prescribing national education policies: the role of international organizations[J]. Comparative education review,1995, 39(4):483-507.

的重要性。

国际组织是创业教育比较研究的蓝海。《中国教育现代化 2035》第九条明确要求,要开创教育对外开放新格局,加强与联合国教科文组织等国际组织和多边组织的合作。① 为此,首要任务就是加强对国际组织的研究以加深对国际组织理念和行动方式的理解。对国际组织创业教育发展策略的研究,有助于拓展创业教育比较研究的视野,加深对国际组织创业教育的认识,进而就创业教育主题增加与国际组织的交流、互动与合作。

1.2　研究意义

对国际组织创业教育发展策略的研究,一方面能深化创业教育理论,增进对国际组织与教育发展关系的认识;另一方面也有助于我国借鉴国际创业教育的先进经验,并借此了解国际组织的运行机制和实践逻辑,具有重要的理论和实践意义。

1.2.1　理论意义

对国际组织创业教育发展策略的研究主要有两方面的理论价值。

其一,本研究以国际组织为对象,有助于充实现有的创业教育研究成果。国内外对创业教育的研究普遍集中于国别研究,旨在对本国或别国创业教育的发展历史、具体实施方式和特点进行探索。对国外创业教育的研究,主要目的在于汲取别国的经验,为本国的创业教育发展提供借鉴。从这一点来看,无论是国内还是国外,普遍缺乏以国际组织为对象的研究成果。

---

① 中共中央、国务院印发《中国教育现代化 2035》[EB/OL]. (2019-02-23)[2019-03-14]. http://chuzhong. eol. cn/news/201902/t20190223_1645861. shtml.

实际上,国际组织不仅是重要的创业教育推动者,也是国际创业教育经验的总结者与分享者。因此,本研究将拓展创业教育的研究领域,丰富创业教育研究的对象,充实创业教育研究成果。

其二,本研究以创业教育为切入点,有助于丰富对国际组织与教育关系的理解。全球教育治理成为我国当前教育研究的热点话题,而国际组织则是全球教育治理的主体之一。通过对国际组织创业教育的研究,我们可以厘清国际组织参与国际教育的内在逻辑和关键手段,从而更好地理解国际组织与国际教育发展之间的关系。

1.2.2 实践意义

国际组织在推动各国教育事业发展中所发挥的作用不言而喻。首先,国际组织的创业教育发展策略基于全球先进的创业教育经验,从一定程度上反映了国际创业教育的主流趋势和前进方向,对我国创业教育发展具有重要的指导意义。其次,在创业教育国际化的形势下,各国创业教育都会受到来自国际组织创业教育策略的影响。充分了解国际组织创业教育发展策略的内容与推进方式,有助于我们辨别国际组织策略与本国政策的异同,从而根据本国发展需求制定合适的创业教育发展策略。再次,通过对国际组织创业教育的研究,我们能够充分了解国际组织的运行机制,从而培养并输送国际组织所需的人才,也有助于我国在国际舞台上发出自己的声音,影响国际创业教育的发展。

1.3 文献综述

以"创业教育"为主题对中国知网 CNKI 进行跨库文献检索,可得期刊文献 48477 篇。通过如图 1.1 所示的创业教育研究总体趋势可以看出,我国创业教育研究可分为四个阶段。2002 年之前,我国创业教育研究已经出现,但整体规模还很小;在 2002 年到 2010 年这段时间内,创业教育研究呈缓慢增长趋势,进入了持续发展阶段;在 2010 年到 2015 年这段时间内,创业教育研究热度保持在相对较高的水平,并且发展平稳;而进入 2015 年后,创业教育研究发文量激增,呈指数增长。

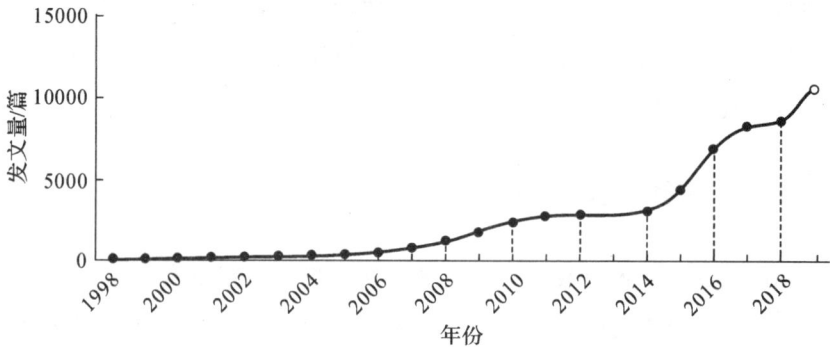

图 1.1　创业教育研究总体趋势

资料来源:由中国知网"创业教育"主题文献发表年度整理所得。

从论文发表机构来看,浙江大学、吉林大学、福州大学、温州大学、南通大学等高等教育机构是当前国内创业教育研究的主力单位,其中浙江大学以 312 篇发文量位居首位。通过对研究者合作情况的聚类分析可知,浙江大学教育学院、温州医科大学中国创新创业教育研究院、东北师范大学思想政治教育研究中心是合作较为紧密的三大研究团队(见图 1.2)。

通过对文献检索结果的梳理可知,我国学者对创业教育的关注度不断提高,并且在一些高校已形成了一定规模的研究中心。我国学者对国际先进创业教育经验具有浓厚的研究兴趣,将美国、英国、日本等国家的创业教育情况作为重点研究对象。但我国对国际组织开展创业教育的研究较少,除了欧盟,鲜少涉及联合国教科文组织、世界银行、国际劳工组织等国际组织的创业教育开展情况。

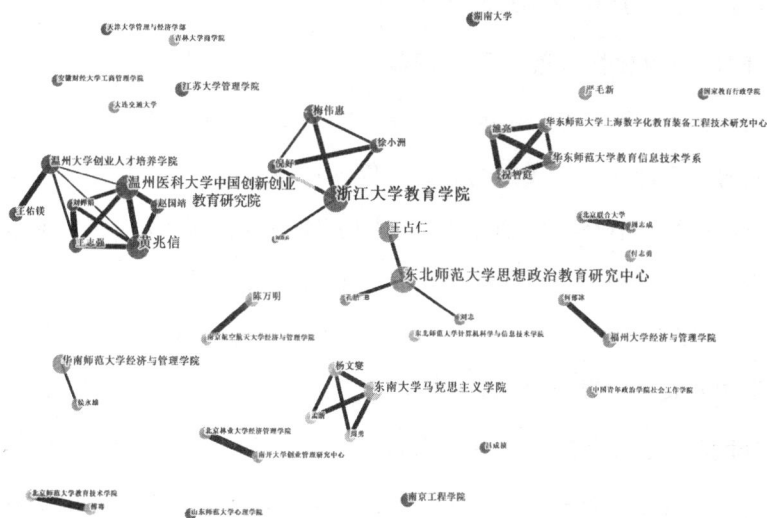

图 1.2　创业教育文献作者网络共现示意图

资料来源:作者基于 2015 年发表的创业教育研究文献,对创业教育文献作者合作网络进行可视化分析得出。

1.3.1　对国际组织创业教育的研究

普遍来看,国内外对国际组织创业教育内容的研究相对较少,联合国教科文组织和欧盟是主要研究对象。王旭燕等对联合国教科文组织促进亚太地区创业教育的举措进行研究,将联合国教科文组织在亚太地区的创业教育行动归纳为搭建交流平台、开展学术研究、推进创业教育生态系统建设、传播与推广研究成果及创新实践四大领域,并指出联合国教科文组织将以社会创业、女性创业和开发慕课课程作为创业教育未来发展的倡议。① 此外的多数研究主要以欧盟的创业教育政策为研究对象,对欧盟创业教育政策

---

① 王旭燕,倪好,梅伟惠.促进亚太地区创业教育的举措与倡议:第四届联合国教科文组织亚太地区创业教育会议综述[J].世界教育信息,2015,28(23):17-20.

的形成背景、主要内容与发展趋势进行探讨。

(1)欧盟创业教育政策的形成背景

欧洲地区的失业问题以及通过刺激创业提高欧洲的整体竞争力被认为是促使欧盟出台创业教育政策的关键原因。梅伟惠认为,高失业率对欧洲各国政府的困扰、创业活力低下造成的欧洲经济发展低迷,以及国际组织对培养青少年创业精神的关注是欧盟出台创业教育政策的主要背景。[①] 王莉方也指出,破解失业难题、提升创业人数、提升欧洲竞争力是欧盟在职业教育与培训中开展创业教育的主要动因。[②]

(2)欧盟创业教育政策的主要内容

学者主要从政策整体内容构成和关键政策文本解读两个角度出发对欧盟创业教育政策的主要内容进行了分析。

①政策整体内容构成

刘虹指出,欧盟的校内创业教育政策涉及初等教育、中等教育和高等教育三个阶段,校外创业教育政策内容则主要针对女性群体、退休群体、移民群体和失业青年。刘虹认为欧盟创业教育政策具有持续性、全面性、针对性和系统性的特征。[③] 也有学者认为,欧盟创业教育政策的关键内容在于在全欧盟范围内构建高校创业教育整体发展框架,强调创业精神对每位大学生都至关重要,将高校创业教育纳入欧洲教育一体化进程,并将创业技能培养整合进欧洲终身学习框架,充分发挥政府、高校、企业、社区合力。[④]

②关键政策文本解读

在整体研究的基础上,学者也对欧盟的几大创业教育策略文本进行了

---

① 梅伟惠.欧盟高校创业教育政策分析[J].教育发展研究,2010,30(9):77-81.
② 王莉方.欧盟职业教育与培训中创业教育的特征与发展趋势[J].职业技术教育,2014,35(34):79-83.
③ 刘虹.欧盟创业教育政策和发展战略[J].世界教育信息,2016,29(21):27-33.
④ 梅伟惠.欧盟高校创业教育政策分析[J].教育发展研究,2010,30(9):77-81.

重点解读。常媛媛对欧盟"2020 创业行动计划"进行了研究,认为欧盟以创业带动经济为重点、以终身创业教育为方向颁布并实施一系列创业教育政策的同时,也面临着经济危机影响严峻、创业教育发展亟待深入等问题。"2020 创业行动计划"要求欧盟为创业教育变革提供指导框架,广泛传播正确的创业认知;同时要求各成员方树立正确的创业认知,开展以创业能力为核心的基础创业教育和以创业培训为重点的高等创业教育。该计划体现了欧盟培育创业能力、建设终身创业教育体系的先进理念,引领着欧洲创业教育改革的方向。[①] 崔军对欧盟"创业能力框架"进行了研究,指出该框架共界定了创业能力的 3 类领域(共包含 15 种能力),并设计了 8 个层次的创业能力学习阶段模型,开发了 60 个创业能力观测点和 442 条创业能力学习结果指标。崔军认为,该框架综合理解创业能力的概念,科学、合理地界定了创业能力的领域和具体内容,设计了灵活的、多层次的学习进阶模型和可操作的学习结果评估方式,为高校发展创业教育提供了新视角、新标准和新方法。[②]

(3)欧盟创业教育政策的特点和未来发展趋势

欧盟创业教育政策兼具统一性与多样性的特点,在未来将向更适合各国实际特点、更具可操作性的方向迈进。王志强认为,欧盟创业教育战略整体目标具有统一性,但同时各成员方的创业教育政策发展路径呈现出"碎片化"的特点。欧盟未来的创业教育改革与发展将集中于三大领域:构建创业教育的发展战略与政策机制,形成各成员方创业教育多元化的发展路径,加强创业教育在大学中的地位和作用。[③] 黄兆信等也指出,欧盟创业教育的发展战略呈现出方向上的一致性、实施路径的多样性与不同国家之间的合作

① 常媛媛. 新时期欧盟创业教育发展策略[J]. 复旦教育论坛,2014,12(6):102-106.

② 崔军. 欧盟创业能力框架:创业教育行动新指南[J]. 比较教育研究,2017,39(1):45-51.

③ 王志强. 一体与多元:欧盟创业教育的发展趋势及其启示[J]. 教育研究,2014,35(4):145-151.

性三大特征。未来欧盟创业教育政策将致力于增强政策体系的统一与协作,支持各国创业教育发展与创业师资培养,探索大学创业教育实践范式,形成创业教育的公共参与机制等。①

从已有的国际组织创业教育研究成果来看,除了欧盟,还罕有国内外学者对其他国际组织创业教育政策进行专题研究。而国内学者对欧盟创业教育政策的研究,在一定程度上体现了对国际组织创业教育策略的生成背景、主要内容和发展前景的研究兴趣。

1.3.2 对国际组织教育政策的研究

虽然对国际组织创业教育政策的研究成果较少,但纵观国内外研究文献,对国际组织教育政策的研究早已进入研究者的视野。对国际组织教育政策的研究主要分为三类:其一是对教育类国际组织重要性的研究,包括国际组织在教育研究中的地位与国际组织选择教育研究主题的原则;其二是对国际组织教育政策的运行过程的研究,包括政策形成过程、政策实施方式及政策监测与评价等;其三是对国际组织教育政策影响的研究,包括国际组织与全球教育治理、国际组织与教育援助、国际组织教育政策对各国的影响等。国际组织创业教育策略是国际组织教育策略的分支,在对其研究时可充分借鉴国际组织教育政策研究的经验。

(1)对教育类国际组织重要性的研究

张民选教授在《国际组织与教育发展》一书中指出,国际教育组织倡导了许多影响广泛、普遍使用的教育理念,制定了评价各国教育发展的指标和标准,为各国——特别是发展中国家——教育事业的发展提供了数百亿美元的资金援助和支持。本书系统研究与教育相关的国际组织情况,对国际

---

① 黄兆信,张中秋,王志强,等.欧盟创业教育发展战略的演进、特征与关键领域[J].高等工程教育研究,2015(1):91-96.

教育组织的发展历史进行了梳理,并将国际教育组织分为非专门性和专门性两类。本书对联合国教科文组织及其下属机构、联合国儿童基金会、世界银行的历史、构成、使命、运作机制等进行了深入研究,为日后国际教育组织研究提供了基本框架。①

国内外对教育类国际组织重要性的研究主要集中于以下两方面:

①国际组织在教育研究中的地位

• 作为脱离个别经验的整体研究。和震在对国际组织的职业教育政策进行研究时,借用 R. H. 莱曼的分类方法,将职业技术教育比较研究中常见研究方法分为解释性个案研究和平行个案研究两种,指出"平行"研究既可指共同的、各个国家都接受的目标或政策,也可指几个国家相关联的目标和政策的同类研究。和震还提出,应对国际组织政策进行整体和系统的研究。国际组织作为平行研究的对象,有助于我们脱离国别个性经验,在一个新的水平上吸收和借鉴国际职业教育的成功标准。② 这一观点不仅适用于职业教育的比较研究领域,对创业教育的比较研究领域也同样适用。

• 代表国际教育研究的先进性。查博特(Chabbott)认为,由西方发达国家所主导的标准化模式在国际公约与国际声明中的重要性,不仅是由其国家利益及在国际关系中的统治地位所决定的,还是由其在某一领域的专业化程度以及所掌控的资源所决定的。国际组织在其中扮演了重要的角色。③ 可见,要在国际教育研究领域占据一席之地,对国际组织的充分了解和对其资源的充分利用是十分必要的。这一观点在相关研究中也得到了证实。对高等教育国际化的文献贡献网络分析显示,20.7%的高等教育国际化研究引用来自三个重要的国际组织:经合组织、世界银行、联合国教科文

---

①　张民选. 国际组织与教育发展[M]. 上海:上海教育出版社,2010:25-61.

②　和震. 国际组织的职业教育政策:基本范畴及其意义[J]. 教育发展研究,2006(21):6-10.

③　CHABBOTT C. Constructing educational consensus:international development professionals and the world conference on education for all[J]. International journal of educational development,1998,18(3):207-218.

组织。这主要是因为:第一,国际组织的政策报告决定了什么主题具有研究价值,从而可能被继续研究;第二,重要研究是由国际组织完成的,在其他数据库无法检索;第三,高等教育国际化与博洛尼亚进程相关,是国际组织的研究范畴。[①]

由此可见,国际组织在教育研究中具有不可替代的重要地位,对国际组织的研究,不仅能够丰富研究的视野与资源,还能够提升教育研究的整体高度。

②国际组织选择教育研究主题的原则

• 基于组织使命。在诸多研究主题中,国际组织如何对某一特定主题产生兴趣并对其进行研究,也是国内外国际组织教育研究中的一个重要问题。沃恩(Vaughan)通过政策文本分析,研究了1945年以来妇女和儿童教育问题如何成为联合国教科文组织和世界银行的优先发展策略并获得全球关注的政治机制。他指出,人力资本理论的兴起与战后的环境使得促进和提升妇女儿童教育质量符合国际组织促进经济发展、保障基本人权等的发展理念。其中,联合国教科文组织更倾向于提出软性的政策建议,而世界银行则有较强的政策导向。国际组织对妇女儿童教育的关注,提高了这一主题在各个主权国家的影响力。[②] 这说明国际组织本身的组织使命是其选择研究主题时的重要参考,并且受组织使命的影响,各国际组织所惯常采取的政策手段也有所区别。

• 基于国际组织间的相互影响。库索(Cusso)回顾了联合国教科文组织数据统计服务的历史,指出其数据统计服务的改革由于受到来自其他国际组织(如经合组织)的压力从而发生转变,开始注重在竞争激烈的全球经

---

① KUZHABEKOVA A, HENDEL D D, CHAPMAN D W. Mapping global research on international higher education[J]. Research in higher education,2015,56(8):861-882.

② VAUGHAN R P. Girls' and women's education within UNESCO and the World Bank, 1945—2000[J]. Compare,2010,40(4):405-423.

济竞争环境下,评估和比较教育系统的表现。① 可见,国际组织的研究主题不仅受其本身的组织目标影响,还受到其他重要国际组织的影响。这也能够解释为何同一研究主题会在相近的时间在不同国际组织中扩散。

因而,在对国际组织教育政策进行研究时,不仅要充分考虑组织内部对研究主题选择的影响,还要把握国际组织教育研究的整体态势,注意各组织之间的相互影响作用。

(2)对国际组织教育政策的运行过程的研究

学者普遍关注国际组织教育政策从产生到发挥效果的过程,包括国际组织的教育政策是如何形成的,采用何种方式在全球范围内实施,以及如何对这些政策进行监测与评价。

①国际组织教育政策的形成过程

对特定教育政策形成过程的研究是国际组织教育政策研究领域的要点。玛扎西(Matasci)对联合国教科文组织如何评估扫盲的经济和社会作用并为发展中国家设计一些教学方案的过程进行了研究,形成了收集、统计和分析教育数据—召开国际会议—确立目标和使命的政策形成过程。② 奥尔梅多(Olmedo)运用政策网络理论和创新型资本主义理论对国际政策进行分析,指出政策过程受到多种多样因素的影响,例如内外部限制、公共和个人利益、政治和经济压力等。③ 穆迪(Mundy)等梳理了世界银行在教育领域的政策与实践的演变,对世界银行逐步成为全球教育议程设定权威机构

---

① CUSSO R. Restructuring UNESCO's statistical services: the "sad story" of UNESCO's education statistics: 4 years later[J]. International journal of educational development, 2006, 26 (5):532-544.

② MATASCI D. Assessing needs, fostering development: UNESCO, illiteracy and the global politics of education (1945—1960)[J]. Comparative education, 2017, 53(1):35-53.

③ OLMEDO A. Something old, not much new, and a lot borrowed: philanthropy, business, and the changing roles of government in global education policy networks[J]. Oxford review of education, 2017, 43(1):69-87.

的过程进行分析。该研究提出了一个国际组织政策议程过程框架,用以分析包括世界银行在内的国际组织的政策形成机制。世界银行的教育政策的形成是三个中心动力迭代的结果,分别是:第一,最强大的成员方之间的地缘政治和意识形态转变所造成的政治机会,之前主要为发达工业国,现在新增若干新兴国家。第二,世界银行与借款(客户)国家的关系。世界银行通过一些软性机制(如备忘录、技术援助、理念传播等)构建和影响借款国的政策偏好,但同时借款国的理性选择与文化特征也决定了是否接受世界银行的政策建议。第三,国际组织不断进行自我复制并发展前两种动力。[①]

由此可知,国际组织教育政策的形成是多要素共同作用的结果,包括国际组织自身的使命、国际政治环境、政策领域的前期研究积累等。在对国际组织特定政策进行分析时,应把握内外部因素对国际组织政策形成过程的影响。

②国际组织教育政策的实施方式

国际组织的特定教育政策形成后如何在全世界范围内实施是国际组织教育政策研究的另一个热点。诺斯(North)访谈了国际组织中提倡性别平等理念的官员,研究了教育中性别平等问题被国际组织政策和项目重点考虑的过程,从而揭示了性别问题成为全球教育研究主流的成因。研究指出,一系列的国际会议是女权主义在全球得以建立和传播的重要背景,同时在国际组织的一些项目议程中,性别平等也得到了关注。联合国千年发展目标的建立在形成以性别平等为主题的教育对话和谈判过程中起到了重要作用。[②]

沙贾汗(Shahjahan)对75篇涉及国际组织与高等教育的文献进行研

---

① MUNDY K, VERGER A. The World Bank and the global governance of education in a changing world order[J]. International journal of educational development,2015(40):9-18.

② NORTH A. MDG 3 and the negotiation of gender in international education organizations [J]. Compare,2010,40(4):425-440.

究,运用文化表征理论分析国际组织在高等教育研究中的概念特征和表征,帮助读者理解国际组织如何运用复杂的要素来创造和影响高等教育政策。研究指出,国际组织是高等教育政策制定的跨国行动者,反映了高等教育政策在全球层面制定的动态过程。国际组织通过促进规范框架、协调和(或)跨国传播教育政策,使得各国高等教育政策出现趋同,也就是各国高等教育政策向着国际组织所倡导的规范模型发展,而各国的特征减弱。研究表明,国际组织通过但不限于以下方式对各国教育政策形成影响:第一,通过国际组织的报告、评论性文章将一个国际概念植入当地环境;第二,在国际组织主导的国际会议中,选择性地建构、忽视、传播特定的教育观念;第三,对各国特别是落后国家提供具有偏向性的技术指导和政策指导意见;第四,收集和分析数据以反映国际教育发展趋势等。① 国内学者杨启光也指出,交流教育信息、签订协议书、制定教育标准、提供发展教育的技术与资金指导、监督与实施国际教育准则是国际组织影响各国教育发展的主要方式。②

爱德华(Edwards)认为,冲突环境易于国际组织介入,并且这种环境也更利于特定政策的改造和使用,将教育政策作为一种教育实验进行推广。在冲突环境中,与国际竞争、效率、国家独立性等问题密切相关的教育政策更容易被国际组织选择并进行推广。推广这些教育政策弥补了冲突地区某一教育政策的空白,使得国际组织在这一地区的合法地位得以维持。研究认为,在国内政治势力弱而国际组织影响力强的交叉地带,国际组织的教育政策更容易推行。特别是在冲突结束之后,国际政策会在新的和平环境中迅速形成。当新兴国家利益与国际组织政策目标相一致时,由国际组织主导的教育改革就能够得到广泛的认可与实施,并且在政策实施的过程中,教

---

① SHAHJAHAN R A. International organizations (IOs), epistemic tools of influence, and the colonial geopolitics of knowledge production in higher education policy[J]. Journal of education policy, 2016, 31(6):694-710.

② 杨启光. 国际教育组织及其对国家教育发展的影响论析[J]. 西南大学学报(社会科学版), 2012(6):54-60,174.

育政策的可信度进一步加强。[①]

可见,国际组织在推广自己的教育政策并对各国施以影响时,具有特定的政策实施方式,如理念传播、经费支持、技术指导等。在不同地区,国际组织教育政策的推动进程和效果也不同。我们在对国际组织的教育政策进行研究时,应关注这些政策实施手段,以深入理解国际组织教育政策的推广过程。

③国际组织教育政策的监测与评价

路德维珂·科拉罗等指出,国际组织的教育政策过程采用周期循环模式,该模式以政策目标最大化为导向,并且充分运用监测与评价这一管理手段。其中,监测位于整个过程的中心位置,从政策问题的识别、界定,到形成初始政策方案,再到政策实施过程、政策的评估与调整,都需要进行监测,以便及时反馈各种相关信息,给政策制定者、政策实施者提供决策依据。在循环周期模式下,政策过程呈现螺旋式前进的特征。[②]

(3)对国际组织教育政策影响的研究

国际组织是国际交往与国际合作的高级形式,是实现成员方利益的重要权力工具,是具备相对稳定的价值、规范与组织形式的重要行为主体。[③] 国际组织在推动全球教育发展和人类和平事业方面发挥了重要作用。通过对国际教育局和国际教育规划研究所的比较研究,研究者发现国际组织在促进教育公平和加强理解沟通方面做出了重要贡献。[④] 国际组织教育政策

---

① EDWARDS D B. Rising from the ashes: how the global education policy of community-based management was born from El Salvador's civil war[J]. Globalisation, societies and education, 2015, 13(3):411-432.

② 科拉罗,胡咏梅,梁文艳. 国际组织教育政策监测与评价体系的架构及其对中国的启示[J]. 比较教育研究,2011(2):70-75.

③ 杨启光.国际教育组织及其对国家教育发展的影响论析[J].西南大学学报(社会科学版),2012(6):54-60,174.

④ 陈法宝.国际教育组织在教育发展中的作用述评:基于国际教育局和国际教育规划研究所的比较[J].世界教育信息,2012,25(10):27-30.

的影响主要集中于三个层面：从宏观来看，教育是国际组织进行全球治理的重要途径，并且全球教育治理逐渐演变为全球治理的一个重要分支；从中观来看，许多国际组织积极关注欠发达地区的教育发展情况，其教育政策将提供国际教育援助作为一个重点面向；从微观来看，国际组织的教育政策也对各个国家的教育发展发挥着不同程度的影响。

①国际组织与全球教育治理

中国联合国教科文组织全国委员会秘书处原秘书长杜越认为，国际组织是全球教育治理的重要参与者，为国际干预提供了全球治理空间。国际组织在全球治理进程中的影响和作用越来越重要，其建构的国际机制，既是主权国家在特定领域进行交流互动并采取共同行动的主要场域，也是各国赖以生存和发展的国际政治经济秩序的基本架构。[①] 以联合国教科文组织为例，基于对该组织在高等教育领域的作用、活动、关注重点以及发展演变的分析，研究者认为联合国教科文组织在全球高等教育治理中扮演了协商者、倡议者、构建者、促进者的角色，并通过有效利用行政资源、知识集聚能力和以往的成功经验来增强全球高等教育治理的成效。[②] 王晓辉认为，国际组织从人力资本、教育平等、全民教育、国际评估、大学学制统一和学习化社会构建等方面着手开展全球教育治理。各个国家应将国际组织的教育优先发展策略作为制定本国教育政策的重要参照系，并建立和完善具有本国特色的教育系统和政策体系。[③]

②国际组织与教育援助

海尼曼（Heyneman）和李（Lee）对国际组织教育援助的历史进行了梳理，指出教育援助始于 20 世纪 60 年代，最初主要集中于职业培训、工程教

---

① 杜越.联合国教科文组织与全球教育治理[J].全球教育展望,2011,40(5):60-64.

② 孔令帅,张民选,陈铭霞.联合国教科文组织全球高等教育治理的演变、角色与保障[J].教育研究,2016,37(9):126-134.

③ 王晓辉.全球教育治理：鸟瞰国际组织在世界教育发展中的作用[J].北京大学教育评论,2008,6(3):152-165.

育和培养工作技能领域,在 20 世纪 80 年代时发展到基础教育、人文社会科学、专业教育和教育研究等领域,并在 20 世纪 90 年代提出了全民教育理念。通过对已有的双边、多边国际组织教育援助活动进行分析,研究指出当前的国际组织教育援助具有如下问题:机构间援助项目不平衡,内容重叠;援助信息不充足,内容不可信;援助可能削弱国内机构自身的能力;援助未能完全达到预期效果;某些国家在其他领域资金充足却依旧申请国际教育援助;多种援助资源被用于同一援助目的。[①] 其中,联合国系统中的援助机构是多边教育援助的主要机构。这种教育援助类型能够根据当地的实际需求提供不同的教育体制参考,且中立性强。并且,国际组织因拥有众多成员,可对国际援助的整体发展产生广泛而深刻的影响。此外,联合国机构等国际组织提出的人权观念、全民教育等发展观,也深刻影响着国际援助领域和方向。[②]

③国际组织教育政策对各国的影响

首先,国际组织有助于各国建立全球视野,并为各国的教育政策制定标准。杨锐等认为,一方面,是否参与国际组织本身已成为能否融入世界体系的重要指标;另一方面,国际组织利用全球性的指标支持国际教育合作和跨国教育政策制定,通过大量的标准和规则来判断不同社会、政治、经济体制下的各国教育系统的实施问题。[③] 其次,国际组织能够引导世界教育发展方向,推动各国教育改革。谷小燕指出,从国际层面分析,国际组织作为国际社会的代理者,在世界教育领域建构了全球性的话语体系和制度规则,成为各国教育发展的领路人;从国家层面分析,国际组织作为行动者,引领各国搭建伙伴关系,传播国际教育理念,并通过资金援助和技术支持推动成员方

---

① HEYNEMAN S P, LEE B. International organizations and the future of education assistance[J]. International journal of educational development, 2016, 48: 9-22.

② 赵玉池, 陈时见. 国际教育援助及其对世界教育发展的影响[J]. 比较教育研究, 2010, 32 (10): 49-54.

③ 杨锐, 吴玫. 国际组织与中国高等教育发展[J]. 复旦教育论坛, 2009, 7(2): 52-55, 67.

教育实践改革。[①]

1.3.3　国际组织对创业教育的研究

国际组织对创业教育的研究主要包括国际组织对创业教育的基本认识和国际组织创业教育策略概述。

(1)国际组织对创业教育的基本认识

国际组织是推动国际创业教育研究进展的重要力量。国际组织对创业教育的研究由来已久,对创业者特质、创业教育的内涵、创业教育的功能和开展创业教育需注意的问题做出了深入的思考并形成了研究结论。

①创业者特质

国际组织对创业教育的研究以对创业者特质的明确认知为基础。通过对多个具有创业精神的个人的典型案例进行研究,联合国教科文组织归纳出具有创业特质的人的一些共同特点,包括:对待问题积极乐观,并具有长远规划;成就动机强烈,持续时间久;能抓住机会,善于反思,并能将反思的成果应用于实践;不怕困难,用于挑战,能够克服恐惧;行动力强,勇于承担风险;具有创新意识和灵活性。研究指出,这些人格特征是可习得的,涉及知识、技能和态度等方面的内容,而将这些内容进行整合和重组,就是创业教育的内容。[②]

②创业教育的内涵

此外,国际组织还对创业教育的内涵进行了探讨。联合国教科文组织和国际劳工组织认为,创业教育一方面被定义为"通过旨在促进创业意识、

---

① 谷小燕.国际组织在中国教育融入世界教育蓝图中的作用分析:基于新制度主义的世界社会理论视角[J].比较教育研究,2015,37(5):58-65.

② UNESCO Principal Regional Office for Asia and the Pacific, Asia-Pacific Centre of Educational Innovation for Development. Becoming enterprising: technical guidelines[R]. Bangkok: UNESCO Principal Regional Office for Asia and the Pacific,1994.

企业创造或企业发展的项目,培训和教育任何有兴趣参与社会经济发展的人的正式教学的集合",另一方面,从广义上来讲,创业教育是利用个体的才能和创意促进自尊和自信,同时构建相关的技巧和价值观以帮助学生拓展他们对学校教育和机会的看法的教育概念。[①]

③创业教育的功能

经合组织从政策角度分析高校创业教育的基本框架,认为高校支持创新创业有两个重要的功能:第一,基于创新的创业教育与培训。虽然对创业教育的构想缺乏共识,但是以经验、实验、思想和实践为基础的学习方法是创业教育的核心。第二,促进知识转移。研究分析了如何通过各种知识转移机制来解决高校在促进区域内中小企业创新中的作用、学术衍生企业、技术商业化、通过知识转移促进创新、知识转移的机制等问题。研究指出,高校要在促进创业活动中发挥重要作用,应不断扩展自身的创业教育活动。[②]

④开展创业教育需注意的问题

国际组织认为,在创业教育策略设计和具体实施过程中,需要注意到不同层次、不同对象的创业教育所需的外部支持条件不同。世界银行研究指出,在设计创业教育有关政策时应注意,中学阶段至少应在公立机构或使用国家课程的机构引入政府角色;大学阶段在公立机构及可能影响公共产品的创业教育领域需要政府介入;在潜在创业者领域,政府应充分发挥资金支持的功能;针对弱势群体创业者,则要注意提供融资渠道,为个人提供实体训练,营造良好的创业环境。同时,在设计创业教育与培训项目时,应注意对同一目标内的全体对象还要根据特征再次细分,要注重项目实施环境对

① ILO, UNESCO. Towards an entrepreneurial culture for the twenty-first century: stimulating entrepreneurial spirit through entrepreneurship education in secondary schools[EB/OL]. (2006-12-31)[2017-06-08]. http://www.ilo.org/empent/Publications/WCMS_094015/lang--en/index.htm.

② OECD. Entrepreneurship and higher education[EB/OL]. (2008-10-10)[2016-06-12]. http://www.oecd.org/publications/entrepreneurship-and-higher-education-9789264044104-en.htm.

项目过程和结果的影响,充分关注有关项目成本和财务的信息。①

(2)国际组织创业教育策略概述

由于创业教育能够有效降低青年失业率,促进国家经济发展,解决全球社会问题,因而在国际范围内,青年创业已经被国际组织广泛推广,例如国际劳工组织、联合国教科文组织、世界银行等。② 截至 2018 年 9 月,我们在各国际组织数据库以"entrepreneurship education"为关键词进行检索,可得到国际劳工组织涉及该内容的文件、报告、项目资料、论文等文献资料 4609 篇,联合国教科文组织涉及该内容的文件、报告、论文、专著等文献资料 845 篇,世界银行涉及该内容的文件、报告、项目资料等文献资料 424 篇,经合组织涉及该内容的文件、报告、专著等文献资料 148 篇,全球创业观察每年发布国际创业年度报告及国际报告,并在 2008 年发布创业教育主题报告。通过对国际组织重要的创业教育策略文件进行梳理(见表 1.1 和表 1.2),我们可以清晰地发现,国际组织在创业教育领域已进行了持续多年的探索,国际组织创业教育策略已形成了一定的规模。

根据对公开策略文本的梳理,国际组织创业教育策略的发展可分为三个阶段:①2000 年之前,国际组织创业教育策略开始萌芽,20 世纪 80 年代末到 2000 年,联合国教科文组织作为国际组织开展创业教育的先驱者,在国际层面提出创业教育构想。1989 年,联合国教科文组织在"面向 21 世纪教育国际研讨会"中详细论述了柯林·博尔(Colin Ball)博士的三张"通行证"思想,第一次以国际组织的立场,肯定了创业教育与学术教育、职业教育

---

① VALERIO A, PARTON B, ROBB A. Entrepreneurship education and training programs around the world: dimensions for success[M]. New York: World Bank Publications, 2014:51-78.

② NIKOLAIDIS Z M N. Entrepreneurship and demand-driven training: the way to realize the potential of youth? [EB/OL]. (2012-09-12)[2017-06-08]. https://unesdoc.unesco.org/ark:/48223/pf0000218660.

表 1.1　联合国系统内部各国际组织重要的创业教育策略文件

组织名称	文件名称	年份	主要内容
联合国教科文组织	具有创业精神：技术指导（Becoming Enterprising：Technical Guidelines）	1994	论述创业教育的贡献和方法策略
国际劳工组织	促进青少年创业Ⅰ、Ⅱ：在正规和非正规教育中促进创业意识（Facilitating Youth Entrepreneurship PartⅠ、Ⅱ）	2003，2004	不同层次学校的创业教育培训项目
联合国教科文组织、国际劳工组织	面向 21 世纪的创业文化：通过中学创业教育刺激创业精神（Towards an Entrepreneurial Culture for the 21st Century）	2006	创业和社会的关系；创业为中学带来的挑战，通过创业教育的发现；创业教育的影响；一些有效经验
联合国贸易和发展会议	创业政策框架指导手册（Entrepreneurship Policy Framework and Implementation Guidance）	2011	建立创业政策框架，包括创业教育政策手段、关键政策和项目领域
联合国粮食及农业组织	农业中的创业（Entrepreneurship in Farming）	2012	构建农民创业技能
联合国儿童发展基金会	儿童社会与金融教育（Child Social and Financial Education）	2012	提出创业能力发展框架
联合国工业发展组织	培育创业青年（Foster Entrepreneurial Youth）	2014	在青年人中发展创业教育和技能
世界银行	全球创业教育与培训项目（Entrepreneurship Education and Training Programs around the World）	2014	对全球创业教育与培训项目的研究
联合国教科文组织	使青年创业成为一条可行的道路（Making Youth Entrepreneurship a Viable Path）	2017	青年创业者面临的挑战、需要的技能、创业培训项目设计的要点和经验等

表 1.2　其他国际组织重要的创业教育策略文件

组织名称	文件名称	年份	主要内容
经合组织	《创业概览》 (Entrepreneurship at a Glance)	每年	各国创业数据和发展情况
经合组织	《创业与高等教育》 (Entrepreneurship and Higher Education)	2008	高校在创业教育、知识创新转化、增强经济创新力方面的贡献与责任;国家案例
世界经济论坛	《培育下一代企业家》 (Educating the Next Wave of Entrepreneurs)	2009	创业教育的驱动力;青年创业、高校创业活动、社会创业活动;案例研究
全球创业观察	《创业教育与培训专题报告》 (GEM Special Report on Education and Training)	2010	各个国家创业教育和培训的普及程度和来源,以及创业教育与培训对创业的影响
世界经济论坛	《开启应对 21 世纪全球挑战的创业能力:创业教育工作最终报告》 (Unlocking Entrepreneurial Capabilities to Meet the Global Challenges of the 21st Century：Final Report on the Entrepreneurship Education Workstream)	2011	创业教育政策建议
全球创业观察	《未来的潜力:青年创业报告》 (Future Potential：a GEM Perspective on Youth Entrepreneurship)	2015	青年创业的国际比较与案例分析
全球创业观察	年度全球报告	每年	全球创业数据对比;创业生态系统

资料来源:作者根据各组织的公开数据整理。

同等的地位。[①] 在这一时期,国际组织创业教育策略以普及创业教育理念为主要目的,通过开展国际会议和试点性的创业教育项目的形式在小范围内

[①]　王占仁,常飒飒. 国际创业教育研究中的核心概念辨析:以"Enterprise"与"Entrepreneurship"语义、语用分析为中心[J].外国教育研究,2015,42(6):78-88.

执行。②2000 年至 2008 年,国际组织创业教育策略进入探索期,以国际劳工组织为主的国际组织进一步探索创业教育的实施过程。在这一时期,国际组织创业教育策略开始关注创业教育的具体实施过程,着力推进创业教育在教育体系中的融入。③2008 年后,国际组织创业教育策略步入全面发展阶段。各个国际组织均从组织使命和发展目标的角度出发,提出了相应的创业教育构想。在这一阶段,国际组织创业教育策略大量涌现,各国际组织对创业教育发展提出指导性意见和案例参考。

1.3.4　小结

通过对国内外文献的整理分析,我们可以看出,对国际组织的研究历来是教育研究领域的一个重要话题。创业教育作为 21 世纪教育研究的前沿热点问题,也是国际组织的重点研究领域。通过对国际组织教育政策研究的梳理,我们不难看出,联合国教科文组织、世界银行等国际组织是国内外教育研究者重点关注的研究对象,而这些组织也恰好是创业教育研究的积极推动者。因此,在创业教育研究中,应注重对这些组织的创业教育策略进行研究。此外,通过对国内外国际组织教育政策的研究主题进行分析可知,国际组织教育政策的主题、形成以及影响是该领域的重点研究问题,因而,在进行国际组织的创业教育策略研究时,也应重点关注这些问题。国际组织的创业教育研究表明,国际组织已对创业教育进行了若干研究,并且已出台了一系列的策略推动创业教育在全球范围内的实施,但在我国的创业教育研究中,对该领域的研究较少,国内外均鲜有系统论述国际组织与创业教育发展的论著,因而本书具有一定的理论意义和现实意义。

1.4 核心概念界定

什么是创业教育？什么是国际组织？学术界对此莫衷一是，很难给出一个绝对统一的答案。因此笔者基于已有的观点，结合本书的研究问题，对书中的几个核心概念加以界定。

1.4.1 创业教育

我国学者最早将创业教育定义为"在人生历程之中进行创造和职业相结合的教育"。目前我国学者所广泛了解并普遍接受的创业教育概念，则是始于联合国教科文组织所提出的"enterprise education"，当时被译为"事业心和开拓技能教育"，后被译为创业教育。[①] 在英语语境中，美国哈佛大学商学院开设了第一门面向 MBA 的创业课程，被称为"entrepreneurship education"，也是目前国际组织和学术界所普遍使用的英文表达。

本书将创业教育定义为，整合利用多种资源，为在校生、成年人、弱势群体、潜在创业者、初创者等提供的正式与非正式教育，旨在培养他们的创业意识，提高创业技能，并促进创业活动。这个概念既涉及商业创业，也包括社会创业、内创业范畴。

1.4.2 国际组织

国际组织是当今国际社会的重要主体。国内学者张民选基于对国际组织发展历史的梳理及对国内外学者研究结论的归纳分析，对国际组织的定

---

① 王占仁.中国创业教育的历史发端与科学表述论析[J].东北师大学报(哲学社会科学版)，2015(4):181-186.

义如表1.3所示。

表1.3　国际组织的定义

概念	定义
国际组织	跨越国界的一种多国机构。两个及以上国家为了特定目的,以一定形式设立的跨国机构
狭义国际组织	指国际政府间组织,即两个及以上主权国家的政府为了特定目的,以一定的协议形式建立的跨国机构
广义国际组织	包括国际政府间组织和国际非政府组织,即两个及以上政府、团体或个人基于特定的非营利目的,以一定形式建立起来的跨国机构

资料来源:张民选.国际组织与教育发展[M].上海:上海教育出版社,2010.

根据国际组织的活动范围,国际组织可分为全球性组织、国际性组织、洲际性组织、区域性组织和特定类型国家的组织。本书将采纳狭义国际组织的定义,聚焦全球性、政府间国际组织。因此在本书中,国际组织被定义为由来自世界各洲的多个主权国家为了特定的目的,以一定形式建立的政府间跨国机构,活动范围遍及全球。本书选取了联合国系统内的国际组织作为主要研究对象进行研究。

联合国作为具权威性、影响力和代表性的国际组织,自成立以来在维护世界和平、促进经济发展、人道主义救援和全球性问题的解决方面发挥了不可替代的重要作用。[①] 联合国系统内部包括大会、安全理事会、经济及社会理事会、托管理事会、国际法院和秘书处六大主要机构,其中经济及社会理事会囊括了联合国教科文组织、国际劳工组织、联合国粮食及农业组织、世界银行、工业发展组织等15个专门机构。

在对联合国系统内各类机构的创业教育内容进行初步查阅后,我们发现联合国教科文组织、世界银行、国际劳工组织、联合国粮食及农业组织、联合国工业发展组织、联合国贸易和发展会议、儿童发展基金会这几个联合国

---

① 金彪.全球治理中的联合国[M].北京:时事出版社,2016:1.

系统内的国际组织与创业教育关系最为密切,其中以联合国教科文组织、世界银行、国际劳工组织的创业教育实践活动较为丰富。因此,本书将主要围绕上述组织对国际组织创业教育发展策略展开讨论。

1.4.3　策略

策略意为计策谋略,指适合具体情况的做事原则和方法。比如《人物志·接识》:"术谋之人,以思谟为度,故能成策略之奇。"①策略一词的英文为"strategy",起源于希腊语"strategos",从 18 世纪到 20 世纪用以表达为实现某种政治目标而采取的综合方式,后指为实现愿景而采取的行动计划。策略一般包括设定目标、决定实现目标的行动方式以及动员各种资源以执行行动。②《学会生存:教育世界的今天和明天》指出,策略包括:使各种要素组织成为一个融会贯通的整体;估计到在事务开展的过程中会出现的偶然事件;具有面对这种偶然事件而加以控制的意志。③ 综上所知,策略是一套综合的、完整的,包括目标、行为、资源等各要素在内的计划体系。

在本书中,国际组织创业教育发展策略指国际组织为了推动创业教育的发展而制定的各种行动计划及提出的各种方法。对策略内容框架的分析依据主要是各国际组织的宣言、声明、行动纲领、行动指南、项目规划、会议决议等一系列能够表明国际组织观点与立场并且影响各国教育行为的文件,而对策略推进举措的分析则基于各个国际组织的创业教育实践活动。

---

① 陈至立.辞海:第一卷[M].7 版.上海:上海辞书出版社,2020:433.

② FREEDMAN L. Strategy: a history[M]. Oxford: Oxford University Press,2015:10.

③ 联合国教科文组织国际教育发展委员会.学会生存:教育世界的今天和明天[M].华东师范大学比较教育研究所,译.北京:教育科学出版社,1996:210.

1.5 研究问题与方法

本书将通过文献法、比较法和案例法，对国际组织创业教育发展过程中的七个核心问题进行研究。

1.5.1 研究问题

国际组织在创业教育领域拥有立场和资源双重优势。一方面，国际组织区别于主权国家，对创业教育重要性的认识可以突破单纯地解决国家就业和经济问题的范畴，而从更宏观的角度理解创业教育。另一方面，国际组织集合了来自各个国家的资源，特别是来自国际组织专家团队的智力资源和来自国际组织数据库的信息资源，从而可以更全面地规划创业教育活动。现实表明，国际组织已做出许多颇具意义的创业教育探索，而这些举动尚未被现有的创业教育研究所重视。

本书的核心问题在于系统地论述国际组织创业教育的发展过程，包括：①有哪些因素促成国际组织关注创业教育议题并推出创业教育策略？②国际组织的创业教育发展策略的核心内容是什么？③国际组织通过哪些手段推动其创业教育发展策略的实施？④国际组织的创业教育发展策略有哪些特点？⑤国际组织的创业教育发展策略对国际创业教育发展有何影响？⑥国际组织创业教育发展策略存在哪些局限性？⑦国际组织的创业教育经验对我国创业教育质量提升有哪些借鉴意义？

1.5.2 研究方法

本书采用的研究方法主要包括文献法、比较法和案例法。

（1）文献法

文献法是通过搜集和分析各种现存的文献资料得出研究结论的研究方法。本书将通过国际组织公开数据库，搜集各国际组织与创业教育相关的宣言、行动声明、决议、项目文件、研究报告，基于此分析国际组织介入创业教育的动因，还原国际组织创业教育发展策略的形成过程，归纳国际组织创业教育发展策略的主要内容。

（2）比较法

比较法是对研究对象的异同进行对照、分析、比较从而得出研究结论的研究方法。采取比较法首先要确定研究对象是否具备可比性，其次要依据一定的标准进行比较。本书在研究过程中，始终保持比较的视角审视各国际组织间创业教育策略与实践活动的异同，提炼共同经验，分析典型案例。并且在对国际组织创业教育策略进行分析的同时，寻找可供我国参考的经验，为我国创业教育的可持续发展提供借鉴。

（3）案例法

案例法是对某一特定对象进行深入研究的研究方法。案例法的研究对象可以是个人、组织、项目或者群落。案例法对某一研究问题中具代表性的对象进行全面、深入的考察。本书在考察国际组织创业教育实践活动时，选取了联合国教科文组织、世界银行、国际劳工组织三个国际组织作为典型案例，分析国际组织推进创业教育发展策略的主要举措。

1.6　本书的创新点与不足

1.6.1　本书的创新点

本书的创新之处主要体现在以下两点：

其一，选题创新。本书最大的创新之处在于选取了国际组织作为研究对象，拓宽了创业教育研究的视野。创业教育的比较研究一直是国内学者的研究关注点，他们对美国、英国、德国、日本等国的创业教育进行了广泛深入的研究，不仅有多篇期刊论文，还有相关的专著，但是仍未有一部专门的著作论述国际组织与创业教育发展的关系。因此，本书选择国际组织作为研究对象，丰富了创业教育比较研究的领域，突破了原有创业教育国别研究的限制。

其二，理论应用创新。本书以全球治理理论为思想基础，综合使用多源流政策议程理论和全球政策发展理论框架，对国际组织创业教育发展策略的生成背景进行分析，归纳国际组织创业教育发展策略的具体内容，选择典型案例作为论据分析国际组织推进创业教育发展策略的三类主要举措，并对国际组织创业教育的特征、影响、局限性做出归纳，完整地阐述了国际组织创业教育发展策略从出现到发挥作用的全过程。

1.6.2　本书的不足

本书仍有以下两点不足之处：

其一，笔者的研究能力和精力有限，只选取了具有代表性的国际组织进行研究，而未能对推动创业教育发展的全部国际组织进行全面系统的深入探究。当前,创业教育是国内外教育研究的热点问题,在创业教育领域发挥重要作用的绝非仅有书中所提到的几个国际组织。比如,经合组织、世界经济论坛都做过许多创业教育的探索。此外,全球创业观察、考夫曼基金会等非政府组织也在推动创业教育研究和实践领域发挥了重要的作用。但受研究能力和时间精力的限制,笔者只选取了具代表性、影响力较大的联合国系统内的几个政府间国际组织进行研究,研究具有一定的局限性。

其二,本书虽然借用全球治理、多源流政策议程理论、全球政策发展理论等理论框架对国际组织创业教育发展策略进行了分析,但并未能基于此实现对理论的进一步拓展。后续研究应基于创业教育自身的特点,对全球教育治理理论、全球政策发展框架进行调整和补充,以提高研究的理论价值。

第 2 章

理论基础

创业教育因能有效激发创新行为、刺激创业活动、促进经济发展、解决社会问题、提升个人价值而成为一项备受关注的教育议题。特别是 21 世纪以来,创业教育成为国际组织重点关注的议题之一,联合国教科文组织、世界银行、国际劳工组织等都纷纷采取相应手段,在世界范围内推行创业教育。创业教育缘何能吸引国际组织的注意并成为一项国际议题? 其核心内容是什么? 国际组织又是通过何种方式推广创业教育的? 对各国的创业教育发展又有何影响? 为回答这些问题,本书以全球治理理论为思想基础,以多源流政策议程理论和全球政策发展理论为理论依据,分析国际组织创业教育发展策略的生成背景、总体框架、推进举措和全球影响。

2.1 全球治理理论

"全球治理"是现代国际社会中的一个关键词语,21 世纪以来频繁出现于国际社会舆论、各类政策文本以及学术研究的语言环境中。无论是从全球变革还是国家发展的视角出发,全球经济治理、全球环境治理乃至全球教育治理都已然成为国际社会以及学术界所关注的热点议题。全球治理理论作为冷战后国际关系理论中重要的组成部分,强调了国际组织在国际中的重要地位和作用,是研究和分析国际组织行为不可或缺的理论基础,也是本书核心的思想根基。

2.1.1　全球治理的兴起

人类社会在 20 世纪经历了一战、二战、冷战三次大的动荡之后,旧的世界秩序被彻底颠覆,新的发展格局逐步形成。冷战结束以后,多种因素促成了全球治理理论的出现与发展。

其一,全球化进程加快、程度加深,国际社会从未像今天这样休戚与共。曾任联合国秘书长的加利指出,绝对和独享性主权时代已经过去。[①] 从经济层面分析,劳动力、资本、资源、市场的全球互联互通使得任何国家都难以在国际经济环境中独善其身;从政治层面分析,欧盟、东盟、非盟等区域联合体的出现正冲击着原有的国家主权体系。经济和政治的双重联结反映了国际事务愈加密切且愈加复杂的联系,全球各国交织在一起,原本各自为政的现实基础发生了根本性的变革。

其二,美苏两极对立格局瓦解,国际政治经济多极化趋势日益增强。美国大行单边主义和霸权主义的同时,以金砖国家为代表的新兴国家不断积累实力,探寻国际社会共同发展、维护人类共同福祉的方式。

其三,全球性问题增多,全球性风险加大。核安全、环境污染、难民、传染病、青年失业等问题困扰着多个国家,仅凭单一国家的力量难以从根本上解决这些问题。要根治国际社会的弊病需要包括各主权国家、国际组织、民间团体等各方力量的协商和努力。

其四,多元权力主体的出现。在过去很长一段时间内,民族国家被视为

---

① 杨雪冬,王浩.全球治理[M].北京:中央编译出版社,2015:6.

国际社会唯一具有行为能力的权力主体,而随着跨国企业、国际非政府组织、各类国际组织的出现和扩张,民族国家的"绝对权力"正在被削弱,多元主体的出现为处理国际事务提供了更多的可能。

2.1.2 全球治理的定义

全球治理脱胎于"治理"理念的发展。与"统治"一词不同,"治理"主张"协商共治",即由政府、利益相关者和其他机构协商、共同制定相关社群认同的规则,并且由政府和所有相关者对规则切实履行。[①] 因此,治理更侧重于横向的合作互助,而并不强调所谓的"权威"和"控制力"。世界银行是较早将"治理"一词应用于全球事务的行为主体,于 1992 年出版了题为《治理与发展》(*Governance and Development*)的年度报告。根据德国前总理勃兰特(Brandt)的倡议,28 位国际知名人士于 1992 年在联合国发起成立"全球治理委员会",于 1995 年获得联合国正式认可并发表题为《天涯成比邻》(*Our Global Neighborhood*)的研究报告。

该报告将全球治理定义为:"各种个人与机构、公共与私人管理共同事务的诸多方式的总和,是调和冲突和多样利益诉求并采取联合行动的持续过程,既包括具有强制性的正式制度和规则,又包括个人或机构基于自身利益所同意和认可的非正式的制度安排。"[②]全球治理理论的提出者之一詹姆斯·罗西瑙(James Rosenau)认为,全球治理可被视为从家庭到国际组织所有人类活动层面上的规则体系,这些体系通过控制实现目标,产生跨国影响。[③] 中国学者俞可平认为,全球治理是"各国政府、国际组织、各国公民为最大限度地增加共同利益而进行的民主协商与合作,其核心内

---

① 张民选,夏人青.全球治理与比较教育的新使命[J].教育发展研究,2017,37(17):1-9.

② The Commission on Global Governance. Our global neighborhood[M]. Oxford:Oxford University Press, 1995:2-3.

③ 杨雪冬,王浩.全球治理[M].北京:中央编译出版社,2015:4.

容应当是健全和发展一整套维护人类安全、和平、发展、福利、平等和人权的新的国际政治经济秩序,包括处理国际问题的全球规则和制度。"①蔡拓认为,全球治理是"以人类整体论和共同利益论为价值导向的,多元行为体平等对话、协商合作,共同应对全球变革和全球问题挑战的一种新的管理人类公共事务的规则、机制、方法和活动"②。综合各方观点可知,国际组织是全球治理的主要参与者之一,而实现人类共同利益则是全球治理的目标。

2.1.3　全球治理的要素

俞可平将全球治理的要素划分为以下五项:全球治理的价值、全球治理的规制、全球治理的主体或基本单元、全球治理的对象或客体、全球治理的结果。全球治理的价值就是全球治理的倡导者在全球范围内所要达到的理想目标,应当是超越国家、种族、宗教、意识形态、经济发展水平的人类的普遍价值。全球治理的规制就是维护国际社会正常的秩序,实现人类普遍价值的规则体系,包括用以调节国际关系和规范国际秩序的所有跨国性的原则、规范、标准、政策、协议、程序。全球治理的主体或基本单元就是制定和实施全球规制的组织机构,主要包括三类:①各国政府、政府部门及亚国家的政府当局;②正式的国际组织,如联合国、世界银行、世界贸易组织、国际货币基金组织等;③非正式的全球公民社会组织。全球治理的对象或客体包括已经影响或者将要影响人类的跨国性问题,主要包括全球安全、生态环境、国际经济、跨国犯罪、基本人权等。全球治理的结果是对全球治理绩效的评估,集中体现为国际规制的有效性,其中,国际规制的透明度、完善性、适应性、政府能力、权力分配、相互依存和知识基础都会对国际规制产生影响。③尽管国内外学者普遍认为全球治理理论缺乏广受认同的理论体系和

①　俞可平. 全球治理引论[J]. 马克思主义与现实,2002,4(1):20-32.

②　蔡拓. 全球治理的中国视角与实践[J]. 中国社会科学,2004(1):94-106.

③　俞可平. 全球治理引论[J]. 马克思主义与现实,2002,4(1):20-32.

概念框架,但实际上所有关于全球治理问题的探讨都可以归为上述五大要素。[①]

2.1.4 联合国系统与全球治理

基于前文的论述不难发现,国际组织不仅是全球治理的关键主体,还是全球治理的发起者和定义者之一。在若干国际组织中,联合国系统拥有最为特殊的地位,由多个相对独立的乃至拥有独立的国际法地位的国际组织组成。[②] 联合国作为具权威性、影响力和代表性的国际组织,自成立以来在维护世界和平、促进经济发展、人道主义救援和全球性问题的解决方面发挥了不可替代的重要作用。金彪认为,联合国已经具备在全球治理中发挥重要作用甚至主导全球治理的条件:第一,全球治理的目标与联合国宗旨和目标高度相符;第二,联合国是全球治理规制的建立、实施和监督的合适平台;第三,联合国为全球治理主体合作沟通搭建了平台;第四,全球治理的对象是联合国长期以来努力解决的目标问题;第五,全球治理的绩效评估是检验全球治理效果的主要途径,在这方面联合国一直比较权威。[③] 蔡拓等也指出,联合国系统在冷战结束后不断完善自身职能,强化全球治理实践能力。一方面,联合国系统秉承的理念与全球治理倡导的理念有高度的重合性;另一方面,联合国系统中的各组织依然是全球治理关键领域中的重要角色,世界银行、世界卫生组织、国际原子能机构、联合国粮食及农业组织、联合国教科文组织等机构是各自领域中推进全球治理的主要力量,并且在一些重大治理事件的应对中发挥了协调、推动的作用。[④]

① 丁瑞常.经合组织参与全球教育治理研究[D].北京:北京师范大学,2018.
② 杜越.联合国教科文组织与全球教育治理[M].北京:教育科学出版社,2016:21.
③ 金彪.全球治理中的联合国[M].北京:时事出版社,2016:17-19.
④ 蔡拓,杨雪冬,吴志成.全球治理概论[M].北京:北京大学出版社,2016:20-21.

2.1.5　全球治理理论在本书中的适用性

首先,全球治理理论为研究选题提供了思想基础。在已有的创业教育比较研究中,国别研究仍是大趋势,对国际组织创业教育的研究较少,并多集中于欧盟等区域性组织。而全球治理则向创业教育比较研究提出了研究"国际组织"的要求。本书的研究对象国际组织是全球治理的主体之一。其中,联合国系统作为全球治理的重要参与者,其下各个组织一直以来以多种多样的形式致力于教育发展活动,制定了一系列创业教育策略,对创业教育的全球进程有不可磨灭的影响。以全球治理理论为指导,对国际组织创业教育发展策略的研究有助于更好地理解创业教育在全球社会发展中的价值。

其次,全球治理五要素理论为本书提供了分析视角。从全球治理的角度出发,本书将国际组织作为全球治理的主体,认为在经济、教育、生态环境、公共安全、全球发展等多个全球治理领域,国际组织为实现应对全球挑战、维护平等权益、实现共同发展的目标,必须制定行之有效的策略进行全球治理。从而本书提出了一个关键假设,即发展创业教育是国际组织进行全球治理的重要手段。正是基于这一假设,本书将国际组织创业教育发展策略置于全球治理的大背景中进行分析,从全球治理的角度出发,探索国际组织创业教育发展策略的生成背景、内容框架和具体推进举措,尝试总结国际组织创业教育发展策略的特点、影响和局限性。

2.2　多源流政策议程理论

由美国学者约翰・W.金登提出的多源流政策议程理论是政策分析领域重要的分析理论之一,金登的《议程、备选方案与公共政策》一书已被引用超过 12000 次[①]，对公共政策制定过程的研究具有极其深刻的影响。该理论聚焦政策参与者和政策过程，从问题、政策、政治三个角度进行分析，打开了政治系统决策的黑箱[②]，阐释了在模糊环境下，一些议题超越其他议题得到重点关注的原因，以及公共政策备选方案的产生过程。作为最经典的政策分析框架之一，多源流政策议程理论被广泛应用于各个领域：在适用层次上，除了用来分析各国公共政策，也被学者用以分析欧盟等国际组织的政策制定过程[③]；在适用范围上，被大量应用于能源、卫生、交通等政策过程分析，在教育议程设定方面也显示出了重要的意义[④]。多源流政策议程理论帮助本书厘清能在国际组织公共事务中发挥重要作用的关键参与者，更好地还原国际组织创业教育发展策略的生成背景，说明国际组织创业教育发展策略形成的原因。

2.2.1 公共政策的主要参与者

"参与者"，顾名思义是指参与公共政策准备和整个形成过程的各种力量（如政府官员、利益集团、社会组织、媒体、民众等）。公共政策产生并服务于特定的组织群体，而参与者是组织的基本要素。每一项公共政策都有多个力量不同的参与者，多源流政策议程理论对这些不同的参与者进行了系统分析，基于参与者发挥作用的方式及其拥有的资源，考察各个参与者在政

① CAIRNEY P, JONES M D. Kingdon's multiple streams approach: what is the empirical impact of this universal theory? [J]. Policy studies journal, 2016, 44(1): 37-58.

② 蔡李, 张月, 张伟捷, 等. 基于渐进主义-多源流理论的公共政策过程分析[J]. 商业时代, 2011(31): 4-6.

③ ZOHLNHÖFER R, HERWEG N, RÜB F. Theoretically refining the multiple streams framework: an introduction[J]. European journal of political research, 2015, 54(3): 412-418.

④ YOUNG T V, SHEPLEY T V, SONG M. Understanding agenda setting in state educational policy: an application of Kingdon's multiple streams model to the formation of state reading policy[J]. Education policy analysis archives/archivos analíticos de políticas educativas, 2010, 18(9): 933-934.

策形成过程中的重要性。参与者是公共政策形成的重要推动力,特别是在研究政策形成原因时,对各个参与者的考察必不可少。金登基于参与者是否具有参与政策制定与决策的正式地位,将政策参与者划分为政府内部和政府外部两种类型,如表 2.1 所示。

表 2.1　政策参与者类型、作用方式及其可获得的资源

政策参与者类型		作用方式	可获得的资源
政府内部	行政当局(政府内阁部委及其分支单位)　总统	—	①制度资源:否决权及雇佣与解雇的权力。②组织资源:一元决策。③对公众注意力的控制权。④党派资源:党派支持。⑤总统对某一议程的专注程度
	总统的办事人员	—	—
	高层任命官	抬高问题而非产生问题	—
	文职官僚	阐明备选方案,提供专业咨询	①长期供职;②有专长;③与利益集团和委员会形成共同体对抗国会
政府内部	国会　国会议员	将某种对议程的影响与对备选方案的控制结合起来的异常能力	①合法权威;②公开性(听证会、报道);③混合的信息;④长期供职
	国会的办事人员	对参议员和众议员从中挑选决策方案的备选方案具有显著影响	—

续表

政策参与者类型		作用方式	可获得的资源
政府外部	利益集团	将自己的备选方案依附在别的地位显著的议程上；阻碍议程项目多于促成政策议程项目	①有能力影响选举结果；②使经济陷入瘫痪；③内聚力（领导者与追随者之间的差异）
	专家、学者、咨询人员	学术文献	—
	媒体	报道政府中正在发生的事情	①政策共同体内部充当沟通者；②进行夸张性报道；③影响公众舆论
	与选举有关的参与者 / 竞选者，政党	改变居于权威地位的角色	①竞选誓言（必须伴随其他东西）；②宣言（可能构成行政当局核心议程）
	公共舆论	影响议程	—

资料来源：作者根据约翰·W.金登《议程、备选方案与公共政策》一书整理。

（1）内部参与者

内部参与者是指直接参与政策形成并具有正式决策地位的角色。内部参与者一般包括最高行政机关、最高权力机关和各级执行机关。以美国为例，内部参与者包括行政当局、国会、各级官僚，其中，行政当局由总统、总统的办事人员和高层任命官组成。

①最高行政机关

最高行政机关与问题定位和备选方案确立息息相关。一般来说，最高行政机关包括最高行政长官、各部委及分支机构负责人和对上述成员负责的行政人员。虽然在不同的政治制度和行政体系中，最高行政长官的权责范围有所不同，但最高行政领导普遍掌握行政决策权力，并且具有极强的影响力，其个人意志对公共政策的产生具有不可忽视的作用。除了最高行政领导，各部委及分支机构的负责人也对本领域政策的产生具有重要影响，能够提高特定问题在问题序列中的紧要程度，并敦促相应备选方案的出台。

②最高权力机关

与最高行政机关特别是最高行政长官类似,最高权力机关在公共政策形成过程中也扮演着举足轻重的角色。最高权力机关具有法律规定的最高权威,能够决定针对某一问题的备选方案是否真正成为一项公共政策而颁布。并且,最高权力机关对其权力来源负责,如美国国会对选民负责,中国全国人民代表大会对人民负责。因此其决定代表广大人民的意志,得到群众的支持。此外,最高权力机关拥有多重信息渠道,能够接收到各方信息,可以从中抓取重要问题与有效的备选方案。

③各级执行机关

最高行政机关和最高权力机关对问题界定具有很大的影响力,而各级执行机关对备选方案的产生具有较大的作用。各级执行机关人员往往对特定领域有较深入的了解,能够为行政机关和权力机关提供可供选择的问题解决方案,并在必要时为两者提供政策咨询服务。

(2) 外部参与者

外部参与者是指虽不直接参与政策制定,但对确立问题、提出备选方案都具有重要影响的各方力量。一般来说,外部参与者主要包括利益集团、专家、学者、咨询人员、公众舆论与媒体。外部参与者与内部参与者并非完全割裂,共同的价值观、价值取向和世界观在某种程度上构成了内外部参与者之间的桥梁。[①]

①利益集团

利益集团在公共政策分析中通常指具有共同立场和目标并通过集体努力影响政策制定和政府决策的组织实体。利益集团具有不同的类型,代表不同群体的诉求,例如财团、工会组织、公益组织等。利益集团的主要作用

---

① 金登. 议程、备选方案与公共政策[M].北京:中国人民大学出版社,2004:58.

表现在,为解决集团关注的问题而提出符合自身利益的备选方案。当公共政策与集团利益不符时,利益集团还会利用自身的资源和能力,阻碍公共政策的进展。

②专家、学者、咨询人员

对科学、理性思想的普遍认可和追求,使专家、学者、咨询人员等掌握专业知识的人群在现代社会中发挥着尤为重要的作用。他们在某一领域具有深入的研究,产生了大量的学术成果(如学术文献、咨询报告)等,是公共政策制定者的重要参考,为公共政策内容提供合理性和合法性证明。特别是在备选方案产生的过程中,这一参与群体贡献了大量的可供选择的内容。

③公共舆论

公共舆论中蕴含着某种国民情绪,或是对某一问题的热切关注,或是对某些政策的不满。公共舆论有能力影响一项议程在议程序列中的位置,但值得注意的是公共舆论往往不是自发的,而是受到行政当局、专家群体等参与者的影响。

④媒体

与公众舆论反映某种情绪相似,媒体也传递出来自公共舆论或其他内外部参与者所关注的信息。媒体不直接参与政策制定,但它通过传递信息对议程确定产生影响。

根据参与者活动的公开程度,上述内外部参与者可分为可见参与者及潜在参与者。可见参与者活跃在政策制定的舞台上,开展若干公开活动;潜在参与者则深处幕后,其活动往往非彻底公开透明。可见参与者对议程确立更有影响,而潜在参与者则对备选方案的影响更大。政策参与者划分如图 2.1 所示。

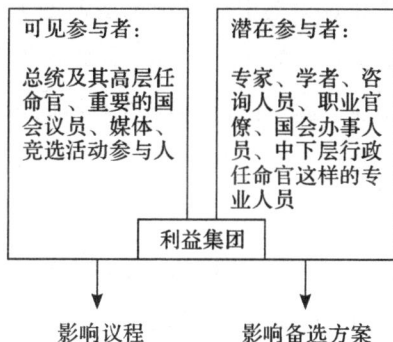

图 2.1 政策参与者划分

资料来源:作者根据约翰·W.金登《议程、备选方案与公共政策》一书整理。

2.2.2 公共政策的形成过程

对公共政策的研究通常可以分为两大块:其一是对公共政策制定过程的研究;其二是对公共政策执行过程的研究。[①] 多源流政策议程理论的核心内容聚焦于前者。它吸纳了垃圾桶模型"决策是组织内问题、解决方案、参与者、选择机会四种独立溪流变化的结果"[②]这一观点,将公共政策的形成看作在参与者影响下问题溪流、政策溪流和政治溪流在某种条件下耦合的产物。多源流政策议程理论认为,议程建立和备选方案选择的过程不是发现问题、解决问题、决策、执行这一简单的线性过程,新政策的出现也不仅是在现有基础上进展更新,而是动态的、非理性的、不可预测的,并且周围环境是模糊和复杂的。

(1) 问题溪流

在任何时候,我们所处的环境都充斥着各种各样的问题,公共政策并非

① 陈建国.金登"多源流分析框架"述评[J].理论探讨,2008(1):125-128.

② COHEN M D, MARCH J G, OLSEN J P. A garbage can model of organizational choice [J]. Administrative science quarterly,1972,17(1):1-25.

关注每一个问题,而是将注意力集中在其中某些问题上。所有问题组成一条流动的溪流,公共政策又是如何从这条溪流中识别出需要关注的问题呢?指标、焦点事件和反馈构成了问题识别机制,使一些问题脱颖而出并吸引到与政策制定有关人员的关注。

①指标

指标是非常常见的对问题进行监控和判定的方式。指标将问题的重要性和变化幅度转化为具体的可供比较的数据。问题一直存在,当问题呈现出某种发展趋势或超过某个临界点时,便会吸引到关注。这种变化通过指标直观地呈现出来。例如日本人口出生率持续下降,反映出人口结构不断老龄化的趋势,日本政府就需要对社会老龄化问题加以关注并采取相应措施;再如中国教育投入占国民收入的比例在 2012 年前一直未达到 4% 的世界平均水平,政府在近 20 年中一直重点关注教育投入的问题。除了使用指标对某些一直存在的问题进行监控外,当人们意识到某一特殊问题可能很重要或不容乐观时,也会通过测定指标来反映该问题当前的状况。

②焦点事件

如果说指标是政策制定者对问题的主动监控和判定,那么焦点事件则是突发状况迫使政策制定者必须注意到的问题。焦点事件可能是一个突发的危机,如日本福岛核电站事故迫使人们反思核应用的安全性;或者是技术革新这一类重大变革,如阿尔法狗在与人类对弈中获胜引导人们思考人工智能和深度学习对社会的影响。焦点事件会加强人们对某一问题的认识,特别是使一些位于幕后的问题进入大众的视野。当一类焦点事件一而再再而三地发生时,问题的优先序列自然而然会有所提升。

③反馈

指标和焦点事件往往反映出一个全新的问题,还没有相关政策关注这些问题。而反馈则是反映出已有政策未达到预期目标或出现意外后果的问题。这些问题使政策制定者反思已有政策本身和执行过程中出现的偏差,迫使他们思考是否需要对已有政策进行修正或出台一些新政策来进行补充。

（2）政策溪流

在正式的公共政策颁布前，若干备选方案在政策溪流里浮沉，等待被政策制定者选中的时机。有时，这些备选方案是为了解决特定的问题；有时，这些备选方案先于问题而存在，直到遇到与之相对的问题时方能浮上水面。若干个备选方案就是若干种思想，最终，在所有的思想中，只有少数会被选中，成为未来公共政策的蓝本。在这个过程中，政策企业家扮演了极其重要的角色。

政策企业家是思想的倡议者，他们怀着未来会有所回报的希望而愿意投入自己的资源，这些资源包括时间、精力、声誉，有时还包括资金。政策企业家的动力不尽相同，或是为了增进个人利益、宣传他们的价值观，也可能仅仅是享受思想被认可和追捧。政策企业家的重要作用，就是通过宣传、推广、解释、渗透等手段，说服同领域的其他专业人员、专业公众乃至普通公众，使他们能够接受自己所提倡的思想，从而使思想受到关注和认可。

如果将这些浮出水面的思想称为显性方案，将水中其他不可见的思想称为隐形方案，那这两者之间的差别在哪里？难道只是政策企业家发挥的作用不同吗？多源流政策议程理论给出了三个标准：第一，要具备技术可行性，也就是说一旦思想最终成为政策，在现实中要具备执行的条件；第二，要具有价值可接受性，符合主流价值观念和效率原则；第三，要具有预期规范性，即可以预见思想在成为政策后，能够满足预算、公众、领导的要求。到此为止，一个思想已经"浮于水上"，但并不意味着就会被选中成为备选方案。备选方案的最终产生，还要经过对显性方案的优先级进行排序。

显而易见，那些经过"软化"的方案比未经"软化"的方案更容易被接受；在此基础上，政策溪流中涤荡已久的方案，经过了思考、漂浮、讨论、修改以及试验的长期过程，也会在备选序列中排在较为靠前的位置。另外，值得注意的是,问题和思想之间并非完全同步,而那些能解决现有问题的方案,比单独的方案优先级更高。至此,政策溪流中一部分备选方案最终形成了一个简短的政策建议目录,受到政策制定者的关注。

(3) 政治溪流

独立于问题与解决方案的,是蕴含各种力量的政治溪流。政治溪流对公共政策的最终形成是至关重要的。政治溪流不仅受到行政当局的影响,其他强有力的政治力量、民众情绪等都有能力左右政治溪流的流动。

行政当局无疑是政治溪流中的重要力量。在对参与者进行讨论时我们已经提到,最高行政长官、各部委官员对议程制定有重要的影响,由于他们的个人经验、偏好、意志往往与问题的选择息息相关,这些关键人员的变动势必引起当前备受关注的议程的变化。此外,一项公共政策经常涉及多个领域,行政当局中各个部门管理着同一个问题的不同方面,可能会共同推进一个议程,也可能因为有些项目在权限空白处而被忽略了。

除了行政当局,政治溪流中还存在来自利益集团的其他有组织的政治力量。公共政策有支持的组织力量,也有反对的组织力量,当多方势力僵持不下时,公共政策就难以顺利成型;而一项成功的公共政策,离不开强有力的组织力量的支持。明确这些组织力量,能够帮助人们更清楚地分析公共政策的形成。

民众情绪是政治溪流中的另外一股政治力量,在公共政策的形成过程中,既要顺应民众情绪,也要利用民众情绪。民众情绪代表一种诉求,可能是对某一问题的不满,或是对某种解决方案的呼吁。公共政策必须回应这些诉求。

各式各样的力量在政治溪流中彼此争斗,时而一致时而相悖,公共政策诞生于这种博弈之中。值得注意的是,博弈的最终目的并非说服对方,而是通过妥协来协调多方利益从而达成一种共识。

(4) 政策之窗开启

政策之窗是政策建议的倡导者提出其解决办法的机会,或者是他们促使特殊问题受到关注的机会。[①] 政策之窗的开启可能是因为问题溪流中凸显出的备受关注的问题,或政治溪流中发生了力量的改变。政策之窗开启时三条溪流能否汇合是决定公共政策能否成型的关键,政策企业家在其中扮演了至关重要的角色。换言之,若一项公共政策最终得以提出,就必然意味着在政策之窗开启时,问题溪流中有一个值得关注的问题,政策溪流中有与之相关的备选方案,政治溪流中有对此强有力的支持者。政策之窗开启过程如图 2.2 所示。

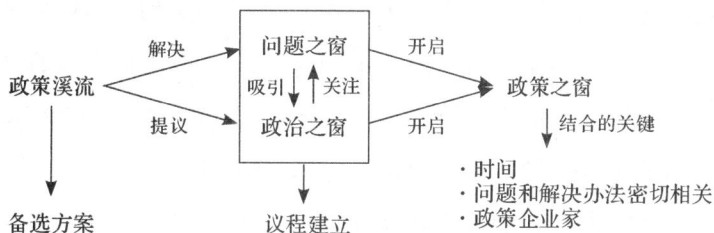

图 2.2　政策之窗开启过程

政策之窗转瞬即逝。如果没能把握住这个机会并有所行动,那么政策可能会被长时间搁置。但是,如果某一政策得以通过,那么与之相关的政策被通过的可能性也就随之增加了。原因是已通过的政策中所蕴含的新原则代表了一个成功的先例,并打破了某些阻碍,为相关政策的成功提供了经验。

2.2.3　多源流政策议程理论在本研究中的适用性

多源流理论可用于分析国际组织创业教育发展策略的生成背景。多源

---

① 　金登. 议程、备选方案与公共政策[M]. 北京:中国人民大学出版社,2004:209.

流理论虽然是公共政策分析理论,但它更关注公共政策产生的前阶段,也就是公共政策中所包含的理念如何被公共政策选中,用书中的描述就是"一个思想的时代是怎样到来的"。该理论被认为是关于"理念"的广泛理论。它聚焦于理念成为政策问题的解决方案的过程,理论中所提出的关键概念和隐喻具有普遍性,于是可以被灵活运用于几乎任何场合、时间和政策范畴。①

多源流政策议程理论主要的假设是,新政策或策略的形成过程是动态的、非理性的、不可预测的,并且周围环境是模糊和复杂的。在一个模糊的环境中,第一,组织可供选择的理念是一个松散的思想集合,而不是一个连贯的结构,选择的偏好会时常变化,而非完全一致和明确的;第二,尽管组织有一系列管理的手段,但在实际操作中难以被完全理解和执行,需要不断地试错和积累经验;第三,随着时间的变化,组织参与者及他们投入的努力也在不断地改变。②毫无疑问,国际组织创业教育发展策略是在一个模糊环境中诞生的。国际组织固然有既定的原则,但其具体的目标和任务是在不断变化的,包含多种思想,例如联合国教科文组织具有消除文盲、促进性别公平、实施终身教育等一系列教育理念。国际组织有标准化的管理手段,但也是根据经验不断变化的。例如,世界银行的教育援助手段从单纯的贷款到主导实施具体的项目。同时,随着时间改变,国际组织及其所处的国际环境也是动态的,不仅成员方有增有减,并且国际力量格局也在不断变化。

因此,本书以多源流政策议程理论作为分析国际组织创业教育发展策略生成背景的基本框架,厘清影响国际组织创业教育发展策略的重要参与者,从问题、政策、政治三个角度,分析创业教育被各个国际组织接受并推广的主要原因。

---

① CAIRNEY P, JONES M D. Kingdon's multiple streams approach: what is the empirical impact of this universal theory? [J]. Policy studies journal,2016,44(1):37-58.

② COHEN M D, MARCH J G,OLSEN J P. A garbage can model of organizational choice [J]. Administrative science quarterly,1972,17(1):1-25.

2.3　全球政策发展理论

德国学者加科比(Jakobi)在《国际组织与终身学习：从全球议程到政策扩散》(*International Organization and Lifelong Learning：From Global Agendas to Policy Diffusion*)一书中提出了一个理论框架——全球政策发展框架(global policy development framework)，用以分析一个新思想如何受到国际组织的关注，进而成为国际组织的核心议题并在世界各地广泛传播。该理论框架以世界社会理论为基础，强调了国际组织的重要地位，借用多源流政策议程理论解释一个新理念在国际组织中成为核心策略的成因，并划分了国际组织促进新策略从国际到国家扩散的五种工具。全球政策发展理论不仅很好地融合了多源流政策议程理论的核心内容，还概括了国际组织的五种策略推广方式。该理论对本书的整体研究框架具有重要的参考价值，并且能够帮助本书厘清国际组织推进创业教育发展策略的不同举措，总结国际组织推广创业教育发展策略的经验。

2.3.1　全球环境与国际组织

国际组织在现代社会的影响力与日俱增，20 世纪 80 年代以来，各国学者对国际组织的研究日益深入[①]。在不同的理论基础之上，学者对国际组织有不同的认识。自由主义理论认为，各国的多边合作和国际合作需要国际组织，国际组织能够在各国交往中发挥关键作用，还可能制约各国的外交行为；功能主义理论认为，各国能够借助国际组织，通过交流与协商共同面对

---

① 张民选.国际组织与教育发展[M].上海：上海教育出版社，2010：2.

问题与矛盾并寻求解决办法;①建构主义理论认为,国际组织的扩展是一个国际社会化的过程,国际组织具有独立的地位,其包含的国际规范和价值观对国家行为和国际利益有直接的影响作用。② 全球政策发展框架深受建构主义思潮的影响,以全球社会为背景,分析国际组织在国际社会中所扮演的重要角色。

(1) 世界社会与世界文化

世界社会和世界文化概念是全球政策发展理论的重要基础。当代社会制度主义认为,国家是基于文化而建构的,文化嵌入国家。这种文化是在世界范围内组织和形成的,而非根据各国当地的情况与历史。二战后,世界社会特有的特征和进程已经极大地影响了民族国家。③ 世界社会将全球变化视为不断兴起的全球制度、国际组织以及逐渐趋同的文化的结果。世界文化是一个有关现代化的理论,试图将现代社会的制度化文化打包,并将世界社会中的主要行动者作为这种文化的产物。④

世界文化代表一种不断发展的制度化的标准,这种文化深受西方基督文明和启蒙思想的影响,强调普遍理性,相信进步,崇尚个人主义⑤,对个人和集体都具有深刻影响。在世界社会中,独立行动者是解释社会结构、社会活动和最终结果的重要因素,而独立行动者的选择则在很大程度上取决于外部环境的影响。同时,人们不仅要求拥有诸如人权、主权、进步等传统的权利,还将诉求的范围不断扩展至全球社会中的其他实体,如动物保护、环

---

① 张民选.国际组织与教育发展[M].上海:上海教育出版社,2010:30-31.

② 张小波.国际组织研究的发展脉络和理论流派争鸣[J].社会科学,2016(3):30-40.

③ MEYER J W, BOLI J, THOMAS G M, et al. World society and the nation-state[J]. American journal of sociology,1997,103(1):144-181.

④ AMENTA E, NASH K, SCOTT A. The Wiley-Blackwell companion to political sociology [M]. Oxford:Blackwell Publishing Ltd,2012:57-68.

⑤ AMENTA E, NASH K, SCOTT A. The Wiley-Blackwell companion to political sociology [M]. Oxford:Blackwell Publishing Ltd,2012:57-68.

境保护等主题。世界文化在传播国际化的理念的同时,也时常带来新理念和新政策在各国国内的功能失调。由于各国的发展水平、实际需求、历史传统间的差别,世界文化所倡导的理念因文化不适应性而难以适应当地实践。[①]

即使世界文化可能与各国实践脱节,但世界社会中共同理念和政策的扩散并不罕见。世界文化主要通过三种方式对民族国家产生巨大影响。其一,主权国家得到身份认同意味着要遵循世界社会共有的一些模式,例如,要加入国际组织,就要提出申请并满足国际组织的成员方要求,而这些要求普遍具有世界文化的特点;其二,当民族国家受到来自世界社会的压力,难以完成一些任务时,世界社会会通过各种方式对其提供帮助,在此过程中,世界文化势必对其施以一定的影响;其三,不仅国家层面受到世界文化的影响,在世界社会中,国家以下的组织或个人也深受世界文化影响,并会敦促国家响应世界文化的要求。[②]

(2) 国际组织在世界社会中扮演的角色

基于世界文化对主权国家乃至整个国际社会的重大影响力,作为世界社会中重要行动者之一的国际组织的作用日益受到国际社会的重视。行动者(actor)是世界文化的核心组成部分之一。[③] 在世界社会中,有几个重要的行动者传播世界文化和普遍原则,促进政策变革,它们包括主权国家、认知共同体和国际组织。其中,主权国家是目前国际政治层面中唯一可以代表一个社会的合法主体;认知共同体包括科学家和各领域的专家学者,为政治领域提供关于世界如何运转的理念;国际组织则可以有效解决国际共同

[①]　JAKOBI A P. International organization and lifelong learning: from global agendas to policy diffusion[M]. Basingstoke: Palgrave Macmillan, 2009: 25-26.

[②]　MEYER J W, BOLI J, THOMAS G M, et al. World society and the nation-state[J]. American Journal of sociology, 1997, 103(1): 144-181.

[③]　MEYER J W, BOLI J, THOMAS G M, et al. World society and the nation-state[J]. American journal of sociology, 1997, 103(1): 144-181.

问题,也时常促进并建立许多非常流行的规则。[①] 国际组织无疑在国际社会中扮演着极其重要的角色。

①领域构建者

在全球化时代,没有任何国家或群体是与国际社会中其他行动者所割裂的。不同的行动者时常面临同样的问题,或拥有同样的兴趣,国际组织能够基于这些共同的问题和兴趣,构建组织领域,使各行动者之间建立起稳定的联系,致力于共同领域的工作。许多国际组织自身就是共同问题与兴趣的产物,如国际红十字会、世界自然基金会等;也有许多国际组织能够派生出许多新的组织领域,如联合国系统包括联合国教科文组织、国际劳工组织、儿童发展基金会等多个关注不同领域的组织。

②目标设定者

国际组织是共同目标的制定者。在世界社会中,各行动者都深受世界文化的影响,遵守一些国际通用的原则以提高自身的合法性。国际组织能够为成员方制定共同的发展目标,以达成共同的目的,或解决共同的问题。例如,联合国千年发展目标、2030可持续发展议程,就各国消除贫困、普及教育、促进性别平等等方面制定了共同的发展目标。

③信息提供者

国际组织会定期发表一些公开出版物,如建议书、统计数据、研究报告等,这些出版物往往都针对国际社会中的焦点问题,涉及许多行动者,并代表最新的研究成果或发展趋势。其中包含大量的信息,是其他行动者了解当前国际趋势、加深对自身的认识、衡量竞争对手情况的重要参考。此外,国际组织定期召开的国际会议,也是各成员间分享信息的平台。

---

① JAKOBI A P. International organization and lifelong learning: from global agendas to policy diffusion[M]. Basingstoke: Palgrave Macmillan,2009:20-23.

④监督协调者

国际组织作为连接各个成员的中间机构,能够为各成员设定共同的目标,同时拥有大量能够反映成员情况的信息,也有能力监督各成员对共同目标的实施和完成情况。国际组织还能够利用多样资源,帮助各成员解决问题。同时,国际组织作为中间机构,也能促进成员间互动,协调各成员之间的活动。

2.3.2　国际组织与政策扩散

在世界社会中,国际组织是构成不断增强的世界政治的重要元素,国际组织沟通和指导政治行为,对解决具有全球影响力的政治问题十分重要。基于当前的全球环境与国际组织的重要地位,全球政策发展框架以国际组织及其不同活动作为中心内容,提出了国际组织的共同理念在何种条件下能够得以传播并引起各国政策转变。①

全球政策发展理论是基于四个基本假设而建立的。第一,该理论借用了多源流政策议程理论的内容,认为国际组织策略的形成是机会之窗开启的结果,问题、政策、政治三条溪流耦合是机会之窗开启的原因。第二,该理论将国际组织置于中心位置,认为国际组织是促成全球政策扩散的重要平台。第三,国际组织策略被国家接受的程度以及政策转变的最终结果同时取决于主权国家的政治系统特点以及国际社会对国家的干预。第四,主权国家为提高自身的合法性和现代性会接受原本不适用于本国的政策。②

(1)全球政策扩散的两条路径

全球社会中,一个新的理念从酝酿到成为国际通用的政策规范需要经

① JAKOBI A P. International organizations and world society: studying global policy development in public policy[J]. TranState working papers,2009(81):1-31.

② JAKOBI A P. International organization and lifelong learning: from global agendas to policy diffusion[M]. Basingstoke: Palgrave Macmillan,2009:46-47.

历一个漫长的变化和扩展过程,国际组织在这个过程中起到举足轻重的作用。全球政策的变化和扩展分为纵、横两条路径。纵向是从国际层面到国家层面的垂直扩散,横向是从单一国家到多个国家的水平传播。两条路径强调的是理念与政策发展的不同面向。垂直路径强调策略形成到各国政策转变的过程,水平路径则强调理念与政策大规模扩散并被广泛接受的过程。

纵向来看,新理念的诞生都来自世界社会,国际组织、主权国家、认知共同体共同组成了理念诞生的土壤,也为理念进一步成熟和传播提供了条件。当与新理念相关的问题溪流、政策溪流、政治溪流耦合时,机会之窗开启,把握住机会的政策企业家会促成新理念成为国际组织的核心策略并在各国加以传播。主权国家受世界文化的影响,会接受新理念并引起本国的政策转变。

横向来看,新理念在产生初期一般只会被少数国家甚至单一国家接受。一些理念未能把握住机会之窗开启的时机被淘汰,而一些理念在成为国际组织的核心策略后则会被国际组织在国际社会中广泛推广。在达到某一引爆点后,核心策略将被多数国家接受,核心策略引导的政策变革在国际社会扩散并成为默认规范。

值得注意的是,国际社会中的政策转变不是单一层面的线性变化,各国政策转变并非拥有相同的节奏,这一点在水平路径中尤为明显。在同一时期,对同一理念,各国的接受程度会有所差异,因而国际组织对各国的具体影响也会有所不同。全球政策发展框架如图 2.3 所示。

(2)国际组织促成政策转变和扩散的工具

无论是垂直路径还是水平路径,国际组织的推动作用毋庸置疑。为实现全球性政策进展,国际组织需要采取一些手段来促进各国的理念转型与

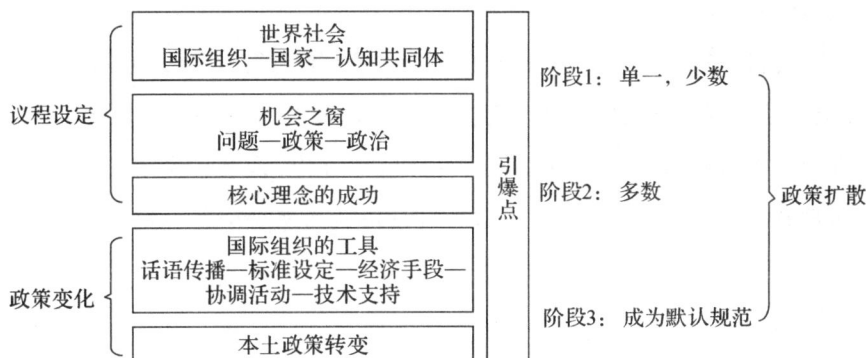

图 2.3　全球政策发展框架

资料来源：JAKOBI A P. International organization and lifelong learning：from global agendas to policy diffusion[M]. Basingstoke：Palgrave Macmillan，2009.

政策转变。总体来说，国际组织所惯常使用的工具有以下五种类型①：

①话语传播

话语传播是指提出新的观念和认识，并在国家政策议程建立的过程中加以体现。在世界社会中，国际组织作为领域构建者和信息提供者，具有话语传播的优势条件。国际组织可以将自身的核心议题与国际社会中的热点问题建立联系，使各国在制定政策时自然地考虑到核心议题与政策某方面的相关性。例如，通过联合国教科文组织、经合组织等的推动，终身教育策略与各国经济发展和国民竞争力提升之间建立了显著联系。

②设定标准

设定标准是指针对某一国际社会共同关注的主体，为各国政策制定提出一套可供参考的标准，以规范各国行为。国际组织作为世界社会中的目标制定者，设定一系列达成既定目标所要达到的国际标准，由于国际标准是各国政策合法性的来源之一，因此这些标准会成为各国普遍遵守的规范。

① JAKOBI A P. International organization and lifelong learning：from global agendas to policy diffusion[M]. Basingstoke：Palgrave Macmillan，2009：33-36.

③经济援助

经济援助是指国际组织通过支付行为,向为推动策略扩散和政策转变而设立的项目或机构提供资金。经济手段是经济类国际组织大量使用的方式,非经济类组织有时也会通过与经济类组织合作,设立一些经济援助项目,帮助各国实现政策转变。世界银行和国际货币基金会是使用这类工具的典型代表。

④监督协调

在世界社会中,国际组织本就是监督协调者,监督各国行为、协调成员间活动也是国际组织促成政策转变和扩散的主要手段之一。国际组织通过监督和制裁各国的不当行为,限制各国按照其核心策略修改和制定政策;同时通过各类出版物比较国家间对其核心议题的实施情况,敦促各国顺应国际趋势。

⑤技术支持

技术支持是国际组织帮助各国实践其核心议题的直接方式。通过设立与发展核心理念、促进政策转变的援助项目,国际组织帮助各国提升能力,以满足国际组织政策扩散的要求。通过技术援助,国际组织向各国派遣专家、提供最新研究成果和技术规范以支持各国对新理念的理解和新政策的实施,例如国际劳工组织在世界各国设立的职业培训项目。

以上五种类型是国际组织在世界范围内推广新策略的主要的实践方式,国际组织根据自身的不同性质,采取的主要方式也会有所不同。例如,联合国教科文组织等以传播思想、促进合作为主的组织以话语传播、设定标准、监督协调为主要工具;世界银行等经济类组织以经济支持为主要工具;国际劳工组织等专门性组织则以技术援助为主要工具。

2.3.3 全球政策发展理论在本研究中的适用性

全球政策发展理论建立在世界社会的大背景下,世界各国都深受世界文化的冲击,这一特征在教育领域的表现格外突出。教育系统在各国越来越相似,并且包含许多标准化的程序。教育与其他社会问题相连,其价值超越时空的限制已经被广泛地承认并被视为理所当然。同时,不同国家的教育目标也越来越相似,成功的教育理念在各国共享。① 创业教育的全球化趋势也反映了这一特征。全球政策发展理论启发本书将创业教育研究置于宏观的国际背景之下,探究世界文化对国际组织创业教育策略兴起的影响。

此外,该理论基于对终身学习政策的分析构建的全球政策发展框架,是对终身学习理念全球化过程的质性研究的成果。创业教育理念与终身学习理念的兴起和扩展有诸多相似之处,将全球政策发展框架应用于分析创业教育策略的全球发展情况,有助于分析创业教育策略转化的全过程,为本书搭建整体研究框架。

全球政策发展框架的一大特点,是将国际组织放在了框架的中心位置,关注国际组织与教育策略全球扩散的关系,既探讨全球性教育策略的诞生过程,又研究国际组织推动其策略在各国实践的具体方式。在策略背景分析部分,全球政策发展框架借用了多源流政策议程理论,从问题、政治、政策三个角度对国际组织发展创业教育策略的背景加以分析;在策略推进部分,全球政策发展框架总结了五种实用工具(本书选取了三种),为国际组织推进创业教育发展策略的不同方式提供了依据。

2.4　本章小结

本书以全球治理理论为背景,从全球治理的角度识别与创业教育相关的行动主体,将国际组织特别是联合国系统作为研究对象,认为发展创业教

① JAKOBI A P. International organisations and policy diffusion: the global norm of lifelong learning[J]. Journal of international relations and development,2012,15(1):31-64.

育是国际组织进行全球治理采取的关键手段,从而研究国际组织创业教育发展策略的理论意义。此外,本书选取全球政策发展理论作为研究整体框架的理论依据,分析创业教育这一理念成为国际组织核心策略并在全球推广的全过程,其中,多源流政策议程理论为研究国际组织创业教育的产生背景提供了理论指导。具体研究路线如图 2.4 所示。

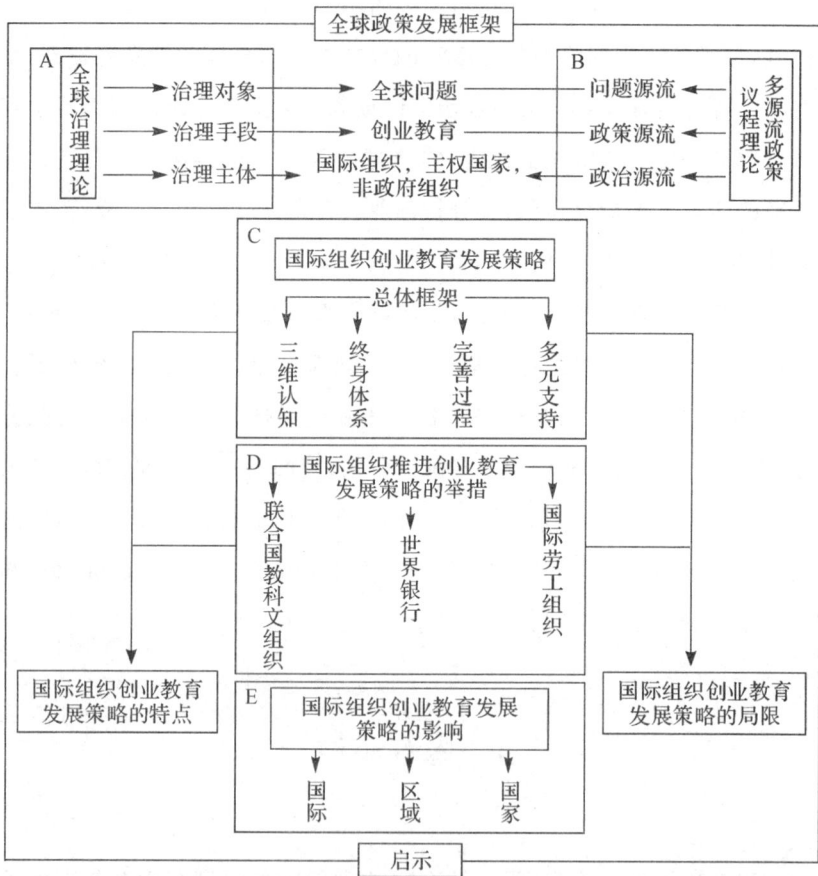

图 2.4　具体研究路线

首先,全球治理理论为本书提供了意义支撑和思维视角。全球治理是 20 世纪 90 年代后兴起的国际关系及其相关领域的热点理论,与传统的国际关系理论相较,全球治理理论突破了单一国家主权的狭隘视角,而将全球化时代的各种国际事务置于相互关联、相互影响、相互牵制的关系中。主权国家不是国际社会唯一关注的焦点,多元权利主体开始出现并起到日益重要的作用,政府间国际组织是其中的重要角色。因治理对象不同,全球治理也细分为全球教育治理、全球经济治理、全球环境治理、全球安全治理等不同的领域。国际组织将采取不同的手段,以达到全球治理的目标。从这一立场出发,本书认为,发展创业教育是国际组织进行全球治理的关键手段,对国际组织创业教育发展策略的研究不仅有利于拓宽对创业教育价值和作用的认识,还有利于增进对国际组织全球治理的理解。因此,本书选取国际组织作为主要研究对象。

其次,多源流政策议程理论为本书的背景部分提供了分析方法。该理论被用以分析公共政策的诞生过程,认为问题源流、政策源流、政治源流在政策之窗开启之时的汇流是公共政策产生的关键。该理论也被全球政策发展理论作为分析国际组织教育策略形成过程的理论来源。因此,本书用该理论分析国际组织创业教育发展策略产生的背景。从问题源流来看,当前整体的国际环境和全球社会共同面临的国际问题与国际组织关注创业教育密切相关;从政策源流来看,多年来创业教育研究的积累起到了政策软化的作用,使创业教育作为解决全球问题、进行全球治理的重要手段引起了国际组织的注意;从政治源流来看,国际社会中国际组织力量和工作领域的转变、部分主权国家特别是西方发达国家对创业教育的重视以及非政府组织在创业教育领域的努力为国际组织发展创业教育提供了有力支持。

最后,全球政策发展理论为本书的基本框架提供了参考。全球政策发展理论基于对终身教育策略的全球扩散过程的研究搭建了关于全球政策发展框架,用以分析和解释一个新的理念如何成为国际组织的核心议题并在全球加以推广。这一理论关注以下几个重点:新策略产生的背景(动因),新策略的主要内容,国际组织推进新策略使用的具体举措,国际组织的策略内容与推进举措对各国产生的影响。这一理论与本书的选题高度切合。其一,与其他政策理论不同,该理论是以国际组织为主体搭建的全球政策发展框架;其二,该政策的研究基础是教育领域重要的研究选题——终身教育,能很好地适用于教育政策研究。因此,本书基于这一理论搭建了基本框架,包括:国际组织创业教育发展策略的生成背景;国际组织创业教育发展策略的总体框架;国际组织推进创业教育发展策略的主要举措;国际组织创业教育发展策略的全球影响。

第3章

国际组织创业教育发展策略的生成背景

以联合国系统内的各大国际组织为代表,国际组织对创业教育的关注可以追溯到 20 世纪末期。1989 年,柯林·博尔在联合国教科文组织召开的"面向 21 世纪教育国际研讨会"中提出,未来的人都应具有三本教育护照:一本是学术性的,一本是职业性的,一本则是证明一个人的事业心和开拓能力的,即创业教育。[①] 此后,创业教育开始在各国际组织兴起,到 2010 年前后,创业教育已被各国际组织广泛认可,作为一项重要的教育理念出现在联合国教科文组织、世界银行、国际劳工组织等国际组织的策略文本中,并在国际组织的推动下,在全球快速传播与扩展。创业教育在国际组织的盛行并非偶然,而是由多种因素共同促成的。21 世纪初,国际社会、国际组织和创业教育研究的变化共同创造了创业教育上升为国际组织核心教育议题的时机,并最终促成了国际组织创业教育发展策略的产生与全球扩散。

---

① 任路瑶,杨增雄.创业教育:第三本教育护照:国外创业教育研究综述[J]. 教育学术月刊,2010(11):17-20.

3.1 全球发展进程中的现实困境

人类社会进入 21 世纪后的发展进程与过去数千年相比不可同日而语。经历了一战、二战、冷战的洗礼之后，全球正进入相对和平的快速发展期，在经济、政治、科技、医疗等方面都取得了长足的进步。交通运输工具和电子信息技术的普及使人与人之间的距离大大缩短，世界成为一个紧密相连的整体。但与此同时，全球也面临一些现实困境亟须解决，这些困境组成了全球治理的客体。国际组织作为全球治理的主体，必须采取一定的手段解决现实问题，全球经济危机的出现大大加剧了问题的紧迫性。上述情况共同构成了国际组织创业教育发展策略产生的问题溪流。

3.1.1 全球发展的时代特征

教育是社会经济发展的产物，并反之影响社会经济发展。创业教育是时代的产物，受时代特征的影响。正是这种时代特征，催生了一系列全球问题，为国际组织发展创业教育策略提供了机会。

(1) 全球化曲折发展

现代世界与工业革命前的世界的根本区别，是在不断向前翻滚的全球化浪潮推动下，世界不再分崩离析，而成为一个呼吸与共的命运共同体。自工业革命算起，全球化进程已发展了约 200 年，其间虽经历了数次冲击却风头不减，20 世纪 70 年代以来，经济、社会和政治领域的全球化一直呈上升趋势，特别是在冷战结束后取得了长足的进展[1]。根据苏黎世联邦理工学院

---

[1] GYGLI S, HAELG F, POTRAFKE N, et al. The KOF globalisation index-revisited[J]. Review of international organizations,2019,14(3):543-574.

瑞士经济研究所的测量数据,世界全球化指数在 1990 年之后进入快速增长期,在 2008 年全球经济危机后有所放缓(见图 3.1)。

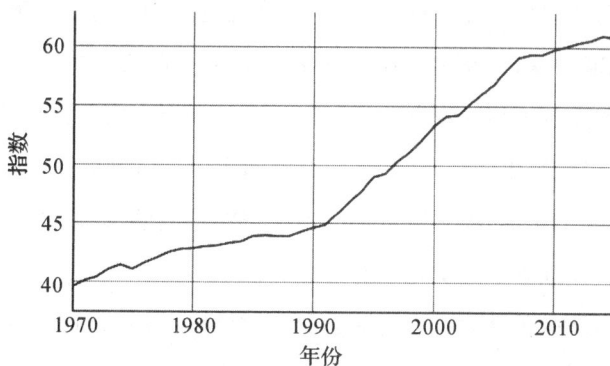

图 3.1　世界全球化指数

资料来源:GYGLI S, HAELG F, POTRAFKE N, et al. The KOF globalisation index-revisited [J]. Review of international organizations,2019,14(3):543-574.

经过了数百年的发展,全球化的内涵也在发生深刻的变化,不再仅局限于贸易活动中资本、资源、劳动力的全球流动,是一个"涵盖跨文化融合人类和非人类活动的原因、过程和后果"[①]的综合概念。根据联合国教科文组织对全球化的定义,全球化源于构成国际政治经济基础的商品和资本生产、消费和贸易的变化,最终体现在经济、社会、技术、政治与文化五方面。[②] 从经济角度看,世界变成了一个开放的大市场,跨国贸易、境外投资、资本流动改变了经济活动的发展轨迹。[③] 从社会角度看,全球化将世界每一个角落的个

---

① AL-RODHAN N R F. Definitions of globalization: a comprehensive overview and a proposed definition[J]. Program on the geopolitical implications of globalization and transnational security,2006(6):1-21.

② UNESCO. MOST Annual Report 2001[EB/OL]. (2001-12-31)[2018-03-26]. http://www.unesco.org/most/most_ar_part1c.pdf.

③ THURIK R,AUDRETSCH D,GRILO I. Globalization, entrepreneurship and the region [J]. Scales research reports,2012,169(1/2):249-257.

体紧密联系在了一起,时间和空间的距离都大大缩小了,大家共同享受全球化所带来的便利,同时也要共同承担全球化带来的发展不平衡等压力。从技术角度看,创新的扩散比以往任何时间都更快且更流畅,诞生于美国的苹果产品如今风靡全球,而诞生于中国的移动支付也在欧洲遍地开花。从政治角度看,一方面各国相互牵制、共同合作,世界权力多极化格局不断稳固;另一方面国际组织等中坚力量兴起,协调和引导国际局势。从文化层面看,无论在世界的哪个角落,都难以避免受到全球性思潮的影响,自由、民主、开放、进步、创新、环保等全球文化正在形成。

毋庸置疑,全球化是人类发展的必然,在蕴含机遇的同时也暗藏许多危机,而机遇与危机都是创业发展的契机。全球化是创业发展的良性力量,全球化的副产品——多样的合作网络促进了跨国创业、技术创业和社会创业的发展。[①] 研究表明,一个国家的全球化程度越高,创业的时间、花费和前期程序就越少,[②]也就意味着创业的可能性越高。可见,全球化是当今创业在世界各国蓬勃发展的重要背景之一。

(2) 可持续发展观念普及

"可持续发展"第一次进入公共政策文本是在 1987 年布鲁特兰委员会的全球环境和发展报告中:可持续发展是在满足当代需求的同时,不影响未来代际满足他们的需求的发展。与传统粗犷式、以追求经济效益为第一目标的发展方式不同,可持续发展强调发展的三重底线,即经济底线、社会底线和环境底线,三者相互独立又相互依托,构成可持续发展的核心内容。可持续发展的目标是根除贫困,满足人类需求,确保所有人公平地享用资源的

---

① PRASHANTHAM S, ERANOVA M, COUPER C. Globalization, entrepreneurship and paradox thinking[J]. Asia Pacific journal of management,2018, 35(1):1-9.

② NORBÄCK P J, PERSSON L, DOUHAN R. Entrepreneurship policy and globalization [J]. Journal of development economics,2014(110): 22-38.

一种方式。当今和未来的社会正义是可持续发展概念的重要组成部分。①

　　尽管对可持续发展的明确内涵还有诸多探讨,但发展要兼顾经济、社会和环境三者平衡这一观念已得到了国际社会的广泛认可,在商业和政策等领域具有深刻的影响②,95％的欧美大公司相信可持续发展的重要性③。在经济活动中,人们不再为获得经济利益最大化而牺牲环境和社会公平,转而追求具有可持续性的发展方式。诚然,利益最大化是商业活动的根本特征,与可持续发展的观念相悖,因而需要以创新为驱动的绿色产业模式来解决这一矛盾。世界自然基金会的报告中指出,欧洲低碳能源生产行业创造了40万个工作岗位④,可见可持续发展观念指导下的经济发展具有巨大的潜力。在社会活动中,可持续发展强调公平的概念,要求坚持五项公平原则:代际公平——未来性,代内公平——社会公正,地域公平——跨界责任,程序公平——人被平等对待并且程序公开,物种公平——生物多样性。⑤ 在环境保护方面,可持续发展要求尽可能减少对自然环境的破坏,通过创新性的手段防止和解决环境问题。

　　创业最近被认为是带来可持续发展产品和过程的显著手段,如《哈佛商业评论》《MIT 管理评论》等期刊都认为创业是解决诸多社会和环境问题的万能药。⑥ 可持续发展观念的普及,对创业发展提出了新的要求,同时也意

---

　　①　HOPWOOD B, MELLOR M, O'BRIEN G. Sustainable development: mapping different approaches[J]. Sustainable development,2005, 13(1):38-52.

　　②　HALL J K, DANEKE G A, LENOX M J. Sustainable development and entrepreneurship: past contributions and future directions[J]. Journal of business venturing,2010, 25(5):439-448.

　　③　GIDDINGS B, HOPWOOD B, O'BRIEN G. Environment, economy and society: fitting them together into sustainable development[J]. Sustainable development,2002, 10(4):187-196.

　　④　HALL J K, DANEKE G A, LENOX M J. Sustainable development and entrepreneurship: past contributions and future directions[J]. Journal of business venturing,2010, 25(5):439-448.

　　⑤　HAUGHTON G. Environmental justice and the sustainable city[J]. Journal of planning education and research,1999, 18(3):233-243.

　　⑥　HALL J K, DANEKE G A, LENOX M J. Sustainable development and entrepreneurship: past contributions and future directions[J]. Journal of business venturing,2010, 25(5):439-448.

味着诸多机遇。

(3) 知识经济时代到来

"知识经济"最早是由美国学者马克卢普(Machlup)等人在 20 世纪 60 年代提出的,20 世纪 70 年代初托夫勒(Toffler)提出"后工业经济",1982 年奈斯比特(Naisbitt)提出"信息经济",1986 年福特莱斯(Forrestal)提出"高技术经济",1990 年联合国经贸组织进一步提出了"知识经济"的概念。[①] 1996 年,经合组织出版的《以知识为基础的经济》将知识经济定义为"直接基于知识和信息的生产、传播和使用的经济"。在知识经济时代,知识与信息取代传统的劳动力、资本、材料和能源成为经济增长的内在核心因素。在知识经济时代掌握了知识,就犹如在工业时代掌握了资本,可以将其转化为实在的经济成果,进一步促进并带动个人、地区乃至国家的经济发展。但与工业时代的生产要素不同,知识具有非竞争性和非排他性两个显著的特征,因而将知识转化为真正的生产力需要克服这两个特征带来的局限性,也就是在创造知识的同时,要学会使用和传播知识。

知识经济时代共有四种形式的知识:关于事实的知识(know-what);有关规则和自然法则的科学知识(know-why);做某事的技巧和能力(know-how);知道谁了解或谁知道怎么做某事的信息(know-who),也就是一种特殊的社会关系,能够接触到专家,并有效利用他们的知识,这种知识不能通过正式的信息传播渠道被简单地获取。[②] 在知识经济时代,后两种知识显得格外重要,这是传统教育所不强调的,而恰恰是创业教育所关注的内容。在知识经济的背景下,人们更关注三方面的内容:第一,以科技创新为基础的工业;第二,知识密集型产业对经济增长的贡献;第三,公司内部的持续学习

---

① 付八军. 知识经济与高等教育的相关性探析[J]. 高等教育研究,2005(3):12-16.

② OECD. The knowledge-based economy[R]. Paris:OECD,1996.

与创新。① 这三方面内容与以科技创业、高新技术为基础的中小企业和内创业密切相关,由此可见创业活动在知识经济时代的重要价值。知识本身的价值具有很强的不确定性,而创业活动能够让知识真正转化为生产力。

但知识经济时代带来的也不全然是好处,例如知识更新换代日益频繁,能够快速获取和应用知识才能掌握发展先机。同时,信息时代依赖于互联网、区块链等新技术手段和发展理念,掌握的信息和技术手段越前沿,获得成功的机会也就越多。而无论是知识还是信息,都往往是先在发达地区产生和传播的,这一现象同时表现在国际和国内两个层面,这就造成了一种原生的不平等性,使贫富差距不断增大。

3.1.2　全球社会的共同困境

全球化浪潮中的当代社会正以可持续理念为引领快速向前发展,知识经济时代的到来既释放了新的动力,又产生了新的问题。在这样一个快速变革的时代,全球社会正面临许多共同的困境。这些困境有的长久存在于人类发展过程中而未经解决,有的在新环境中加剧,有的随着人类发展水平提高而重新被重视。要走出困境,就必须使用不同于以往的创新方式。而创业和创业教育,则被认为是解决这些问题的"万用药"。

(1)贫困问题

贫困,自人类社会诞生以来就一直困扰着我们,也是国际社会和各国际组织关注的重中之重。1960 年起,世界银行就将工作重心转向消除贫困,并以消除极端贫困、促进共享繁荣作为工作使命。2000 年,联合国千年发展计划提出要在 15 年之内将极端贫困人口比例降低 50%。2015 年,联合国可持续发展目标的第一项依然是解决贫困问题。

① POWELL W W, SNELLMAN K. The knowledge economy [J]. Annual review of sociology, 2004(30):199-220.

对贫困的理解会因标准不同而变化。绝对贫困衡量的是与生活基本需求（如食物、衣物、住宅）相关的金钱数量，最低标准是每天 1.9 美元。**根据世界银行 2013 年的统计，虽然世界范围内绝对贫困的比例和人数一直在大幅下降，但仍有 7.67 亿人口生活在赤贫线以下，1/10 的赤贫率仍然让人难以接受，特别是南亚与泛撒哈拉地区的贫困情况远远严重于世界平均水平。**由于人权、可持续发展等观念的普及，国际社会对贫困的认识也有了新的进展。2010 年，联合国开发计划署提出了多维贫困指数，将贫困的标准拓展到生活标准、教育、健康三个维度，共十个指标。以这一指标测量，截至 2010 年，1/3 的人口正经历着多维贫困，消除贫困之路任重而道远。

贫困不是一个单一的问题，而是一个由多种因素促成并持续带来消极影响的综合性的状态。如图 3.2 所示，失业、疾病、自然灾害、战争等情况都会成为贫困的导火索，而贫困一旦发生，就会引发一系列的问题，如食物、水资源、医疗资源、教育资源的匮乏，这些问题又会进一步降低谋生能力、提高

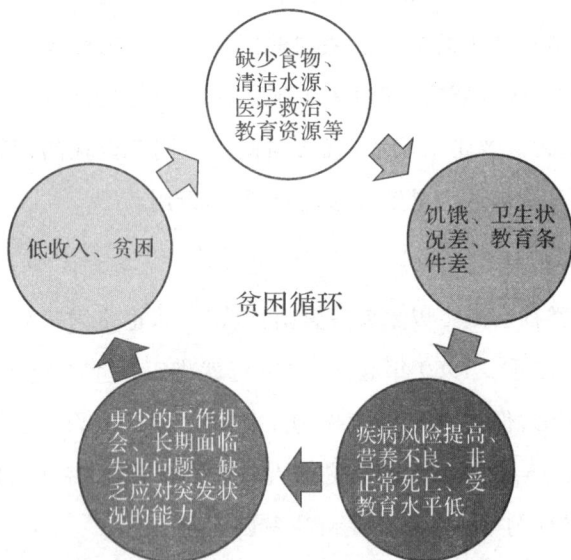

缺少食物、清洁水源、医疗救治、教育资源等

饥饿、卫生状况差、教育条件差

贫困循环

低收入、贫困

更少的工作机会、长期面临失业问题、缺乏应对突发状况的能力

疾病风险提高、营养不良、非正常死亡、受教育水平低

图 3.2　贫困循环过程

意外风险水平,从而使贫困个人和家庭进入一个闭合的贫困循环过程。要消除贫困、解决贫困问题,必须以有效的手段打破这个闭合循环,包括外部援助和内部赋权两条路径。

创业教育是实现这两条路径的重要因素。在外部,创业教育能够有效地激发创业活动,不仅能够提供更多的就业岗位,解决失业致贫的问题,并且教育卫生领域、能源资源领域的社会创业活动还能够帮助改善贫困人口所面临的恶劣环境,打开贫困循环中的突破口。在内部,创业教育唤醒贫困人口的创业意识,并教授他们创业技能,帮助他们实现从被动开展谋生活动到积极面对贫困、通过自身能力改变现状的态度改变,从根本上中止贫困循环,解决贫困问题。

(2)不平等问题

发展不均衡是与贫困相关的另一个重要的问题。国际组织一直以来密切关注不平等问题,2016 年,世界银行发布《贫穷与繁荣共享:直面不平等》报告,指出尽管由于经济的增长,特别是发展中国家的高速增长,总体来看世界国家间的收入不平等程度有所降低,但是许多国家和地区内部的收入不平等程度在急剧攀升(见图 3.3)。国际上通常使用基尼系数来衡量收入不平等的程度,又根据收入差距比例变化和绝对值变化,将不平等分为相对不平等和绝对不平等两个角度。世界银行统计数据显示,虽然以相对基尼系数衡量,全球不平等程度降低了,但实际上绝对不平等程度一直在攀升。

实际上,无论从哪个角度来看,全球收入不平等程度都触目惊心。经合组织的调查显示,经合组织内国家的收入不平等水平正处于过去半个世纪中的最高位,最富有的 10％人口的平均收入约为最贫穷的 10％人口的 9倍,全球财富的集中程度远远高于以前。2000 年左右,全球最富有的 1％人

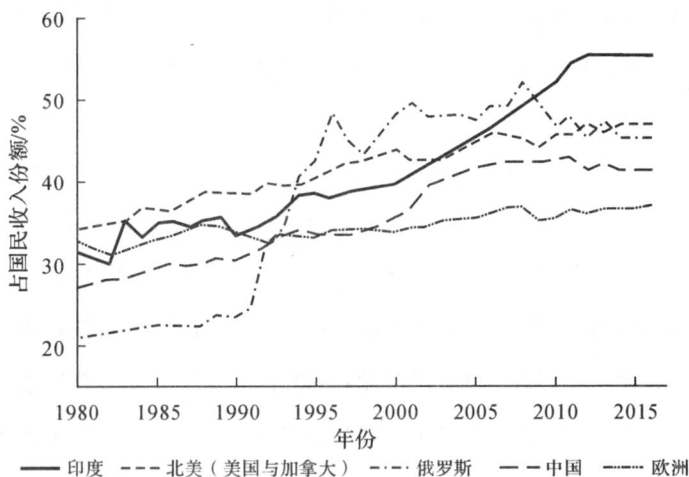

图 3.3　收入前 10％人群的收入占国民收入份额

资料来源:世界不平均实验室. 世界不平均报告 2018[R].柏林:世界不

平均实验室,2017.

口掌握着全球 32％的财富,到 2010 年左右,这个数字增加到 46％[1],如果贫富差距照此趋势继续发展,到 2050 年全球最富有的 0.1％的人群所占有的财富将会达到中等财富人群占有财富的总和。[2]

　　为缓和收入差距,实现平等,从整体上需要提升经济发展总规模,特别是落后国家的经济发展水平;从个体上需要对弱势群体进行经济赋权,提高他们的收入水平。创业已被证明是促进经济增长的有效手段,创业教育则能有效提高创业率。并且,不同于工业时代时资本主导发展的情况,在知识经济时代只要掌握了知识和将知识转化为实在经济成果的方法,人人都能够拥有自己的事业,而这正是创业教育的内容。

　　除了收入不平等,性别不平等问题也是国际社会和国际组织关注的重

---

①　联合国开发署. 2016 年人类发展报告[R].纽约:联合国开发署,2016.

②　世界不平均实验室. 世界不平均报告 2018[R].柏林:世界不平均实验室,2017.

点问题。性别平等和女性赋权在 2015 年联合国可持续发展目标中占据了重要地位。这不仅是推动人权发展的重要一步,也是实现可持续发展所必需的基础。虽然在以联合国为代表的国际组织的积极推动下,女性在受教育水平、参与工作的比例等方面都有了较大的进展,但是与男性相比依旧处于劣势。根据联合国开发计划署的统计,世界女性的出生率、基础教育参与率、劳动力市场参与率和议会参与率整体上都低于男性,并且许多社会的女性在土地和财产权等生产性资料的占有方面受到歧视,女性平权依然道阻且长。

　　支持和鼓励女性创业,是对女性进行赋权的重要手段。经合组织的统计显示,女性创业者的数量远远低于男性(见图 3.4),需要采取相应手段,引导和帮助女性创业,其中最重要的方式之一就是通过创业教育提高女性的创业意识和创业技能。

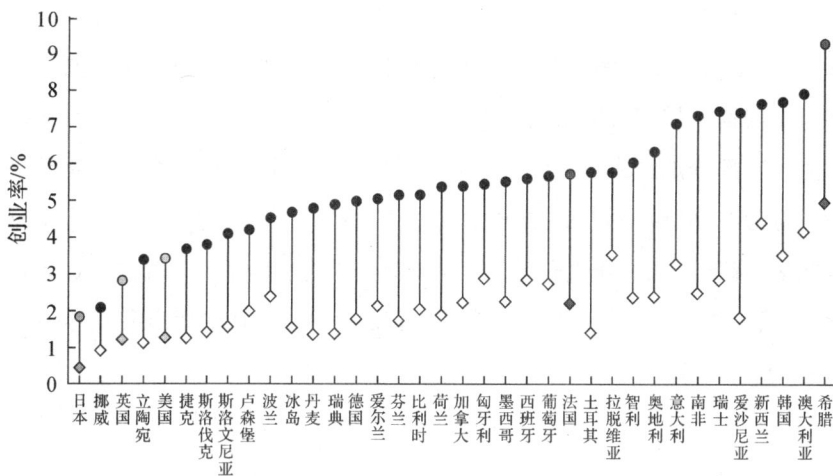

图 3.4　OECD 国家男女创业率

资料来源:Self-employed with emplyees, by sex[EB/OL]. [2021-12-26]. https://www.oecd. org/gender/data/shareofthepopulationinemploymentwhoareemployersbysex. htm.

(3)人口与老龄化问题

人口与老龄化问题是联合国关注的日常议题之一,控制人口规模、引导人口合理增长一直是国际组织努力的方向。根据联合国第 25 次人口普查的结果,2017 年,全世界共有人口约 76 亿人,比 12 年前增长了约 10 亿人。但这种人口增长情况并不是均衡的,在受调查的国家中,47 个发展水平极低的国家人口增长极快,而另外 51 个国家则面临着人口负增长的情况。

在欠发达的国家和地区,由于受教育水平、社会环境、文化传统、妇女地位等因素,出生率远高于世界平均水平,特别是在非洲地区,低龄人口数量极高,发展潜力极大,是世界上人口增长最快的地区,紧随其后的是亚洲地区。高出生率带来的人口压力,加上地区本身的低经济发展水平,造成了不容忽视的青年失业问题。北非、南亚、阿拉伯地区和东南亚地区的青年失业率呈现出扩大的趋势。此外,国际劳工组织 2016 年对青年正式与非正式雇佣的调查统计结果也显示,青年更多参与的是非正式雇佣,特别是在发展中国家,青年正式工作比例远低于发达国家水平,青年就业形势不容乐观。与青年失业问题密切相关的粮食问题、健康问题、教育问题等都会随之加剧。

为应对部分地区人口过快增长以及青年失业问题,对当地的青年开展创业教育势在必行。一方面,通过创业教育可以有效对女性赋权,促进女性精神觉醒,降低对家庭和丈夫的依附,减少过早过多生育,从而抑制过高的出生率;另一方面,通过创业教育可以对青年赋权,使其掌握自我谋生的必备技能,提高自我雇佣率。

调查显示,欧洲国家的出生率低于实现全面人口更替的水平(2.1 子女每妇女),人口老龄化率在 25% 左右;日本的老龄化率更高,达 33%;中国、古巴等发展中国家也同样面临人口老龄化问题。由于生育率降低、预期寿命延长等因素的综合作用,世界人口老龄化的趋势难以调转,将以每年 3%

的增速增长。① 老龄人口的增长,将引起人们对社会赡养、老年人生活质量等问题的思考。如果不能为日益庞大的老年人群提供完善的医保体系、社会保障以及工作和退休制度,则老年人将被剥夺维持和增强自身能力的机会。这不仅是对老年人人权的侵犯,也是对社会可持续发展过程的阻碍。

在现有的退休制度下,许多老年人在退休之后既有热情又有能力继续从事一份自己喜欢的工作,其中也包括老年人自主创业活动。老年人创业的优势在于有丰富的积累和经验,劣势在于创新性和容错率相对年轻人低,因此,有针对性地对老年人开展他们所需的创业教育是提高老年人创业成功率、实现老年人自身价值的可行方案。

(4)资源与环境问题

可持续发展理念的普及,提高了人们对水、粮食、能源与环境污染问题的关注度,不以牺牲环境和社会的利益为追求经济发展的代价已成为国际社会的共识。除了淡水、粮食一类联合国一直以来重点关注的领域,能源、环境污染等议题也已成为全球发展过程中备受关注的内容。

①水资源

水是可持续发展的核心要素,也是人获得有尊严的生活所必需的条件。洁净和充足的水源,对于粮食、能源、环境、社会经济发展都具有重大的意义。水资源短缺和水污染严重,是国际社会目前面临的两大难题。联合国系统各组织的调查研究显示,全球有 21 亿人无法获得安全的饮用水服务,每 10 人中有 4 人受水资源稀缺的影响,80% 的废水未经处理就排入生态系统或未得到循环利用。②

②粮食

粮食是人们赖以生存的基础,即使是在 21 世纪,世界许多国家仍旧面

---

① United Nations. World population prospects the 2017 revision：key findings and advance tables[R]. New York：UN,2017.

② 联合国. 水[EB/OL].[2022-05-03]. https://www.un.org/zh/global-issues/water.

临粮食短缺的严峻考验。根据计算,世界人口正在以每12年增长10亿人的速度扩张,到2050年,将达到90亿人,粮食产量必须较现在增长50%。然而气候变化、极端自然灾害等原因会在很大程度上影响粮食产量,以2006年为例,全球谷物产量就因极端天气的影响下降了2.1%。此外,粮食生产成本受外界因素影响,自2000年以来一直在波动中上升,2017年食品价格指数几乎是2000年的两倍①,也为各国的粮食供给带来了前所未有的压力。根据世界银行的统计,2016年,世界有1/9的人口处于饥饿中;2014年,12.9%的发展中国家人口正在经受营养不良。②

③能源

小到日常衣食住行,大到工业生产运输,人类活动都离不开能源。当今世界正处在全球能源发展转型期,根据国际能源署的统计,到2040年,全世界的能源需求量将增加30%,对煤炭、石油等能源的需求将下滑,对太阳能、风能、核能等其他可再生能源的需求将提高,天然气将在能源格局中占据重要位置。③ 产生这种变化一方面来自人们的主观选择,而传统能源枯竭和污染严重所带来的压力则是另一重要原因。事实上,煤炭、石油、天然气等不可再生资源仍旧是最大的能源来源。如何摆脱对传统能源的依赖,重构能源格局,实现可持续发展,是世界各国都面临的问题。

④环境污染

人口增长和工业发展给环境带来了巨大的压力,随着人们可持续发展观念的增强,环境污染问题越来越受到关注,环境问题造成的危害不容忽视。联合国环境规划署2018年公开资料显示,每年大概有700万人死于空

---

① 粮农组织.食品价格指数[EB/OL].[2018-04-02].http://www.fao.org/worldfoodsituation/foodpricesindex/zh/.

② World Bank. Food security [EB/OL]. [2018-04-02]. http://www.worldbank.org/en/topic/food-security.

③ International Energy Agency. World energy outlook 2017 [EB/OL]. [2018-04-02]. https://www.iea.org/weo2017/.

气污染,超过 10 万人因接触石棉而死亡,每天有 4000 名儿童因污水和卫生设施不足引发的疾病死亡;每年有 800 万吨塑料废物被倒入海洋,铅中毒造成的损失每年超过 9770 亿美元。这些数据直观地表明了环境污染给人类生活和社会发展所带来的巨大影响。

　　上述全球危机都由来已久,并且随着社会的发展而不断变化。应对这些危机,不仅需要解决已造成的危害,更要以发展的眼光、创新的方法从根本上改变这种情况。例如,通过研发净化和淡水过滤的新技术手段解决水污染和水资源短缺问题;通过改变耕种和粮食管理方式缓解粮食供应不足问题;通过开发核能、潮汐能、风能等清洁可再生能源,应对能源危机等。全球著名社会创业组织"阿育王"就致力于通过创业的手段解决全球性社会问题,世界知名大学也尝试通过社会创业教育培养创新性人才以应对危机,例如哈佛大学的经典创业教育项目"来自校长的挑战",每年选取五个全球性社会问题,鼓励学生以创业的形式解决或者缓解阻碍时代进步的全球难题[①]。

3.1.3　经济危机开启"机会之窗"

　　根据多源流政策议程理论,一个新议题的产生是问题、政策、政治因素共同作用的结果,其关键在于"机会之窗"的开启,也就是出现了一个紧急的问题或者突出的政治力量。创业教育是在全球兴起特别是被国际组织广泛认可的"机会之窗",正诞生于"问题溪流"之中。2008 年,由美国次贷危机引发的全球金融海啸触发了 1933 年大萧条以来全世界范围最广、影响最深的一次经济大衰退,其影响至今余波未清。在全球经济危机的影响下,全球经济疲软,失业率居高不下,亟须通过某种方式刺激经济复苏,提供更多的就业岗位以防止高失业率所带来的更多问题。创业和创业教育的"机会之窗"就此开启。全球生产总值增长率如图 3.5 所示。

---

① 徐小洲,倪好.社会创业教育:哈佛大学的经验与启示[J].教育研究,2016,37(1):143-149.

图 3.5　全球生产总值增长率

资料来源：世界银行及 OECD 公开数据。

　　全球化使世界成为一个相互关联、密不可分的命运共同体，这一特征在经济领域表现得格外明显。2008 年金融危机开始于美国，2007 年美国房地产市场泡沫破裂、次贷市场违约高发率先在美国金融领域挑起巨浪，2008 年 9 月彻底失控，多家大型金融机构倒闭或被政府接管，2008 年 10 月初，由于全球银行间市场停止运作，危机蔓延至欧洲和新兴国家。金融领域的危机使资本大幅流失，并最终影响对实业的资本投入，经济危机蔓延到其他领域。2008 年，全球生产总值增速断崖式下降，直至今日仍未恢复至金融危机前的水平。与之相对应，全球失业率和失业人数于 2008 年后显著攀升，2009 年全球失业人数超过 1.9 亿人。全球失业情况如图 3.6 所示。

　　据统计，接受过创业教育的毕业生比未接受过创业教育的毕业生创业率高 3%～5%。创业教育能够有效刺激创业活动，进而增加就业岗位、促进经济发展已成为国际社会的共识。在全球经济危机的背景下，创业教育理念最初正是因其在经济领域的突出作用而备受国际组织关注。与此同时，国际组织也注意到，创业教育除了能激励商业创业活动，也能启发社会创业、内创业意识，解决经济危机以外的其他国际问题。创业和创业教育与

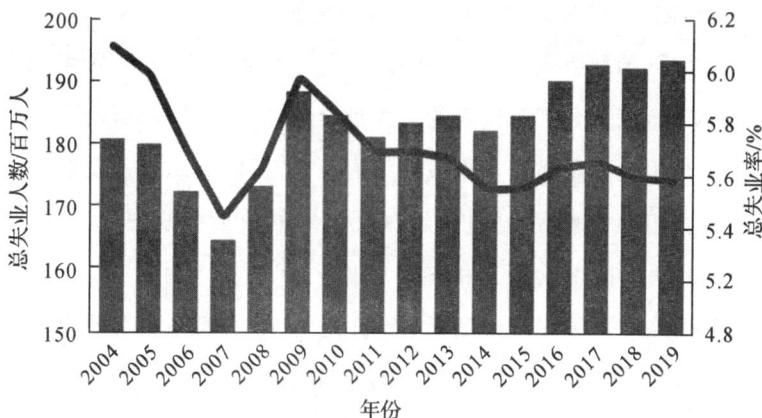

图 3.6　全球失业情况

资料来源：ILO. World employment social outlook trends 2018［R］. Geneva：ILO，2018.

注：折线表示总失业率，柱状图表示总失业人数。

全球发展的众多问题紧密相关，作为缓解全球困境的"万用药"，登上国际舞台，成为国际组织的一项重要教育策略并在全球扩散。

3.2　全球治理主体的关注与行动

政府间国际组织、各民族国家、非政府组织与认知共同体共同构成了全球治理的主体，构成了与创业教育相关的政治溪流中的主要力量，也是促成创业教育策略在国际组织中盛行的关键因素。

3.2.1　国际组织的发展转向

现代意义上的国际组织的发展历史可分为三个阶段：1920 年，联合国的前身国际联盟的出现，标志着人类历史上第一个政府间的多功能世界性组织的诞生①,之后,国际组织经历了短暂的蓬勃发展,随着二战的爆发而告一段落。二战后,国际组织经历了井喷式发展②,以此为开端,国际组织进入发展的第二阶段,以联合国为代表的一大批全球性、区域性政府间国际组织大量涌现,国际组织数量激增。冷战结束后至今,国际组织进入发展的第三阶段,国际社会组织化程度大幅增强,国际组织的数量大幅增加,活动范围大幅增大③,根据国际协会联盟的统计,截至 2018 年 1 月 1 日,已有超过75750 个国际组织。④ 国际组织的地位、职能、活动领域均发生了深刻的变化,这种变化为创业教育在国际组织中的盛行提供了可能。

(1) 从边缘到中心:国际组织地位转变

国际组织在建立初期并未得到国际社会的重视,二战的爆发宣告了国际联盟努力的失败,国际组织作为国际关系中的边缘角色,在国际政治中所能发挥的作用备受质疑。从权力的视角出发,国际组织的存在依赖于国家之间订立的契约,国际关系中的规则只适用于主权国家⑤,因而,国际关系就是国家关系,由国家实力所决定。并不存在一个超越国家的世界政府,国际秩序是由各国的能力与力量来平衡的,国际组织不具备制定国际规则、维护国际秩序的权力,实际上是由国家权力所控制的。⑥ 从这一观点出发,国际组织完全被置于国家之下,在国际关系中被视为国家政权的傀儡,由有实力的国家所掌控,故而国际组织作为一个独立主体在国际社会中的地位也就无从谈起。

---

① 张民选. 国际组织与教育发展[M].上海:上海教育出版社,2010:9

② LOWE J. Inter-governmental organizations in education [M]//STEPHEN M D. International Organizations in Education. London: Routledge, 2021:19-32.

③ 饶戈平. 全球化进程中的国际组织[M]. 北京: 北京大学出版社,2005: 2-5.

④ UIA. Yearbook[EB/OL]. [2018-02-01]. https://uia.org/yearbook.

⑤ HURD I. International organizations: politics, law, practice[M]. Cambridge: Cambridge University Press, 2017:27.

⑥ PEASE K S. International organizations: perspectives on governance in the 21st century [M]. 3rd ed. Englewood: Prentice Hall,2007:6-7.

二战结束后,随着技术的进展和人员信息的流动,全球经济联系日益密切,全球化趋势开始表现于与国家利益相关的各个领域,国家被视为理性的利己主义者,追求自己的利益,而国际组织则被认为是服务于国家利益的工具。由于复杂的利益交织关系,国家不得不发展有约束的契约[①],国际组织作为国家间契约的载体,帮助国家实现协调利益、抢占资源的目的。国际组织只是解决国家利益冲突的手段,在国际社会中仍处在边缘位置,难以与国家相抗衡。

冷战结束以来,传统的政治格局发生了颠覆性变化,新兴国家呈现出群体性崛起的态势,国际体系结构发生转变,史无前例地冲击了西方国家主导下的国际组织体系。[②] 全球化进程加速,单一国家单一行动变得再无可能,越来越多重叠和相互关联的问题,只有站在全球的立场上共同合作才能够解决,对强有力的多边机构的需要比任何时候都更为迫切。在此情况下,国际组织被期望制定统一的规则,既不受国家权力掌控,也不受国家利益影响[③],而是作为与国家地位平等的国际社会的成员,独立于国家之外。在全球治理和知识驱动的当今社会,国际组织代表全球共识和先进的知识,国家越发倾向于通过获得国际组织的认可而获得国际声望及行动合法性。因而,国际组织逐渐走向国际社会的中心位置,在国际事务中的地位日益显要。

国际组织地位的转变体现出国际组织自主性及影响力的不断提升。位于国际社会中心的国际组织,能够接触全球前沿的资讯,关注具前瞻性的国际问题,有能力自主选择和发展新的思想与规则,并将其在全球加以传播。

---

① BENNETT A L. International organizations: principles and issues [M]. Englewood: Prentice Hall,1984:20.

② 蒲傅. 全球化时代的国际组织变迁与中国的战略选择[J]. 教学与研究,2012(1):47-54.

③ BENNETT A L. International organizations: principles and issues [M]. Englewood: Prentice Hall,1984:23.

(2) 从媒介到主体：国际组织职能发展

国际组织在近代的雏形是各国政府共同参与的国际会议，其职能是为各国通过协商解决国际争端提供平台，促进各国的相互理解与合作。这一职能在当今的国际组织中仍旧被保存了下来。国际组织首先是一个具有时空特征的场所，通常都拥有固定组织驻地，为包括各国代表在内的国际社会成员创造了能够随时碰面的空间场所，加强了国际联系；其次，国际组织定期召开的全体大会，为各国交流提供了相对稳定、客观的平台，就国际社会中的各种主题进行讨论。同时，国际组织也可以就某一特定主题定期召开会议，推动各国在某一领域的合作，维持国际多元和持续的联络。此外，国际组织还培养了一大批来自世界各国的国际公务员，这些工作人员既从本国带来了新鲜的思想和信息，也能够作为信息的承载者将来自国际的声音传递回本国[1]，从另一方面加深了国际联系，增进国际理解。

除了作为沟通与交流的平台，增进各国理解，促进国际合作，国际组织还具有搜集与共享资料、提供资源的重要职能。国际组织会定期出版各种类型的政策性文件，包括经国际组织授权的国家报告、各类分析报告、主题性跨国评论、工作文件、指导手册和网页等。[2] 一方面，这些出版物反映出国际社会的发展情况，为各国了解国际最新进程提供参考；另一方面，国际组织的这些出版物也可作为各国对国际争端进行解释的材料[3]。特别是像联合国及其下属机构、欧盟、亚太经合组织这一类具有重大影响力的国际组织的出版物，是国际社会中重要的信息来源与有效资源。

---

[1] BENNETT A L. International organizations：principles and issues［M］. Englewood：Prentice Hall，1984：4，445.

[2] SHAHJAHAN R A. The roles of international organizations (IOs) in globalizing higher education policy［M］//SMART J C，PAULSEN M B. Higher education：handbook of theory and research. Berlin：Springer Netherlands，2012：369-407.

[3] HURD I. International organizations：politics，law，practice［M］. Cambridge：Cambridge University Press，2017：24.

在全球化时代,国家之间不可避免要相互依赖,国际社会中相互关联的程度日益加深,范围也不断扩大,国家在国际政治中的绝对权威受到挑战,国家需要国际组织作为行动主体对国际事务进行管理[1],因此对国际组织职能的需求也进一步增多。全球治理主张打破国内社会与国际社会的界限,将世界视为一个整体来治理,强调通过多元化、多层次的互动过程,去解决人类面临的共同挑战,确保对全球性问题的管理符合世界多样性的现实和可持续发展的目标。[2]　因而,国际组织的职能从单纯的国家之间的媒介发展为能够定义规则的行动主体,从国际社会的角度出发,制定通用规则,并敦促和监督各国实施。

国际组织的职能伴随着国际组织地位的提升而不断扩展。职能扩张反映出国际组织可作用空间的拓展。如今的国际组织已不满足于作为国家之间交往的桥梁,更重要的是作为智库和规则制定者在全球治理中发挥作用。这也意味着国际组织势必会不断探索各个领域边界并不断提出新的策略议题。

(3) 从单一到综合:国际组织领域拓展

维护世界和平与安全,和平解决国际争端是许多国际组织,特别是政府间国际组织最初的主题。以联合国及其前身国际联盟为例,其最初的目标就是阻止战争的发生。因此,国际组织的大多数活动都局限于政治领域,这种传统一直延续到冷战时期。但随着冷战的崩溃,全球化进程不断加快,加上信息技术革命以来政治以外的经济、社会、文化力量的空前释放,国际组织的活动领域逐渐发生转向,开始关注社会经济的发展。国际组织逐渐意识到,国际社会未来发展过程中面临的主要问题将不仅是政权冲突引发的战争,长期危机将是经济社会发展不平衡带来的争端。以联合国为例,联合

---

[1]　BENNETT A L. International organizations: principles and issues [M]. Englewood: Prentice Hall,1984:4,445.

[2]　蒲傅.全球化时代的国际组织变迁与中国的战略选择[J].教学与研究,2012(1):47-54.

国五大机构之一的经济及社会理事会,包括数量庞杂的委员会,沟通 18 个专门机构,是联合国规模最庞大的机构。联合国每年 3/4 的预算都分配给了经济社会领域,经济与社会发展问题成为联合国的当务之急。[①]

国际组织整体活动领域拓展的同时,单一国际组织活动的综合性程度也在不断提高,由单一领域向综合领域拓展。以欧盟为例,欧盟的前身欧共体在 20 世纪 70 年代时还是一个以经济职能为主的国际组织。1993 年扩展为欧盟后,其活动拓展至政治、社会等多个领域,在内政、司法、教育等许多方面实现各国的互通与交流。[②] 由于政治、经济、社会、文化问题往往相互交织,彼此牵扯,国际组织开展超越单一领域的活动已是当今国际社会的常态。

国际组织关注教育发展是国际组织活动领域拓展的典型表现。教育领域一直是国际组织作用最强的领域之一[③],国际组织普遍认为,教育是每个人生来具有的权利,不仅是国家也是世界经济繁荣的关键,不仅有关于每个国家内部的社会凝聚力也对国际理解格外重要。[④] 因此,无论是何种类型的国际组织,都不吝于将其触角伸向教育领域。1990 年以来,国际组织增多了在高等教育领域的活动,国际组织在高等教育新思想和制度的全球流动中发挥着重要作用。[⑤] 以世界银行为例,20 世纪 60 年代,以经济为主要活动领域的世界银行第一次援助了教育发展,原因是教育发展与经济发展之

① BENNETT A L. International organizations: principles and issues [M]. Englewood: Prentice Hall, 1984: 5.

② 李薇. 经合组织全民终身学习策略研究[D]. 杭州: 浙江大学, 2013.

③ LOWE J. Inter-governmental organizations in education [M]//STEPHEN M D. International Organizations in Education. London: Routledge, 2021: 19-32.

④ LOWE J. Inter-governmental organizations in education [M]//STEPHEN M D. International Organizations in Education. London: Routledge, 2021: 19-32.

⑤ SHAHJAHAN R A. The roles of international organizations (IOs) in globalizing higher education policy[M]//SMART J C, PAULSEN M B. Higher education: handbook of theory and research. Berlin: Springer Netherlands, 2012: 369-407.

间具有密切的联系。①

国际组织的领域拓展使国际组织的活动更具综合性,各组织之间以及与组织外部的合作空间大幅提升,国际组织网络化活动不断增加,使得共同理念在不同国际组织间流动成为可能。国际组织不再只关注单一领域的单一问题,对多元思想的接受度上升。

3.2.2　各国政府的密切关注

二战后,大规模跨国公司蓬勃发展,世界经济一度进入飞速发展的黄金期。然而,1973 年中东石油危机的爆发中断了这一进程,世界各国的大批企业相继倒闭,特别是在年轻人中显现出严重的失业问题,进而引发了失业率高升带来的社会问题。20 世纪 90 年代后,为应对高失业的挑战,西方国家开始实施积极的就业政策,鼓励和奖励大学生以各种形式进行"非正规就业"或"主动就业"。② 在此背景下,中小企业提供就业岗位、促进经济发展的优势逐渐显现,创业的土壤日益成熟,创业教育也因此成为各国的战略选择。以美国、欧洲各国和日本为代表的发达国家纷纷关注创业教育发展,制定创业教育策略,普及创业教育理念,引领创业教育活动。各主权国家是国际社会的重要参与者,也是影响国际组织策略形成的关键力量。各国对创业教育的广泛关注从一个侧面体现出创业教育的重要作用,也触动了国际组织的神经,使其将目光投射于创业教育领域。同时,各国多年来在创业教育领域的探索,对创业教育的内涵、如何实施等问题做出了初步回答,积累了实践经验,证实了创业教育的可行性,是国际组织发展创业教育策略的重要佐证。

---

① LOWE J. Inter-governmental organizations in education [M]//STEPHEN M D. International Organizations in Education. London: Routledge, 2021:19-32.

② 邓汉慧,刘帆,赵纹纹.美国创业教育的兴起发展与挑战[J].中国青年研究,2007(9):10-15.

(1)美国

将美国看作全球创业教育的发源地并不为过。学界通常将迈尔斯·梅斯(Myles Mace)教授于 1947 年在哈佛大学商学院开设的创业课程作为创业教育的起点,美国的创业教育多年来方兴未艾,特别是在高等教育领域表现突出。1994 年,美国已有超过 12 万学生学习过创业教育课程,2000 年这个数字又增长了 50%,已有超过 1600 所美国学校开设了逾 2200 门创业教育课程,设置了 277 个专职岗位、44 份英文学术期刊和超过 100 个创业中心。20 世纪 90 年代后,每 3~5 年美国创业教育的课程、专职岗位、创业中心和出版物数量就会翻倍。经过半个世纪的发展,美国创业教育在 2000 年左右已取得了两项突出成就:其一,创业教育作为一个独立的教育领域发展成熟;其二,创业教育突破商学院的限制,在农学院、工程学院、文理学院等都有所开展①。美国创业教育的发展情况可见一斑。

美国创业教育发展主要经历了三个发展阶段。第一阶段是 20 世纪 80 年代前的零星探索阶段。第一门创业课程开设后的 20 年里,由于美国创业经济并不活跃,创业教育的进展几乎停滞,直到 20 世纪 70 年代才重启发展的势头。这一时期创业教育研究的重心主要在于创业者,对内容和教学法的探讨较少。在接下来的 10 年里,美国创业教育进入快速发展期,创业环境逐步成熟,创业教育日趋完善,创业中心、教师培训、创业计划大赛都在这一阶段快速发展。20 世纪 90 年代后,美国创业教育进入合法化阶段,大批创业教育项目和全国性学术机构建立。② 在这一时期,创业教育教学法和教学技术大幅革新,课堂讨论、企业家讲座等模式成为传统的教师讲授式的补

① KATZ J A. The chronology and intellectual trajectory of American entrepreneurship education[J]. Journal of business venturing,2003,18(2):283-300.

② 牛长松.美国创业教育的发展历程及启示[J].职业技术教育,2007,28(1):88-91.

充,还有超过 50％的大学通过网络为学生提供线上创业教育课程。[①]

美国作为全球创业教育的领军者,为创业教育发展积累了许多可供借鉴的经验。其一,美国注重创业教育的市场导向,在高等教育过程中关注市场需求,发展路径多样,与企业关系密切;其二,在实践中形成包括长远理念、创新模式、科学课程、多元师资、充足资金、有效孵化六要素在内的完备机制,特别是在组织模式方面,创造性地提出了聚焦模式、磁石模式和辐射模式三种创业教育模式,为创业教育的扩展提供了实践基础;其三,美国良好的文化氛围、畅通的中小企业融资渠道和多样化的创业教育项目评价方式,进一步促进了创业教育的发展。[②]

美国的创业教育实践不仅启发了对创业教育的世界性思考,还形成了许多先进的创业教育理念和具体经验。美国作为当今社会的超级大国,其创业教育理念和经验对国际组织的影响不言而喻。

(2)欧洲各国

20 世纪 90 年代初,英国、瑞典、丹麦等国家就已在国家策略层面对创业教育给予关注。[③] 21 世纪初,欧洲各国开始大力推进创业教育,形成了政府主导的创业教育模式[④],与美国模式相对应,为全球创业教育进展做出了示范。到 2010 年为止,比利时、丹麦、芬兰、立陶宛、荷兰、挪威、葡萄牙、瑞典、英国 9 国已形成国家层面的创业教育策略,奥地利、爱沙尼亚、冰岛、爱尔兰、马耳他、波兰、斯洛文尼亚、西班牙 8 国的创业教育策略也已开始

---

① SOLOMON G T. An examination of entrepreneurship education in the United States[J]. Journal of small business and enterprise development,2007, 14(2):168-182.

② 梅伟惠. 美国高校创业教育[M]. 杭州:浙江教育出版社,2010:229-236.

③ 黄兆信,张中秋,王志强,等. 欧盟创业教育发展战略的演进、特征与关键领域[J]. 高等工程教育研究,2015(1):91-96.

④ 徐小洲,梅伟惠. 高校创业教育的战略选择:美国模式与欧盟模式[J]. 高等教育研究,2010,31(6):98-103.

筹备。①

①英国

英国高等教育体系在 20 世纪八九十年代急剧扩张，与此同时，由于经济发展乏力，大型跨国企业裁员与重组，传统的就业市场一直处于收缩状态②，1983 年英国 13.5% 的失业劳动者中，失业青年占 45%～65%。为了破解青年失业的困境，重新激发经济发展活力，英国政府从 20 世纪 80 年代起大力发展创业教育：1987 年发起"高等教育创业"计划；1998 年启动大学生创业项目；1999 年拨款设立英国科学创业中心来管理和实施创业教育。通过创业教育政策的实施，英国参加创业教育的学生数、大学开设创业课程数和自我雇佣人数都大幅增加。③ 1990 年，只有少数几个大学提供创业教育课程，而到了 2004 年，与创业有关的课程已经十分普及。④ 截至 2010 年，英国已将创业教育理念融入跨政府创业战略"创业：解锁英国人才"之中，在英格兰实施高中前阶段创业教育，在北爱尔兰设立"创业与教育行动计划"，在苏格兰设立"决心成功"项目，在威尔士设立"青年企业家与创业精神"战略。⑤ 创业教育已成为英国重要的国家战略之一。

②瑞典

瑞典对创业教育的兴趣始于 20 世纪 90 年代，瑞典经济和区域发展机构（NUTEK）自 1998 年起提出并开始实施一系列项目刺激青年创业。

① European Commision. Towards greater cooperation and coherence in entrepreneurship education[R]. Birmingham：European Commision,2010.

② MATLAY H, CAREY C. Entrepreneurship education in the UK：a longitudinal perspective[J]. Journal of small business and enterprise development,2007, 14(2)：252-263.

③ 牛长松.英国大学生创业教育政策探析[J].比较教育研究,2007,29(4)：79-83.

④ HANNON P D. Philosophies of enterprise and entrepreneurship education and challenges for higher education in the UK[J]. The international journal of entrepreneurship and innovation, 2005，6(2)：105-114.

⑤ European Commision. Towards greater cooperation and coherence in entrepreneurship education[R]. Birmingham：European Commision,2010.

1998—2000 年,NUTEK 开办了创业学校项目,以提升学校对创业教育的兴趣,发展学生的创业素质。2004 年,NUTEK 启动了国家创业项目,聚焦包括中小学、大学在内的创业教育体系建设,转变青少年创业观念,推动了创业教育在全国的普及。[①] 瑞典的创业教育机构与美国、英国、丹麦等国家的相关机构保持着密切的合作联系,是世界上创业教育与创业研究最为活跃的国家和地区之一。[②]

③丹麦

丹麦也是欧洲较早开展创业教育的国家之一,丹麦政府自 2001 年起开始采取积极手段强调创业教育[③]。2004 年,丹麦教育部联合科技部共同实施"丹麦教育体系中的创新、创业与独立文化"战略,指出要根据学生能力的发展设置具有创业背景的导师;2004 年,"创业文化活动基金会"成立,负责中小学阶段创业教育开展;2005—2006 年,"丹麦国际创业学院"和"厄松创业学院"相继成立,关注高等教育领域的创业教育。2009 年,"创业教育与培训战略"出台,聚焦创业教育的政策文本[④],并提出创业"从 ABC 到 PhD"的发展口号。[⑤] 丹麦政府十分注重创业教育的体系建设,创业教育的整体布局走在世界前列。

欧洲各国的创业教育进展以政府为引导,反映出欧洲各国政府对创业教育的关注。欧洲各国是当今世界美国以外的重要国际力量,在国际组织中也有很强的影响力。

---

① LUNDSTROM A. Creating opportunities for young entrepreneurs [R]. Oslo:Nordic Examples and Experiences,2010.

② 何润宇,高俊山.瑞典创业教育的特点及其对我国高校创业教育的启示[J].中国人力资源开发,2008(10):77-80.

③ Youth Enterprise. Entrepreneurship form ABC to PhD:Impact of entrepreneurship education in Denmark[R]. Odense:Youth Enterprise,2011.

④ 沈雁.丹麦创业教育政策探析[J].高等工程教育研究,2011(3):118-123.

⑤ 常媛媛.从 ABC 到 PhD:丹麦创业教育体系的框架设计与特点[J].比较教育研究,2015,37(8):7-13.

(3) 亚洲国家

日本、新加坡、印度等亚洲国家是当今多极化世界中的新兴力量,也是美国、欧洲之后较早开展创业教育的国家。

日本创业教育的发展背景与美国和欧洲相似。20世纪八九十年代,日本经济泡沫破裂,再加上社会老龄化程度日益加深,社会经济发展疲软,亟须通过产业结构调整实现经济持续发展。一直以来,日本善于学习世界各国的先进经验,深受起源于美国的创业教育理念启发,着手通过创业教育,激发学生的创业精神,培养学生的创业能力,从而刺激经济复苏。1998年起,日本文部科学省和通产省合作开始在小学实施创业教育;在中学阶段,文部科学省实施课程改革,将创业的内容融入学校活动与课程[1];在大学阶段,截至2002年,日本全国已有205所大学导入创业教育培养科目[2]。日本力图实现涵盖小学、中学、大学全过程的创业教育体系,充分调动政府、企业、学校资源,使创业教育为经济发展服务。

除了日本,新加坡、印度等亚洲国家也都在21世纪初进行了创业教育尝试。惯有"亚洲四小龙"之称的新加坡在1997年亚洲金融危机后就意识到,单靠跨国企业难以满足经济发展的需求,必须扶持本地企业特别是中小企业以促进经济繁荣[3]。以"教育必须配合经济发展"为指导思想,新加坡注重将创业教育融入国民教育特别是高等教育。新加坡高校积极向美国、英国、日本等国家学习,促进各国高校间有关创业教育的合作,学习先进理念;同时,新加坡还十分注重创业教育实践的环节,通过开展创业计划大赛、建立创业中心和科技园等方式,为学生提供创业实践的平台[4]。"金砖四国"之

---

① 李志永.日本大学创业教育的发展与特点[J].比较教育研究,2009,31(3):40-44.

② 李志永.日本大学创业教育述评[J].外国教育研究,2009,36(8):65-70.

③ 李霆鸣.新加坡创业教育的发展及其对我国高校的启示[J].职业技术教育,2008,29(7):86-89.

④ 李鹏飞.新加坡高校创业教育特点与启示[J].南京理工大学学报(社会科学版),2009,22(4):94-96,124.

一的印度由于人口激增、高校扩招等就业形势严峻,不得不通过发展创业教育、鼓励创业以寻求解决就业问题的方式。① 1966 年,印度曾提出过"自我就业教育"的概念,鼓励学生毕业后自谋出路,到了 20 世纪 80 年代,该理念再次引起印度社会的重视。1986 年,印度政府印发《国家教育政策》,要求大学培养学生"自我就业所需的态度、知识和技能"。② 新加坡和印度的创业教育活动虽然未像美国、欧洲各国、日本一样成为成熟的教育领域,但其对创业教育的探索和尝试也反映出了这些新兴国家对创业教育的兴趣和看重,是国际社会中关注创业教育的力量的代表。

3.2.3　非政府组织大力推动

非政府组织是具有组织形式的独立于政府的非营利的非商业、非暴力、非犯罪组织。③ 非政府组织致力于社会安全和经济变革,通过国际援助产业,帮助边缘人口消除贫困,通过提供服务、社会活动、自我努力改善他们的生活条件。④

在传统的以现实主义为主导的国际关系理论中,国际关系的本质是国家之间的力量较量,非政府组织的作用往往被忽略。在经历了两次世界大战后,世界格局发生了明显的变化,人们对国际关系的认识也开始发生转变,开始关注国家以外的国际社会中的其他行动主体,非政府组织的崛起正是伴随着这种转变进行的。虽然真正意义上的非政府组织的历史只有短短百年,但其在国际新规则制定、国际政策本土化、引导基层群体谋求权益等

---

① 张立艳.印度大学创业教育的缘起与发展特色[J].教育评论,2005(3):95-98.

② 赵观石.美国、瑞典、印度三国大学生创业教育比较及启示[J].教育学术月刊,2009(5):62-64.

③ WILLETTS P. Non-governmental organizations in world politics: the construction of global governance[M]. London: Routledge,2010:9.

④ LEWIS D. The management of non-governmental development organizations [M]. London: Routledge,2006:1.

方面发挥的作用不容忽视,日益被国际社会视为增进人类福祉、促进社会经济发展的一支重要力量。非政府组织关注经济发展、消除贫困、促进平权、普及教育等关键问题,其中有许多非政府组织呼吁通过创业与创业教育达到上述目标。非政府组织对创业教育的关注,一方面反映出世界社会中呼吁创业教育的民众情绪,另一方面作为有组织的力量也对各国政府和政府间国际组织的创业教育策略产生了重要影响。

(1)非政府组织的力量扩展

耶鲁大学教授史蒂夫·查诺维茨(Steve Charnovitz)将非政府组织的发展进程划分为七个时间段(见表 3.1)[1],一战后非政府组织的主要活动领域形成,二战后联合国宪章第 71 条确立了非政府组织的正式地位。冷战时期特别是冷战结束后,国际社会的关注点逐渐由原来的和平、以地区生产总值和工业化程度为衡量标准的经济增长扩展到环境、平等、社会发展等问题,再加上各国政府对消除贫困所做的努力都收效甚微,非政府组织的作用日益突出[2]。从表 3.1 中可以看出,非政府组织的关注领域之广、覆盖人群之多,几乎涵盖了当今国际社会的所有活动主题。非政府组织在当今国际社会中扮演着多重角色:作为实施者的非政府组织,通过自身的项目或者政府和其他机构资助开展的项目调动资源,为一定的社会人群提供产品和服务;作为催化剂的非政府组织通过组织层面或个人层面的活动,激励、促进发展变革;作为合作伙伴的非政府组织与政府、资助机构、私人部门共同合作参与国际活动。[3]

---

① CHARNOVITZ S. Two centuries of participation: NGOs and international governance[J]. Michigan journal of international law,1997,18(2):183-286.

② LEWIS D. The management of non-governmental development organizations [M]. London: Routledge,2006:30-32.

③ LEWIS D. The management of non-governmental development organizations [M]. London: Routledge,2006:68-72.

表 3.1 非政府组织的发展进程

时间段	特点	与联合国的关系	关注领域	备注
1775—1918	出现	—	奴隶贸易、和平、劳工团结、自由贸易、国际法	—
1919—1934	参与	参与政府间国际组织活动，如国际劳工组织、国际联盟	维护和平、争取少数群体权益、禁毒、劳工、经贸、数据、交通、健康、难民、托管、裁军、儿童和女性、自然	主要领域形成
1935—1944	脱离	不受关注	妇女儿童、环境保护	—
1945—1949	规范化	联合国宪章第 71 条赋予正式地位	贸易标准、环境保护	正式地位
1950—1971	低成就	与联合国经济及社会理事会关联度低	人权、原子能	—
1972—1991	强化	数量、规模、多样性增加	人权、环境条约	进一步发展
1992 年至今	赋权	联合国环境与发展大会，非政府组织比政府代表多	—	力量增强

随着非政府组织的发展，其与政府间国际组织的关系越来越紧密。联合国宪章第 71 条"经济及社会理事会得采取适当办法，俾与各种非政府组织会商有关于本理事会职权范围内之事件"[1]规定了非政府组织在联合国系统中的咨商地位，允许符合条件的非政府组织参与联合国活动。到 1992 年，享有联合国咨商地位的非政府组织由最初的 41 个上涨到 700 余个[2]，截至 2016 年，这个数字进一步上涨至 4862 个。非政府组织与国际劳工组织、联合国教科文组织、世界卫生组织等拥有大量预算并在发展中国家设有大

---

[1] 联合国. 联合国宪章［EB/OL］.［2018-02-10］. https://www. un. org/zh/about-us/un-charter.

[2] REINALDA B. Routledge handbook of international organization［M］. London：Routledge，2013：67.

型项目的国际组织合作密切,与世界银行、世界货币基金组织、世界贸易组织等经贸相关国际组织也有很强的联系。[①] 一方面,非政府组织作为非国家行动者,在国际活动中直接代表民众的兴趣和价值观念,促进了国际层面的公众参与;另一方面,非政府组织可以越过政府直接向公众通报国际政策的最新动向。[②]

(2)非政府组织的创业教育活动

在 21 世纪前,就已经有许多大型的非政府组织致力于创业教育活动,并且至今这些组织在全球创业教育领域都有较大的影响。例如,考夫曼基金会是世界最大的致力于创业教育的基金会。非政府组织的创业教育活动主要面向青少年、女性、贫困人口这三类人群,通过共享信息、提供平台、培训项目、商业体验等形式,激发创业意识,普及创业知识,锻炼创业技能。

不同于政府或政府间基于契约形成的国际组织,非政府组织来源于民间,从某种程度上代表了民众的诉求。非政府组织对创业教育的关注,直接向国际组织传达了一种积极的民众情绪,即公众需要并渴望创业教育。此外,非政府组织在创业教育领域的先行实践,也为国际组织发展创业教育策略、进一步推动创业教育活动提供了经验。

3.3 创业教育研究的深入与完善

根据多源流政策议程理论的假设,创业教育从产生到成为被国际组织接受的新教育策略需要经历漫长的"软化"过程。在这个过程中,创业教育

---

① WILLETTS P. Non-governmental organizations in world politics: the construction of global governance[M]. London: Routledge, 2010:55.

② EBERWEIN W D, SAURUGGER S. The professionalization of international non-governmental organizations[M]. London: Routledge, 2013: 257-269.

研究的深入与完善为创业教育策略转化奠定了坚实的基础。

3.3.1　创业教育的影响力增强

自 1947 年哈佛大学开设第一门创业课程以来,创业教育作为一个独立的教育领域,仅仅有不足一个世纪的历史,创业教育研究出现则更晚,大概开始于 20 世纪 70 年代。但在此后的数十年里,创业教育研究发展迅速,出现了一批政策企业家,他们不断宣传、推广和完善创业教育理论,提升了创业教育在国际社会的可见度,进而增强了创业教育在国际组织中的影响力。

(1)创业教育政策企业家出现

多源流政策议程理论指出,任何新政策理念的诞生都离不开政策企业家的努力。政策企业家出于某种原因,愿意花费时间、金钱和声誉以宣传和推广自己的理念。研究显示,创业教育领域中存在若干为推广创业教育而不懈努力的政策企业家,并且形成了一定的聚落。创业教育在国际组织中的成功,也是这些政策企业家共同努力的结果。他们通过对创业教育的不断研究和宣传,将创业教育与当今国际社会发展中所面临的共同问题建立联系,并将创业教育作为全球问题的一项解决方案提出,进而使创业教育被国际组织视为进行全球治理的有效手段。

表 3.2 所列出的学者是在 Web of Science(WoS)数据库中发文数量高于 4 篇的创业教育研究领域的主要作者。这些学者正是创业教育政策企业家中的典型代表,其论文的引用频次说明了他们的研究成果对其他创业教育研究者和热衷者的影响。他们对国际组织的研究增进了国际组织对创业教育的了解。以排序第一位的荷兰学者米丽娅姆·普拉格为例,她自 20 世纪 90 年代就开始关注创业并逐步将注意力转向创业教育研究,作为主要作者曾在《世界银行经济评论》中发表创业教育研究论文。

表 3.2　创业教育研究高频发文作者

姓名	所在机构	篇数/篇	比例/%	最大引用频次
米丽娅姆·普拉格（Mirjam Van Praag）	阿姆斯特丹大学（荷兰）	7	0.78	166
维卡德·约翰森（Vegard Johansen）	挪威科技大学（挪威）	6	0.67	9
杰罗姆·卡茨（Jerome Katz）	圣路易斯大学（美国）	6	0.67	281
卡提·卡姆赖讷（Katri Komulainen）	东芬兰大学（芬兰）	6	0.67	20
托马斯·兰斯（Thomas Lans）	瓦格宁根大学（荷兰）	6	0.67	33
阿莱·法约尔（Alain Fayolle）	里昂商学院（法国）	5	0.56	45
赖讷·哈姆斯（Rainer Harms）	特文特大学（荷兰）	5	0.56	12
麦加·孔侯能（Maija Korhonen）	东芬兰大学（芬兰）	5	0.56	20
皮尔·汤姆森（Piers Thompson）	诺丁汉特伦特大学（英国）	5	0.56	17
大卫·厄尔巴诺（David Urbano）	巴塞罗那自治大学（西班牙）	5	0.56	10

资料来源：倪好，蔡娟. 近二十年国际创业教育研究的进展、热点与走向：基于 WoS 期刊论文的可视化分析[J]. 比较教育研究，2018，40(2)：26-35.

　　许多期刊一直以来对创业教育持续关注，也发挥了与政策企业家相似的作用，每一篇创业教育研究论文的发表都是一次创业教育理念的传播，那些重视创业教育研究、持续刊发创业教育研究最新成果的期刊，从一定程度上也加深了人们对创业教育的理解。表 3.3 列出了 WoS 数据库中发表创业教育相关论文较多的期刊，其中不乏高影响因子出版物，发表论文的总被引频次也能在一定程度上反映出其在共享创业教育研究成果、宣传创业教育中发挥的作用。

表 3.3　创业教育高载文量期刊

期刊名称	五年影响因子	发文量/篇	百分比/%	总被引频次/次
《教育与培训》（Education and Training）	—	63	7.02	88
《小企业经济》（Small Business Economics）	3.414	27	3.01	635

续表

期刊名称	五年影响因子	发文量/篇	百分比/%	总被引频次/次
《小企业管理》(*Journal of Small Business Management*)	4.342	23	2.56	666
《创业行为研究国际期刊》(*International Journal of Entrepreneurial Behaviour Research*)	—	23	2.56	80
《管理学会学习与教育》(*Academy of Management Learning & Education*)	3.796	21	2.34	708
《国际创业与管理》(*International Entrepreneurship and Management Journal*)	1.935	19	2.12	240
《高等教育》(*Higher Education*)	2.248	10	1.11	157
《工程教育国际期刊》(*International Journal of Engineering Education*)	0.609	19	2.12	67
《商业风险杂志》(*Journal of Business Venturing*)	8.284	17	1.89	2031
《国际小企业杂志》(*International Small Business Journal*)	4.651	15	1.67	193
《创业与地区发展》(*Entrepreneurship and Regional Development*)	3.560	14	1.56	160
《创业研究杂志》(*Entrepreneurship Research Journal*)	0.821	13	1.45	26
《创业理论与实践》(*Entrepreneurship Theory and Practice*)	7.626	11	1.23	1009

资料来源:倪好,蔡娟.近二十年国际创业教育研究的进展、热点与走向:基于 WoS 期刊论文的可视化分析[J].比较教育研究,2018,40(2):26-35.

(2)创业教育政策可见度提升

与其他学科领域相比,创业教育是一个较为年轻的学科,但创业教育研究在短时间内取得了长足的进展,极大地提升了创业教育的政策可见度。以"Entrepreneurship Education"为关键词,作者在谷歌学术搜索引擎中搜索题目包含"创业教育"的学术文献,可得到 8390 余篇(搜索时间:2018 年 4 月 3 日)。创业教育研究年度发文量如图 3.7 所示。

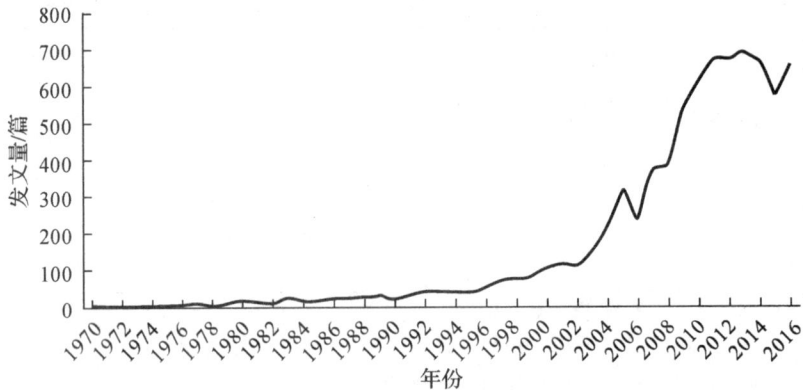

图 3.7　创业教育研究年度发文量

资料来源:作者根据 2018 年 4 月 3 日搜索的数据统计整理。

由图 3.7 可以看出,在 1990 年之前,国际上对创业教育就开始了一定量的研究,只是数量较少,处于初步探索阶段。1990 年之后,创业教育研究相关的文献数量开始缓慢提升,2002 年前后增长速度明显加快,可见创业教育已引起了专家学者的研究兴趣,并逐步成为一个重要的研究领域。2009 年以后,创业教育年发文量达到 2004 年的约两倍,并在之后基本保持,创业教育研究趋于成熟。这一增长态势也与前文中分析的全球经济危机使创业教育受到广泛关注的推断相吻合。创业教育研究相关文献数量的持续增长,反映了创业教育研究兴趣的增长,说明创业教育研究已在学术领域内形成了一定的规模,并具有一定的影响力。

此外,国际创业教育研究历经逾 30 年的发展业已形成较为成熟的研究领域,一方面表现为创业教育学科范畴的拓展,另一方面表现为创业教育研究主题的完善。从学科范畴来看,创业教育研究所涉及的学科突破了商学、经济学、管理学、教育学的限制,在工程学、社会学、环境科学、心理学等领域也有了可观的研究进展。① 这反映出创业教育与其他学科相结合的良好趋势，从侧面说明创业教育传播范围的拓宽。从创业教育研究主题来看，以创业教育研究者为代表的政策企业家对创业者心理特质、创业人才培养过程、弱势群体赋权、学术创业与技术转化、创业支撑体系等主题进行了深入的探究，覆盖创业教育全过程，并形成了丰硕的研究成果，组成了国际组织创业教育策略的知识来源，为国际组织提出创业教育策略提供了扎实的理论基础。

3.3.2　对创业教育的认知扩展

创业教育在进行策略转化之前，必须在政策溪流中完成软化。得益于创业和创业教育研究的深入与积累，国际社会对创业教育的认识也在不断地扩展和转变。自 20 世纪 50 年代创业教育产生到被国际组织认可这段时间里，创业教育的类型、目标群体、教育目的均发生了深刻的变化。换言之，创业教育作为解决全球发展困境的策略备选方案已完成了必要的"软化"：从只关注商业活动到同时注重社会创业和内创业；从只面向少数精英群体展开到形成全民创业教育趋势；从将创业教育作为提高学生就业技能的手段到将创业能力作为学生的核心技能；从只在高等教育阶段展开到贯穿教育全过程。"软化"后的创业教育更加符合新时代的特点和国际社会的要求，作为国际组织策略的可能性提升。

（1）创业教育的类型由单一到多元

全球第一门创业课程是在哈佛大学商学院的工商管理硕士项目中开设的——梅尔斯教授授课的"新企业管理"。之后很长一段时间里，各高校开设的创业课程和各种创业教育教材均是围绕着"中小企业管理"这个主题所

---

① 倪好，蔡娟. 近二十年国际创业教育研究的进展、热点与走向：基于 WoS 期刊论文的可视化分析[J]. 比较教育研究，2018，40（2）：26-35.

展开的,开展创业教育最高比例的是商学院,大多数创业研究存在于商学院。① 这说明在创业教育发展的初期,创业教育的主题主要以新商业活动为重心,以传统的管理学内容为基础,教给学生如何开创和运营新企业,以培养更多的企业家。谈及创业教育,人们总是关注这样一些问题:创造了多少公司和工作? 是什么样的公司和工作? 这些公司成长得快吗? 有国际竞争力吗? 给当地经济做贡献了吗?② 只关注商业活动成为创业教育在很长一段时间中的主流。

随着可持续发展观念的普及,人们开始强调发展的"三重底线",单一类型的创业教育不免被诟病过于关注经济层面的价值,而忽视了创业教育对社会环境发展的价值。加上在日益复杂的全球化时代,国际社会面临各种各样前所未有的复杂问题,解决这些社会性问题需要有技能、热情和责任感的社会创业者。因此,一些关注社会创业的学者率先开设社会创业课程,继而由大学引领社会创业教育活动,后来逐步开始针对想专门从事社会创业工作的学生开发综合教育课程。③ 创业教育由最初的商业创业扩展至社会创业领域。2011 年,全球有超过 148 家机构在学校中开设了与社会创业有关的课程和活动,大学中社会创业教学和研究活动显著持续增多,学生对社会创业教育的反响热烈。④ 如今,人们对社会创业这一概念已经司空见惯,社会创业教育已作为创业教育的重要类型之一被人们理解和接受。

以往的创业教育活动往往只关注新组织的创建,而忽视了在已有组织

---

① MATLAY H. Researching entrepreneurship and education[J]. Education and training,2013,47(8/9):704-718.

② MCMULLAN W E,LONG W A. Entrepreneurship education in the nineties[J]. Journal of business venturing,1987,2(3):261-275.

③ PACHE A C, CHOWDHURY I. Social entrepreneurs as institutionally embedded entrepreneurs: toward a new model of social entrepreneurship education [J]. Academy of management learning & education,2012,11(3):494-510.

④ BROCK D D, MARINA K. Social entrepreneurship education resource handbook[R]. Ashoka,2011.

中的创业行为。然而,德鲁克(Drucker)曾明确指出:把创新和企业家精神的焦点局限在创业者身上就过分狭窄了,如果创办新企业是创新的主要中心,那么社会就不可能持续发展。[①] 也就是说,开创新企业和新组织,不应是创业教育的全部目标。1985 年,美国学者平肖(Pinchott)首次提出了内创业概念,将在已有组织中开展创新活动也纳入创业的范畴。因而,创业教育也开始关注培养内创业者。实际上,内创业者与通常所说的创业者有许多共同的特质,例如主动性、自我革新的意识、承担风险的意愿、创造力等,这些创业能力在任何工作环境中都很有价值[②]。目前,越来越多的创业教育活动倾向于与专业教育相结合,培养学生在专业领域内的创业能力。人们关注内创业并培养内创业者之后,创业教育的适用范围更广了。

创业教育从最初只关注商业创业发展到如今包含社会创业和内创业相关的内容,创业教育的类型不断发展完善,对经济发展、社会进步、个人价值实现的作用日益凸显,在国际组织进行全球治理时可发挥的作用大大增强。

(2) 创业教育的目标群体多样化

"有意识地开创一份新事业"并非易事,创业中的困难和获得成功的概率让许多人对创业望而却步。因而,在传统的观念中,创业是属于少数精英群体的活动,相应地,创业教育也只面向特定群体展开。例如,在大学中,创业教育课程往往首先出现于商学院和工程学院,创业教育项目也只能覆盖少数有强烈创业意向和创业能力的学生。并且,由于创业常常与就业相连,创业教育在过去也往往只局限于特定的教育阶段面向大学生展开,而对基础教育阶段学生和成年学生的考虑不足。但是,这种情况随着对创业教育

---

① 黄兆信,陈赞安,曾尔雷,等. 内创业者及其特质对我国高校创业教育的启示[J]. 高等教育研究,2011,32(9):85-90.

② BOON J, MARCEL V D K, JANSSEN J. Fostering intrapreneurial competencies of employees in the education sector[J]. International journal of training and development,2013,17(3):210-220.

认识的深入正在不断被改变。人们开始意识到,创业教育不应只面向少数人,而应该面向大众;创业教育也不只存在于高等教育阶段,而是一个人在终身学习过程中始终需要的内容。

从横向看,创业教育的目标群体扩展了。与创业相关的精神、态度、知识与技能是当代社会的每一个人所必备的,因而接受创业教育也是当代社会每一个人理应享有的权利。全校性创业教育打破了以商学院和工学院为中心的磁石型模式,使所有学生都能接触到创业教育。大学公开课、专项网络课程等在线教育形式使所有人都能灵活地接受创业教育。创业教育除了被视为促进就业和刺激经济发展的有效手段,更被认为是对弱势群体进行赋权的重要方式。"赋权"一词指的是增强个人的精神力量并提高个人和社区的社会、教育、经济实力。① 以赋权为目标的创业教育更加关注女性、失业青年、移民、老年人等群体。联合国妇女署、世界银行、经合组织、世界经济论坛、美国国际开发署、英国国际发展部、非洲开发银行等组织都或多或少地注重女性创业精神与技能的培养。② 欧盟的创业行动计划也特别关注对女性创业、移民创业、老年人创业的教育支持活动。

从纵向看,创业教育所处的教育阶段也向着终身化方向迈进,向前覆盖基础教育阶段,向后关注职业教育与成人教育。研究表明,只关注高等教育阶段的创业教育而不关注基础教育和职业培训中的创业教育活动,会破坏创业教育生态系统。基础教育阶段的创业教育应该是广泛的,提供有关创业是什么的知识,为学生在持续变化的世界中提供技能准备,高等教育阶段

---

① EDIAGBONYA K. The roles of entrepreneurship education in ensuring economic empowerment and development[J]. Journal of business administration & education,2013, 4(1):35-46.

② VOSSENBERG S. Women entrepreneurship promotion in developing countries: what explains the gender gap in entrepreneurship and how to close it [J]. Maastricht school of management working paper,2013(8): 1-27.

的创业教育应在此基础上进行。[①] 欧盟已有 41 个国家和地区在高中阶段提供创业教育内容,美国已有 42 个州对基础教育阶段的创业教育内容做出要求。[②] 大学后阶段的创业教育内容则可以提供给以非正规和非正式学习为目标的群体,发展他们的创业能力。

创业教育全民化和终身化的趋势,体现出创业教育对象的拓展。创业教育打破了时间与空间的限制,任何人在任何时间、任何地点都能够获得他需要的任何创业教育内容。创业教育的普及程度和重要性进一步提升,国际组织对创业教育的需求度也随之提升。

(3) 由行动导向转变为能力导向

创业教育的作用在数年的实践中被反复证实,例如在宏观层面能够刺激经济增长,创造就业机会,提高教育质量,在微观层面能够提高个人的社会适应能力,促进个人成长。[③] 创业教育的必要性已不言而喻。但是,关于创业教育的目的,学术界一直以来都有诸多讨论。传统的创业教育总是聚焦于"教",使用间接的教育方法(如讲座、论坛的形式)来教育那些日后想要开办新企业的个人。[④] 因此传统的创业教育最终的落脚点是切实的创业行动,注重与创业过程密切相关的诸如机会识别、产品开发、市场营销、财务、管理、融资等业务方面的内容。但人们开始意识到,创业不仅仅是一个过程,更是一种能力,加上基于能力的教育在各种环境中的主流化趋势,创业

① REGELE, M D,NECK H M. The entrepreneurship education subecosystem in the United States: opportunities to increase entrepreneurial activity [J]. Journal of business and entrepreneurship,2012,23(2):25.

② 徐小洲,倪好,吴静超.创业教育国际发展趋势与我国创业教育观念转型[J].中国高教研究,2017(4):92-97.

③ LACKÉUS M. Entrepreneurship in education: what why when how[EB/OL]. [2019-03-15]. http://vcplist. com/wp-content/uploads/2014/10/Lackeus-2014 _ WP _ Entrepreneurship-in-Education-FINAL-for-OECD-141023. pdf.

④ RASMUSSEN E A, SØRHEIM R. Action-based entrepreneurship education [J]. Technovation,2006,26(2):185-194.

能力发展被认为是当今创业教育和培训中的一个重点[①],以能力为导向的创业教育得到学术界的普遍认可,成为当今创业教育的一个重要特点。

能力一词在各个领域都得到了关注,是指人们所需要的知识、技能、态度、价值观、行为等。[②] 创业越来越多地被视为在现代社会生存和工作所必不可少的一种能力。2006 年,欧盟提出了 8 项终身学习的关键能力,其中之一就是"主动性和创业精神"。2015 年,欧盟提出创业能力发展框架,将创业定义为一种横向能力,适用于所有生活领域:从个人发展到积极参与社会生活,从作为雇员到自我雇佣,从文化活动、社会活动到商业活动,涵盖内创业、社会创业等方方面面的内容。[③] 除了欧盟,美国劳工部也提出了包括学术能力和自我效能两大类别 15 个小项的创业能力框架。

以能力为导向的创业教育,将创业能力作为核心技能,使创业教育的内容更加丰富:不仅教给学生什么是创业、怎么创业,还引导学生通过创业获得个人发展所必需的精神与态度、知识与技巧、资源与方法,从而提升学生的核心竞争力。创业教育目的的变化带来创业教育内容的变化,使创业教育更符合国际组织和国际社会的要求。

3.3.3 创业教育策略转化完成

根据多源流政策议程理论,各种各样的新思想在"政策原汤"中浮沉,只有符合特定标准的思想才能从"政策原汤"中脱颖而出并最终成为一个新的议程备选方案,这些标准包括具有技术可行性、价值可接受性和满足未来约

---

① MOJAB F, ZAEFARIAN R, AZIZI A. Applying competency based approach for entrepreneurship education[J]. Procedia-social and behavioral sciences,2011(12):436-447.

② MORRIS M H, WEBB J W, SINGHAL S, et al. A competency-based perspective on entrepreneurship education: conceptual and empirical insights [J]. Journal of small business management,2013,51(3):352-369.

③ BACIGALUPO M, KAMPYLIS P, PUNIE Y. EntreComp: the entrepreneurship competence framework[R]. Luxembourg: Publication office of the European Union,2016.

束条件。创业教育能够最终完成国际组织策略转化，也是符合这三个标准的结果。

（1）技术可行性：创业是否可教？ 创业教育如何开展？

当讨论技术可行性时，人们关注的往往是两个问题：能达到预期目标吗？ 能得到实施吗？ 落实到创业教育策略中，就是"创业是否可教"和"创业教育如何开展"这两个问题。前期创业教育研究的积累对这两个问题的回答，决定了推行创业教育策略的可行性。

创业可教性研究是早期创业教育研究中的一个重点，也是每个国家或组织推行创业教育策略前要论证的一个问题。其实，关于"创业是否可教"这一问题，德鲁克早在 1985 年《创新与创业家精神》一书中就做过回答："创业不是神奇的，也不是神秘的，更与基因无关。创业是一个学科，它与其他学科一样，都可以被学习。"但是，由于创业成功似乎是难以捉摸的，而许多我们所熟知的成功创业者甚至都未完成大学学业（如比尔·盖茨、乔布斯等），使人们对创业是否可教仍心存疑虑。但事实是，大部分成功的创业公司都是由大学毕业生在二三十岁开创的。2005 年考夫曼基金会调查显示，92% 成功的技术公司的创业者都有大学学位。①

对创业可教性的探讨，可以从创业教育的三个层次展开，即"关于创业的教育"（about entrepreneurship）、"为了创业的教育"（for entrepreneurship）、"通过创业的教育"（through entrepreneurship）。② 在第一个层次中，创业教育的主要目标是使学生理解什么是创业，教育内容包括介绍创业的内涵、讲解创业的作用，毋庸置疑，这一部分内容是确定可教的。在第二个层次中，创业教育的主要目标是教给学生具体如何创业、培养未来创业者，主要内容包

---

① METCALFE R. Can entrepreneurship be taught？[J]. Texas education review，2013，1(1)：119-131.

② KIRBY D A. Changing the entrepreneurship education paradigm in handbook of research in entrepreneurship education[M]. Cheltenham：Edward Elgar，2010：21-45.

括增强创业意识、培养创业技能、提高创业者特质。在这一层次中,大多数研究认为,天生的特质在解释创业意图的起源时可以占 20%,但是当解释商业成功时几乎不起作用。而创业行为则是创业者在特定环境中不断学习的过程,因此创业者是可以被教育的。[①] 在第三个层次中,创业教育的主要目标是通过创业过程帮助学生培养一系列横向技能或能力,如机会识别、团队合作、经济素养、规避风险等。这些能力的培养显然可以通过合适的教学方法实现。正如梅尔斯教授所言,"我不能教导学生具有承担风险所需的人格特质,但我可以教他们分析这些风险,分析他们的选择,并从过去的错误中学习"。

创业可教是创业教育的逻辑起点。而创业教育如何开展,是创业教育面临的一个难题。传统的教学方法如讲座、文献阅读等在理论学习中可以发挥一定的作用,但不能满足创业教育教学的全部需求,不能刺激创业活动。[②] 以学生为中心的综合性、体验式的教学方法,是当前创业教育教学的大趋势,具体方式包括模拟创业、实习与参与公司项目、与创业者共同进行案例研究和互动、商业计划开发、课堂讨论等。这些方法已在创业教育领先的高校中得以实践与验证。例如百森商学院、斯坦福大学商学院等均采取了"做中学"的教学方式,鼓励学生进初创企业实习、在校园创建和经营小型企业以及从事小型咨询工作。[③]

创业教育研究和前期实践证明,创业可教,并且形成了独特的创业教育教学法。因而创业教育符合从"政策原汤"中脱颖而出的第一重标准,即创业教育的实施与推广具备技术可行性。

[①] HAASE H, LAUTENSCHLÄGER A. The 'teachability dilemma' of entrepreneurship [J]. International entrepreneurship and management journal, 2011, 7(2): 145-162.

[②] HEINONEN J, POIKKIJOKI S A. An entrepreneurial-directed approach to entrepreneurship education: mission impossible? [J]. Journal of management development, 2006, 25(1): 80-94.

[③] TAN S S, NG C K F. A problem-based learning approach to entrepreneurship education [J]. Education and training, 2006, 48(6): 416-428.

(2) 价值可接受性：创业教育符合国际需要吗？

多元化的国际社会中，各国际组织、主权国家、社会团体等都具有不同的价值取向，但在差异之中必然存在共性，也就是当今社会所共同接受的主流价值观念。这个统一的价值观念就是"发展"。无论在社会的哪个角落，人们都在谋求发展。"发展"的概念中包含多种层次的理解。首先是经济发展，其中包括生产力的提高、生产方式的转型、市场的扩大、就业的增加等内容。特别是在经济危机之后，无论是各国政府还是企业界都在谋求经济恢复与进步。其次是社会发展，其中包括促进公平，推行民主，解决教育、医疗、环境等一系列问题。最终指向的是人的发展，包括保障基本人权、促进自我提升、实现个人价值等。无论是在哪一个层次，创业教育都与发展密切相连，被视为推动发展的重要手段。

作为国际组织的重点策略，创业教育也需要符合国际组织的价值取向。几个较为大型的政府间国际组织在遵循国际共同的价值观念的同时，也各自具有独特的价值取向。例如，联合国以维护国际和平与安全、促进国际合作为宗旨，就人类在 21 世纪面临的一系列问题采取行动；联合国教科文组织旨在促进人类道德与智力发展与团结；世界银行以消除极端贫困、促进共享繁荣为使命；国际劳工组织以促进社会公正、实现劳动者权益为己任。虽然这些组织的价值观念有不同的倾向，但不难发现，创业教育"以增强学生创业能力从而刺激创业活动、推动经济社会进步"的目标与上述各国际组织的价值理念均有不同程度的重合，这也意味着创业教育作为一种特殊的方式能够帮助各组织实现目标。

创业教育不仅符合国际社会"发展"观念的要求，还能够满足国际组织自身的价值取向。与此同时，欧洲、美洲与亚洲国家的创业教育实践也印证了创业教育能被各国接受。因此，创业教育满足价值可接受性的要求，从而受到国际组织的认可。

(3)未来约束预期条件:预算与公众默认

预算是国际组织在提出新议题之前必须考虑的问题。大部分政府间国际组织的经费主要由三部分构成:成员方缴纳会费所构成的计划内资金,国际组织创收部门获得的收入,来自其他国家、组织或个人的捐款。基于各组织的宗旨与目标,各组织会将经费投入不同领域和项目。发展是当今世界的主流价值,因此,各组织对发展经费的投入都较大,例如联合国经费预算中的3/4都投在经济和社会活动中[①]。同时,受人力资本、知识经济等理论的影响,教育成为各组织经费投入的重要领域,例如联合国教科文组织的教育经费支出占比最高。虽然各组织的经费都在一定程度上有缺口,但不能否认的是,国际组织的经费预算对教育支出是有一定比例的倾斜的。因而,国际组织推行创业教育策略具有一定的经费保障。此外,出于创业教育的重要价值和客观的回报,国际组织在与各国合作推行创业教育策略时,也能够受到来自各国的支持。

除了经费,公众默认是考验一项新议题能否被广泛接受的重要标准。公众可分为普通群众和专业公众。就创业教育而言,专业公众主要是指创业者、创业教育者等行业内成员,而创业教育长期的研究以及发达国家先期的实践经验已使创业教育得到专业公众的广泛认可。而对由学生、学生家长等构成的普通群众而言,创业教育并不会损害他们现有的利益,而是在已有的教育内容中增加一部分新的内容,提高学生的能力和竞争力,因此支持的声音远高于反对的声音。总而言之,在预期条件下,创业教育能够获得公众默认。

---

① BENNETT A L. International organizations: principles and issues [M]. Englewood: Prentice Hall, 1984:297.

3.4　本章小结

多源流政策议程理论认为,任何策略的产生都是问题溪流、政治溪流、政策溪流在"机会之窗"开启时三流合聚的结果。因此,本研究从问题、政治、政策三方面,分析了国际组织创业教育发展策略的生成背景。

其一,全球发展进程中的现实困境促使国际社会共同寻找破解之法。创业教育诞生于 20 世纪 40 年代,兴旺于 21 世纪,是新旧时代交替的产物。全球社会在经历了一战、二战和冷战后,呈现出新的时代特征,包括:全球化程度不断加深;可持续发展取代原有的粗犷发展模式;知识经济带来社会发展新动力。在这一环境中,许多新问题产生,同时许多原本不被注意的问题获得了大量关注,如贫困、不平等、人口压力与老龄化、资源与环境问题等。在这诸多问题中,2008 年的全球经济危机破坏力最大、影响力最广,加剧了全球问题,同时也开启了创业教育的"机会之窗"。

其二,国际组织的发展转向以及其他行动者对创业教育的关注为国际组织推行创业教育发展策略提供了动力。首先,随着全球治理的兴起,国际组织的地位、职能、活动领域都发生了较大的转变,奠定了国际组织制定创业教育策略的能力基础和需求逻辑。其次,各国政府都表现出了对创业教育的兴趣并采取了一定的行动,成为国际组织制定创业教育策略的重要参考。最后,非政府组织作为国际社会的重要组成部分,对创业教育的关注反映了国际社会呼吁创业教育的民众情绪,也对国际组织开展创业教育提出了要求。

其三,创业教育研究的深入与完善完成了创业教育策略在"政策原汤"中的"软化",使创业教育被国际社会广泛认可和接受。总的来看,全球创业教育的研究规模增大,影响力增强,大量以专家和学术期刊为代表的政策企业家致力于深化和推广创业教育，极大地提高了创业教育的政策可见性。已有研究的积累促使了能力导向的创业教育的形成，创业教育类型多元、目标群体多样，符合目前的时代特点，能满足解决现有社会问题的需求，提高了政策可能性。从政策可行性来看，创业教育因其可教而获得基本的技术可行性，因符合国际发展的需要而具有价值可接受性，因能获得国际社会的支持而不受较多的约束，最终在国际组织中完成了策略转化。

综上所述，从全球治理的视角出发，国际组织、主权国家、非政府组织等权力主体共同构成了全球治理的主体，也就是政治溪流；而国际社会面临的共同问题则构成了全球治理的客体，也就是问题溪流。本书认为，创业教育是国际组织进行全球治理的重要手段，创业教育是在政策溪流中浮沉的备选议程并完成了政策"软化"。创业教育最终能从诸多备选方案中脱颖而出并获得国际组织的关注，是上述三者合力的结果。

第4章

国际组织创业教育发展策略的总体框架

　　国际组织的创业教育策略一方面深受世界各国与民间社会创业教育经验的影响，另一方面也深刻影响着国际创业教育的发展。国际组织对全球创业教育的发展保持密切关注，在联合国粮食及农业组织、联合国儿童基金会、联合国贸易和发展会议（简称贸发会议）、联合国工业发展组织、联合国教科文组织、世界银行、国际劳工组织等国际组织的若干公开文本中，越来越多地涉及创业教育的内容。起初，创业教育往往作为其他策略议题的一部分被提及；进入 2000 年后，以国际劳工组织为主要代表，少数国际组织开始出台聚焦性的创业教育策略；2008 年后，上述国际组织均陆续颁布了与创业教育密切相关的文件。通过对国际组织公开发表的国家报告、分析报告、跨国评论、工作文件、指导手册、会议记录和网页信息等文本进行分析可知，基于不同定位与使命，这些国际组织分别对创业教育的不同侧面进行了研究与探索，共同形成了一系列较为完整的创业教育发展策略。

4.1　确立三维创业教育认知

由于发展历史和原始属性的不同,各国际组织具有不同的原则倾向,据此可分为以市场性为主要原则的国际组织,如世界银行、贸发会议、联合国工业发展组织等;和以人道主义为主要原则的国际组织,如联合国儿童基金会、联合国教科文组织等。在不同原则的影响下,各国际组织对教育属性的认识也存在一定的差异,倾向于教育的市场属性或公共属性。[①] 国际组织的创业教育策略,也深受国际组织发展原则和其教育认识的影响。在机遇与挑战并存的全球发展大背景下,创业教育被视为一种新的技术手段,通过学校教育和非正规教育,建立了教育参与经济发展、社会进步的新形式,广泛地作用于全球社会的方方面面。

4.1.1　发展维度:通过创业教育促进经济增长与体面就业

当今国际社会共同面临着经济发展趋缓、传统的稳定工作岗位减少、失业率上升的问题。就发达国家而言,2008 年后,以欧洲为代表的许多国家受到经济萎缩、就业岗位收缩、人口老龄化等多重问题的困扰,社会发展疲软,经济增长动力不足;就发展中国家而言,许多国家青少年人口激增,亟须创造更多的工作岗位解决青年失业问题,同时也需要实现技术进步和经济增长以跟上世界发展的潮流。研究表明,每在创业教育上投入 1 美元,就有近 4 倍的反馈。[②] 被视为解决发展问题"万用药"的创业教育越来越多地受到包括国际组织在内的国际社会的关注。国际组织作为国际社会的智库,

---

① 臧玲玲.国际组织推动高等教育国际化的比较分析[J].比较教育研究,2013,35(4):83-88.

② UNIDO. Conference on fostering entrepreneurial youth[R]. Vienna: UNIDO,2014.

一直以来致力于寻找解决上述问题的方法，这也构成了国际组织认识创业教育的发展维度：通过创业教育促进经济增长与体面就业。

国际组织创业教育认识论的发展维度，更侧重于创业教育的市场属性，将创业教育作为促进全球经济发展和创造就业岗位的一种努力方式，换言之，更看重创业教育对创业活动的直接促进作用。

内在逻辑：国际组织认为，发展创业教育，能够实现教育—创业—就业—增长—发展—反哺的良性循环。

实现方式：通过培养学生包括创新意识、创造力、承担风险等在内的创业思维和包括创业构想、营销与管理、财务与融资等在内的特定技巧，培养未来的创业者。

预期效果：推动更多新企业的建立，从而扩大经济收益，创造更多的工作岗位，并进一步扩大产品/业务规模和客户群，实现更高的生产力水平并吸引更多的投资。[①]

发展维度的创业教育认识论，更多地考虑创业教育在经济背景和劳动力市场中的作用，因而更加强调创业教育对个人商业素养、市场适应力和创业能力的培养，目的是帮助更多潜在创业者开启创业活动并在激烈的竞争中存活。以发展为导向的创业教育受到了联合国粮食及农业组织（简称粮农组织）、世界银行、国际劳工组织、贸发会议等国际组织的广泛认可和重视。通过创业教育促进经济增长与体面就业是国际组织重要的策略之一，若干国际组织都对这一策略的内容和细节进行过阐述，并作为重要的行动依据。

（1）通过创业教育促进农业经济发展与农民工作环境改善

发展机构看重农业创业的巨大就业潜能；政府机构认为农业创业是避

---

① DE JAEGHERE J. Educating entrepreneurial citizens: neoliberalism and youth livelihoods in Tanzania[M]. London: Taylor & Francis, 2017: 58.

免农村地区衰落的关键策略；农民自身认为农业创业能够提高农场收入；农村妇女认为农业创业为她们在家的附近提供了自主、独立的就业机会。[①] 因此，粮农组织自1990年起就开始开展农村创业教育与培训，以帮助潜在的农业创业者，发展有活力、有竞争力、有可持续性的农业经济，以提升农业竞争力。粮农组织认为，创业是小农在快速变动和日益复杂的全球经济中赖以生存的关键因素，对许多小农来说，除非他们以更具创业精神的方式运营农场，否则将会前景黯淡。[②]

小农创业过程中，面临着基础设施缺乏、法律法规限制、资金支持匮乏、社会观念落后、教育培训不足、服务支持不到位和市场限制等诸多阻碍，因而特别要在上述方面加强对农村创业者的支持。教育与培训是支撑农民创业的重要条件之一，需要建立有效的机构在合适的时间、合适的地点为农民提供教育与培训，教给他们必需的技术知识和实践技能。基于农业创业的特点，粮农组织认为农村创业教育应贯穿农业创业的全过程，为农民提供包括管理技巧、市场营销、风险管理、财务管理、劳动力管理等内容在内的教育与培训，并根据创业的不同阶段持续提供后续的教育与培训支持服务。[③] 在对农民创业者进行教育与培训的过程中应特别注意，不同的对象从教育项目中的收益不同，根据需求的不同，应发展不同类型的创业教育与培训策略。

（2）通过创业教育刺激青年创业和中小企业发展

联合国教科文组织认为，教育与劳动之间必须建立新的关系，以满足教育和工业部门及其他经济部门之间发挥协同作用的需要。[④] 创业教育是促

---

① PETRIN T, GANNON A. Rural development through entrepreneurship[R]. Rome：FAO,1997.

② KAHAN D. Entrepreneurship in farming[R]. Rome：FAO,2012.

③ KAHAN D. Entrepreneurship in farming[R]. Rome：FAO,2012.

④ UNESCO. Second international congress on technical and vocational education final report[R]. Paris：UNESCO,1999.

进建立和发展中小企业的基石,也是缓解失业和创造自我雇佣机会的主要工具。世界银行也认为,创业作为催化剂能实现许多经济与社会发展目标,包括经济增长、创新、就业与公平,并在《教育策略 2020》中提出,要给年轻人适当的机会巩固他们的基本知识和能力,并为他们提供促进就业和创业的技术或职业技能。① 国际劳工组织指出,没有稳定工作的下一代将会是整个社会的负担,而创业教育项目是国家降低青年面临的风险的重要组成部分。②

"创业者创造企业,而企业提供工作和收入。"联合国工业发展组织认为,创业是可持续的和有活力的私营部门的基础,是任何市场中经济增长的先决条件。创业能够使社会底层以 10 亿人计数的城市或农村地区的人口跨越财富阶层。当今社会正向技术密集型的工业社会发展,需要能够利用先进技术的人才来开发新的应用与产品,从而促进经济转型和工业发展。创业是将创新转化为行动的催化剂,如果一个国家不想在未来人才短缺,就应重视对年轻人创业思维和创业技能的发展,为可持续的和充满活力的私营部门奠定基础。《维也纳共识》的第一条明确指出:"无论国家面临怎样的经济发展挑战,都需要创业教育。要创造创业型社会,发展有创业精神的青年,提高青年就业率,创造就业岗位,鼓励创新,以建立更具活力的私营部门和实现可持续发展。"③

4.1.2　扶贫维度:通过创业教育帮助极端贫困与边缘人口

全球创业观察将创业活动分为"机会创业"和"需求创业"两种:机会创业是创业者追求商业机会愿望的结果,并不是创造收入和谋生的唯一选择;

---

① World Bank Group. Learning for all: investing in people's knowledge and skills to promote development[R]. New York: Word Bank Group,2011.

② ILO. Facilitating youth entrepreneurship part Ⅰ[R]. Geneva: ILO,2003.

③ UNIDO. Conference on fostering entrepreneurial youth[R]. Vienna: UNIDO,2014.

而需求创业者则由经济需求所驱动,没有其他收入来源,必须以此为生。[1]
以需求创业者为主要目标对象,国际组织确立了扶贫维度的创业教育认识
论:通过创业教育帮助极端贫困与边缘人口。这一策略也与国际组织的愿
景和使命相吻合。例如,世界银行以消除极端贫困、促进共享繁荣为使命;
国际劳工组织以实现社会公正、促进国际人权和劳动者权益为己任;联合国
教科文组织致力于"在人类思想中构建和平"并动员促进教育、建立跨文化
理解、追求科学合作和保护言论自由。

与发展维度的创业教育策略相比,扶贫维度的创业教育策略的目标群
体和预期目标都不同:前者更关注机会创业者,强调创业对劳动力市场和经
济发展的贡献;而后者则更加关注处于贫困中的边缘群体,目的是帮助他们
通过开创企业满足基本的生活需求并尽可能完成由需求创业者到机会创业
者的转变。

内在逻辑:国际组织认为,通过创业教育能够实现教育—创业—满足基
本生活需求—减少贫困—缓解社会问题—环境改善的良性循环。

实现方式:强化贫困与边缘人口的思想和技能,让他们能够通过私人
的、微小的企业参与到非正规经济中。

预期效果:以创业为手段摆脱贫困,并确保他们以建设性的和富有成效
的方式参与社会活动,从而减少社会问题。[2]

扶贫维度的创业教育认识论更看重的是创业教育的公共属性,旨在通
过创业教育为上述边缘人群进行经济赋能,并通过这种方式提升他们的收
入和社会地位,进而保障弱势群体的人权。通过创业帮助极端贫困与边缘
人群,是国际组织倡导和发展创业教育的另一项重要策略内容,也是许多国

---

① GEM. Global entrepreneurship report [EB/OL]. (2015-03-27) [2019-03-18]. https://
www.gemconsortium.org/report/47107.

② DE JAEGHERE J. Educating entrepreneurial citizens: neoliberalism and youth livelihoods
in Tanzania[M]. London: Taylor & Francis,2017:64.

际组织开展创业教育活动的根本依据。世界银行指出,老年劳动者、妇女、少数群体更容易失去工作,从事非正式工作的人数更多、收入更少。创业教育的对象应包括早期离开学校的辍学者、农村人口、失业人员和潜在需求创业者等。① 国际劳工组织也在若干文件中,提出了创业教育所应重点关注的几类群体②:

(1)贫困青年

贫困青年缺乏有意义的教育和有利的就业机会、探索自身天赋的渠道和充分融入社区的机会,这些组合在一起将他们推向了危机之中,提高了他们落入贫困陷阱的可能性。并且,他们受有限的生活和工作经验的限制,在创业时与其他人面临着不同的挑战。创业教育应特别注重为失学、失业的贫困青年人群提供教育与培训,帮助他们发展创业与就业技能,获得体面工作,从而帮助他们完成由社会依赖到自我满足的转换,最终摆脱贫困。

(2)女性

全世界文盲成年人口的 2/3 是女性,没有上过小学的儿童中有 60% 是女性。由于入学和招录的性别偏见,很多年轻女性缺少获得教育和培训的机会,缺乏基本的健康和服务信息,意识不到自己的法律权益。基于性别的陈旧观念在许多国家依旧存在,导致许多年轻女性的职业生涯充满挑战,难以进入由男性主导的专业领域。在这种背景下,创业教育应重点关注女性群体,通过创业提高女性谋生的能力并为女性赋权,继而提高她们在家庭和社会中的地位。

(3)农村人口

在诸多发展中国家和转型国家,大部分人口仍旧住在农村地区,农业和

---

① World Bank. Framing the global landscape of entrepreneurship education and training programs[R]. New York: World Bank,2013.

② ILO. Facilitating youth entrepreneurship part Ⅰ[R]. Geneva: ILO,2003.

农商仍是许多地方的经济基础。除了机会创业者,农村仍有大量人口挣扎在生存的基本需求的边缘。同时,农村到城市的人口转移问题也日益引起社会的关注,许多年轻人主动或被迫放弃了农业活动而在城市寻找工作,一旦失败,就有可能陷入短暂失业或无家可归的境地。创业教育应关注广大的农村人口,通过教育与培训,为农村人口提供更多的发展可能,以应对社会转型带来的危机和潜在代际贫困的传递。

(4)危机中的群体

艾滋病感染、毒品依赖、少女怀孕等问题困扰着世界上许多地区的人口,这些人群面临着特殊的生存问题,不仅需要针对问题本身的解决方案,也需要维持生活、改善现状的支持手段。这些人群在正规经济和劳动力市场中难以找到合适的工作,创业教育与培训为他们实现自我雇佣和自主创业提供了可能。同时,创业教育也涵盖了解决脆弱性和贫困的社会心理方面问题的内容,对于改善危机中群体的状况有很大的帮助。

(5)其他边缘群体

除了上述群体,国际劳工组织也特别注重为其他边缘群体提供创业教育与培训服务。相较于传统的教育形式与内容,创业教育更强调培养他们勇于迎接挑战、创造机会的精神和创造性地解决问题、因地制宜地利用资源的能力,帮助他们以一种更加灵活和自主的方式,满足自身的生存需求并寻求变革的可能。

4.1.3　赋能维度:通过创业教育实现个人价值与社会福祉

经合组织指出,创业教育是个人能力建设的三大支柱之一。欧盟也在专家报告中指出:"教育在促进创业态度和行为中的重要作用已被普遍认可,但是创业教育的好处不仅仅局限在创业公司、创新企业和新的工作。创业可以提高一个人将想法转化为行动的能力,能帮助人更有创造力,更自信。"从经合组织和欧盟的论述中可以看出,对创业教育的认识已从狭义的刺激创业活动转向广义的培养创业能力,这也构成了国际组织创业教育认识论的赋能维度:通过创业教育实现个人价值与社会福祉。

以赋能为导向的创业教育认识论更侧重于培养个体的创业精神与创业能力,使他们能在不断变化的世界中,通过创业的方式实现个人价值,并增进所在社区的社会福祉。同发展维度和扶贫维度的认识论相比,赋能维度的创业教育认识论将创业的视角从发展和收入的角度转向选择和创造有意义的生活,较之即刻的创业行动更看重对个体和社会的长远影响。

内在逻辑:国际组织认为,通过创业教育能够实现教育—创业思维与创业意识—创业能力—素养提升—自我实现—回馈社会的良性循环。

实现方式:通过终身教育体系向全民提供创业教育,旨在激发全民创业精神,提高全民创业技能。

预期效果:将创业作为人们看待世界和面对生活的一种方式,使所有人都能通过创业的思维和能力提高个人与社会的福利,消除不平等,并最终实现个人自由。

赋能维度的创业教育认识论以人的发展和自我实现为根本目的,将创业视作人自由意志的选择,由创业者自己决定要做什么以及什么时候去做。同时,以赋能为导向的创业教育认识论既考虑创业者个体又考虑社会整体,既面向现在又面向未来,将创业与社会整体发展和人类福祉联系在一起,也符合国际组织实现和保障人权、增进社会福祉的使命。这一策略思想深深渗透于国际组织推动创业教育发展的过程中,是国际组织开展创业教育的重要驱动力。

(1)通过创业教育提高个人能力

创业不仅是一项经济活动,还是一个人生活的一部分,创业者相比其他劳动者更自由,能基于自己的想法和价值观寻找机会,发展自己的事业。联合国教科文组织早在 1994 年颁布的《具有创业精神:技术指导》中就已提出,创业教育应培养锐意进取的实干家,而不仅仅是为了营利,创业教育的一个显著目标是促进活跃的、有目标的、有创造力的、自信的、有能力提高自己生活质量的个人的发展。① 2008 年,《促进中学创业教育》提出创业教育应使学生有能力、有眼界接触和转化各种各样的机会,它超越了商业创造的目的,要提高学生参与和回应社会变革的能力。② 2013 年,《回顾职业技术教育与培训的全球趋势》中再次提到,21 世纪的公民无论是什么职业,都必须有能力顺应快速的变化和发展,在这一环境下,两种教育形式发挥了特殊的作用——职业技术教育和创业教育。③

(2)通过创业教育培植创业文化

粮农组织认为,应将创业作为一种生活和思维方式,接受创业所蕴含的价值体系,构建一种创业的文化环境,其创业培训项目的第一步就是要发展创业文化。④ 贸发会议指出,创业教育政策的最终目标应该是促进创业文化的建立。⑤ 联合国教科文组织认为,创业教育是振兴创业文化的一种载体,发展创业教育能够促进创业文化的形成。⑥ 国际劳工组织也认为,应通过创业教育营造鼓励创业的文化环境,使创业成为青年的潜在职业选择。在189 号备忘录第 10 条中,国际劳工组织特别指出,成员方应该采取措施,与有代表性的工人和雇主协商,创造和强化有利于主动性、创造性、生产力、环

---

① UNESCO Principal Regional Office for Asia and the Pacific, Asia-Pacific Centre of Educational Innovation for Development. Becoming enterprising: technical guidelines[R]. Bangkok: UNESCO Principal Regional Office for Asia and the Pacific,1994.

② UNESCO. On promoting entrepreneurship education in secondary schools final report[R]. Paris: UNESCO,2008.

③ UNESCO-UNEVOC. Revisiting global trends in TVET: reflections on theory and practice [R]. Bonn: UNESCO-UNEVOC,2013.

④ PETRIN T, GANNON A. Rural development through entrepreneurship[R]. Rome: FAO,1997.

⑤ UNCTAD. Entrepreneurship education, innovation and capacity-building in developing countries[EB/OL]. (2010-11-10)[2018-11-29]. https://unctad.org/en/Docs/ciimem1d9_en.pdf.

⑥ UNESCO-UNEVOC. Revisiting global trends in TVET: reflections on theory and practice [R]. Bonn: UNESCO-UNEVOC,2013.

境意识、质量、良性劳工关系和充足的社会实践的创业文化。成员方应该通过创业教育与培训,发展创业态度。[①]

(3)通过创业教育增进社会福祉

工业发展组织认为,创业教育不仅能使学生了解创业、培养潜在创业者,而且能使具有创业精神与创业能力的学生以创业的方法解决所在家庭和社区中的问题。[②] 联合国教科文组织从广泛和多部门的角度定义了创业教育,并认为其目标应该是鼓励学生创新思考周围的世界,努力促进社会和经济发展。[③] 在另一份报告中,教科文组织还提出,社会创业也是创业的一个重要领域,应用商业的方法,为社会共同利益工作,也应是创业教育的重要内容。[④]

4.2　构建终身创业教育体系

终身学习是 21 世纪最重要的国际教育理念之一,在国际组织的倡导和推广下,成为现代极具影响力的教育思潮。1972 年,联合国教科文组织在《学会生存:教育世界的今天和明天》中指出,人在社会中扮演多重角色,人类发展的目的在于使人日臻完善;人只有不断地学习,才能应对社会的变化,因此唯有全面的终身教育才能够培养完善的人。特别是在进入知识经济时代以后,全面、持续的学习是每个人在快速变革和高度竞争的环境中得

---

① ILO. R189: job creation in small and medium-sized enterprises recommendation[EB/OL]. (1998-06-02)[2018-03-18]. https://www.ilo.org/dyn/normlex/en/f? p = NORMLEXPUB: 12100:0::NO::P12100_ILO_CODE:R189.

② UNIDO. Conference on fostering entrepreneurial youth[R]. Vienna: UNIDO, 2014.

③ UNESCO. World conference on higher education 2009 final report[R]. Paris: UNESCO, 2009.

④ UNESCO-UNEVOC. Revisiting global trends in TVET: reflections on theory and practice [R]. Bonn: UNESCO-UNEVOC, 2013.

以生存的必要条件,因而终身教育思想应体现于整个教育体系之中,为人的生存和发展提供支持。[①] 国际组织深受终身教育思想的影响,致力于构建终身创业教育体系。在各级各类教育中融入创业教育内容是国际组织一直以来坚持和推广的重要策略之一。

4.2.1 强化基础教育阶段的创业教育

贸发会议在创业教育政策中指出:"越早让学生接触商业和创业越好。创业意识和创业态度是从很小的时候就开始发展的,如果当学生上了中学甚至大学才开始接受创业教育就太迟了,特别是如果他们没能继续接受教育或者已经对创业产生了消极印象。"[②]国际组织认识到,创业教育的特点和终身学习的思想共同决定了"应尽早建立创业教育,在青年身上投入教学资源以培养他们的创业思维"。因此,强化基础教育阶段的创业教育一直以来都是国际组织的重要策略内容。

(1)联合国儿童发展基金会:开展儿童生计教育

联合国儿童发展基金会于 2012 年在《儿童社会与金融教育》[③]中提出,儿童社会与金融教育旨在激励儿童成为更具社会和经济能力的公民,由生活技能教育、财务教育和生计教育三个核心部分组成。其中,生计教育旨在发展儿童的创业技巧和能力,鼓励他们认识到自己周围充满了经济可能性,为学生提供教育、资源和机会以帮助他们通过创业或就业,有道德地、可持续地、负责任地追求经济目标。

青少年生计教育学习框架中专门有一部分对青少年创业教育的内容进行了阐述。联合国儿童发展基金会认为,创业教育包括财务(商业)创业和

---

① 顾明远. 终身教育:20 世纪最重要的教育思潮[J]. 职业技术教育,2001,22(1):5-7.

② UNCTAD. Entrepreneurship education, innovation and capacity-building in developing countries[EB/OL]. (2010-11-10)[2018-11-29]. https://unctad.org/en/Docs/ciimem1d9_en.pdf.

③ UNICEF. Child social and financial education[R]. New York:UNICEF,2012.

社会创业两部分。其中,财务创业是指:有知识和能力,通过个人的技术和商业技能以及行为,利用市场机会创造/分配产品和服务,获得充足的经济回报,有可能的话,雇佣他人。社会创业是指:有知识和能力辨认社会、政治和环境的需求,应用自己的技术和商业技巧、行为、人际网络,主动创造、调整和接受创新解决方案以满足上述需求,同时整合充足的社会和经济资本以延续和扩展行为。青少年创业教育的主题包括:

- 成功创业者需要具备的技能、态度和行为;
- 发展有效的创业技能、知识和行为;
- 了解商业和社会创业机会,人们对这些机会的渴望以及积极进取的途径。

联合国儿童发展基金会创业教育学习内容框架对基础教育阶段的创业教育学习产出做了详细的划分,如表 4.1 所示。

表 4.1　联合国儿童发展基金会创业教育学习内容框架

级别	学习内容
第 1~2 级 12 岁以下	1.能够在社区中识别商业和创业者并描述他们提供的产品和服务; 2.能够明确目标并做出相应的行动计划; 3.培养领导力,并且激励他人,理解民主领导在团队中的重要性; 4.理解并愿意冒风险,对完成目标表现出主动性; 5.能够对外部资源做出最好的应用
第 3 级 12~15 岁	1.能够对机会做出反应,无论是在课堂上、学校里、家里或者社区中,并且理解这些行动能够满足社区的哪些社会和经济需求; 2.能描述创业者在经济和社会中扮演的角色,并且能指出在当地、国内和国际层面中的成功创业者; 3.能够制订经济或者社会活动行动计划; 4.描述商业成功或失败的原因,明确创业成功的关键行动; 5.阐述创业者的基本技能和行为:冒险、主动性、组织、自信、沟通与合作
第 4 级 15 岁以上	1.能分析并制订商业计划,以获取社会或经济创业的机会; 2.能识别和承担风险,并管理这些意外的变化和产出; 3.解释如何有效营销自己的产品和服务; 4.具备创业者的基本技能; 5.能够描述必需的资本和其他条件以落实商业计划,解释如何获得并管理这些

(2)国际劳工组织与联合国教科文组织:在中学中融入创业教育内容

2003 年,国际劳工组织通过对世界创业教育实践进行总结和研究后指出,根据年龄的不同,创业教育的重点也有所区别,在中学阶段,实践体验和商业计划与小企业创业项目学习活动是十分有必要的。[①] 世界范围内已有许多国家将创业教育的内容融入中学,或作为核心课程的一部分,或作为选修课程与课余活动,如课外俱乐部、夏令营、周末的工作坊等。中学阶段的创业教育发展情况在不同类型的国家中表现不同。在发达国家,已有专门的课程设计、补充性材料、多媒体和网络资源,课程指南、课程材料、创业项目和干预的资源往往相当先进;而在发展中国家和转型国家,中学层面的创业教育则相当有限,其复杂程度取决于学校能够获得资源的程度,并且大部分依靠政府间国际组织、双边技术援助或国际非政府组织的资助。

根据上述发展情况,国际劳工组织认为,应将创业教育融入中学教育,在社会学、地理、历史、生计与公民教育、农业、商业等相关科目中融入与创业相关的内容。并且鼓励中学与当地小微企业联系,激励学生将小企业作为未来可能的职业选择,为中学创业教育提供后续的服务支持。

2006 年,国际劳工组织与联合国教科文组织共同颁布《面向 21 世纪的创业文化:通过中学创业教育刺激创业精神》报告[②]。报告指出,面向中学阶段的创业教育不仅能帮助学生获得创业技巧,还能提升学生的创业动机和学习贡献,发展他们的创造力,提高与学校生活不同方面的自信,为后中学阶段以及未来的工作和生活做准备。在中学教育中融入创业教育内容,不仅与商业和营利有关,也与社区福祉、消除贫困和可持续发展有关,是对中学生的赋能,帮助他们实现自我,以积极的态度和价值观解决变化带来的困

---

① ILO. Facilitating youth entrepreneurship part Ⅰ[R]. Geneva:ILO,2003.

② UNESCO,ILO. Towards an entrepreneurial culture for the 21st century:stimulating entrepreneurial spirit through entrepreneurship education in secondary schools [R]. Paris:UNESCO,Geneva:ILO,2006.

难与冲突。

4.2.2　将创业教育融入职业技术教育

以发展为导向的创业教育认为创业教育能够提高就业率;以扶贫为导向的创业教育认为创业教育能提供谋生手段;以能力为导向的创业教育认为创业教育能提高个人能力。无论从哪一个维度来看,创业教育都与人的职业选择和职业技能密切相关。国际组织一直以来倡导在职业教育阶段融入创业教育内容,一方面鼓励青少年自谋职业,将创业作为未来的职业选择;另一方面也试图通过创业教育赋予劳动者在工作环境中的必备技能,提升职业素养和竞争力。关注青少年发展的联合国教科文组织和关注劳动者权益的国际劳工组织是提倡在职业教育阶段融入创业教育这一策略的先锋。

(1)在职业教育中融入创业教育的合理性分析

第一,快速变动的就业环境和劳动力市场要求传统的职业教育必须发生变革。联合国教科文组织在《学会生存:教育世界的今天和明天》中曾指出,教育体系培养出来的人才与市场的需求不相符是教育面临的一大挑战。特别是在进入知识经济时代和信息时代后,伴随着信息与通信技术(ICT)的普及,世界的更新与变化是以往所完全没有过的,在这种环境下,传统的低技术含量的劳动力市场正在加速萎缩,而对具有知识和技能的高素质人才的需求却在急剧膨胀。并且,在高速发展的世界中,一劳永逸的终身职业已经不复存在了,人们必须时刻准备好迎接变化,并从变化中发现机会。因此,职业教育必须发生变革,为学习者融入经济环境、在劳动力市场竞争中脱颖而出提供支持。而创业教育正能满足职业教育变革的需求。

第二,职业教育与创业教育本身就有许多共同之处,职业教育与创业教育的相关性比较高。[①] 职业教育与创业教育虽是两种教育类型,但都包含提升学生的就业率(包括自我雇佣和有偿雇佣)这一目的。职业教育经常利用企业训练学生,并且在课程中会提供训练使一部分人能够建立小企业实现自我雇佣,现在许多职业教育与培训项目中其实已经包括主要的创业教育技能,例如团队合作、问题解决、创新思维等。我们甚至可以说,职业教育为创业教育提供了很好的基础,在职业教育中融入创业教育的内容,可以看作拓展职业教育的作用范围和预期效果。

第三,创业教育的内容是对职业教育的有效补充。一方面,使学生成为劳动力市场的积极参与者和创新创业者是教育的重要目标,通过创业教育能够增加自力更生的人口,减少他们对日益紧缩的工作市场的依赖,与职业教育一同应对失业的挑战。另一方面,通过创业教育,学习者能够获得包括时间管理、领导力、人际交往等技能,这些技能也是在就业时所必需的。

(2)国际组织推动创业教育与职业教育融合的方式

①联合国教科文组织

1987 年,第一届国际会议"发展和促进职业技术教育"在柏林召开。1992 年,联合国教科文组织设立了国际职业技术教育项目(UNEVOC),目标是强化、发展、提升成员方的职业技术教育。1999 年,在首尔召开的第二届国际职业技术教育会议的最终报告中指出,21 世纪的职业教育应促进学习者通用能力、职业道德、技术和创业技能的发展,并为负责任的公民赋予人类价值观和标准,将创业教育纳入职业技术教育课程。报告在会议给联合国教科文总干事的建议中提到,职业技术教育应通过提升创业能力减轻学习者的生存和发展焦虑,帮助他们为全新的劳动力市场做好准备,通过各种形式的自营职业释放在创业新时代实现经济独立的巨大潜能。报告还指

---

① UNESCO. Revisiting global trends in TVET: reflections on the theory and practice[R]. Paris: UNEESCO,2013.

出,为了克服女性缺乏就业机会的困难,以及改变认为女性无法执行特定任务的错误观念,职业技术教育应强调她们创业能力的发展。[①] 2012 年,《变革职业技术教育与培训:从理念到行动》一文中提出,社会开始意识到具有主动性和创造力的男性和女性会对社会做出有价值的贡献。创业教育能提升学习者自力更生的能力,减少他们对不可预测的工作市场的依赖,要在职业技术与培训项目中通过多样的活动促进创业者一般能力的发展。[②] 在联合国教科文组织职业技术教育与培训项目(2016—2021)策略中,"促进青年就业和创业"被作为三个优先领域之一纳入工作重点。

②国际劳工组织

国际劳工组织通过对全球创业教育实践的研究和总结,指出创业培训有助于学生更好地融入劳动力市场,并提高特殊困难目标群体的信心。在职业技术教育中融入创业教育内容,能够帮助有潜能的年轻人,为他们提供将技术知识应用于商业环境中的机会,或是帮助他们参与开创和发展一个真实的公司销售自己的产品。2011 年,在《构建创业和商业意识:国际劳工组织将创业教育融入国家职业教育体系的经验》[③]这一报告中,国际劳工组织系统地提出了将创业教育融入国家职业教育培训体系的过程指导框架,包括试验、全国推广、监督和评估、政策框架和策略四个阶段,涵盖了课程、师资、宣传推广、政策、合作、监督评价体系等方方面面的内容。

4.2.3　深入推进大学阶段的创业教育

创业教育发端于大学。历史上第一门创业教育课程来自哈佛大学商学

---

①　UNESCO. Second international congress on technical and vocational education final report [R]. Paris: UNESCO,1999.

②　UNESCO-UNEVOC. Transforming TVET: from idea to action[R]. Bonn: UNESCO-UNEVOC,2012.

③　ILO. Building business and entrepreneurship awareness: an ILO experience of integrating entrepreneurship education into national vocational education systems[R]. Geneva: ILO,2011.

院,在创业教育产生与发展的最初若干年中,创业教育主要集中于高等教育阶段内。在全世界的许多国家,创业教育都是从大学开始发展起来的。同时,大学也是终身教育体系中重要的一环,是学生由学校向社会过渡的关键环节。因而,高校创业教育一直以来都受到广泛的关注。国际组织一向重视创业教育在高等教育阶段的发展,特别是以发展导向和能力导向的创业教育认识论为依据,宣传、鼓励和推广大学阶段创业教育的深入发展。这也成为国际组织构建终身创业教育体系的重要组成部分。

国际劳工组织的调查研究表明,在大学阶段开展创业教育已经相当普遍。为了满足以自我雇佣和创业为目标的人们的需求,现在许多大学在商学院、工学院和其他相关学院中提供本科生和研究生阶段的创业课程。与其他传统的专业课程不同,创业课程包含多种多样的类型,具体形式包括参加正式课程与创业社团、选择创业主修专业或辅修专业、获得创业证书或创业课程学分等。虽然大学创业教育的普及范围较广,但相较而言,创业教育在工业化国家中更为普遍,并且在不同类型的国家中呈现出不同的特点。在发达国家,大学面向学生组织越来越多的竞赛,提供创业教育。此外,许多大学也开始为企业主和创业者提供创业教育与培训。在转型国家和发展中国家,大学创业教育还处于学习阶段,主要从发达国家汲取经验,特别是在发展中国家,创业教育的传播程度较低,创业教育内容也与发达国家相类似,其复杂程度取决于资源可获得的程度。[①]

基于现阶段大学创业教育的发展情况,国际组织主要从三个要点着手,进一步深入推进创业教育在大学阶段的全球进展。

(1)将大学作为创新创业发展的中心

由美国学者埃茨科威兹教授提出的"三螺旋"创新模式指出,大学、产

---

① ILO. Building business and entrepreneurship awareness: an ILO experience of integrating entrepreneurship education into national vocational education systems[R]. Geneva: ILO, 2011.

业、政府是国家创新系统的主体,大学、产业、政府三者之间的紧密合作和相互作用,刺激国家创新活动,为区域和国家创新创业发展提供动力。[1] 通过"三螺旋"国家创新模式可以发现,在创新驱动的社会中,大学、企业、政府三者之间的合作是必不可少的,大学更是关键主体之一。在这一背景之下,国际劳工组织指出,创业教育是大学与政府和产业界密切联系的自然延伸,能够促进技术创新和形成新的发展领域。[2] 联合国工业发展组织也认为,相较于在中学和职业技术学院推广创业教育课程,大学更应该被作为支持国家创新能力发展的中心。[3] 世界银行在其"教育战略 2005"中强调了生产和利用知识的能力是十分重要的,有必要建立大学、研究中心、智库网络和企业间的联系以促进创新与创业。[4]

(2)通过大学培养潜在创业者

相较于基础教育阶段创业教育的效果可能要在五年甚至更久之后才能有所体现,高等教育阶段的创业教育对创业的促进作用是显而易见的。国际劳工组织的研究指出,大学的项目旨在对青年人创业产生即时的影响,相比其他商学院和非商业相关专业毕业生,更多创业专业的学生选择创业,而创业学毕业生在毕业 2～5 年内更具创业意向。[5] 因此,国际劳工组织认为,大学阶段的创业教育应该聚焦于创业活动,培养潜在创业者。此外,国际劳工组织还指出了缺乏创业师资、缺乏教材、缺乏资本等一系列大学创业教育发展中的问题。世界银行也注重大学在培养创业者方面的积极作用。世界银行关注并支持包括大学在内的教育系统改革,认为创业教育的目标群体

---

①　埃茨科威兹. 国家创新模式:大学、产业、政府"三螺旋"创新战略[M].周春彦,译. 北京:东方出版社,2014:1-28.

②　ILO. Facilitating youth entrepreneurship part Ⅱ[R]. Geneva:ILO,2004.

③　UNIDO. Fostering entrepreneurial youth[R]. Vienna:UNIDO,2012.

④　World Bank Group. World Bank Group support for innovation and entrepreneurship[R]. New York:World Bank Group,2014.

⑤　ILO. Facilitating youth entrepreneurship part Ⅰ[R]. Geneva:ILO,2003.

应包括中等教育阶段的学生和高等教育阶段的学生两部分,对高校而言,创业教育应鼓励学生参与特定的项目、参加创业课外活动,或者选择修读创业学位。①

(3)通过大学提高社区、国家、国际层面对创业教育的认识

当代大学肩负教学、科学研究和社会服务三项职能。大学与所在社区的关系十分密切,这种关系不仅表现在社区为大学提供所需的资源而大学为社区输送技术和人才方面,更表现在大学与社区的相互影响方面。国际组织一向重视通过创业教育发展创业文化,在大学层面就表现为力图通过发展高校创业教育,提高创业在社区、国家乃至国际层面的影响力。国际劳工组织指出,大学作为国家和国际社区的重要组成部分,不仅要培养和训练潜在创业者和创业实践者,并且应致力于提高大众对创业重要性的认识。②

4.2.4 重视非正规教育中的创业教育

非正规教育是对终身教育理念的生动诠释,也是终身教育体系的重要组成部分。终身教育思想在时间上主张教育的连续性和一贯性,主张学习与工作相交替,与人的生命共始终;在横向上,学校不再是唯一被认可的教育场所,各种社会机构和活动的教育职能被有机地体现或组织到公众的学习活动中。③ 国际组织对非正规创业教育的重视,既是终身教育思想在创业教育领域的体现,也符合国际组织创业教育认识论。非正规教育的对象往往是那些已经离开学校的人群,这类人群中的很大一部分是难以获得正规教育机会的困难人群。一方面他们因为受教育不足而难以满足工作的技能要求,另一方面又因为没有学习机会来提高和发展自己的能力。非正规创

---

① World Bank. Framing the global landscape of entrepreneurship education and training programs[R]. New York: World Bank,2013.

② ILO. Facilitating youth entrepreneurship part Ⅰ[R]. Geneva: ILO,2003.

③ 陈乃林,孙孔懿.非正规教育与终身教育[J].教育研究,2000(4):20-23,80.

业教育以上述人群为主要对象,符合扶贫导向的创业教育认识论的要求。

2003 年和 2004 年,国际劳工组织接连发布《促进青少年创业:在正规和非正规教育中促进创业意识》Ⅰ[①]、Ⅱ[②]两份报告。报告指出,为了应对脆弱性问题,为年轻人提供各种各样的支持,应该帮助他们开始自己的商业活动,或在正规、非正规部门实现自我雇佣。在转型国家,有较为普遍的创业培训、导师制度、咨询、商业俱乐部和创业金融等项目,但是适用的人群还是较为有限。在发展中国家,传统劳动力市场萎缩、技能与劳动力市场不匹配的年轻人的脆弱性是这些国家面临的普遍问题,创业促进项目大多数是向所有年轻人群开放,无论他们是自我雇佣者、创业者还是准备创业的人,但项目往往需要与联合国机构、双边技术援助伙伴、国家或国际非政府组织和私营部门进行合作。上述情况反映出国际组织推广非正规创业教育的必要性。

国际劳工组织认为,非正规教育中的创业教育,能够整合自然学习过程和对青年困难人口的安置活动,帮助他们发展小企业,避免毒品和犯罪,强化他们的学术技能,形成对自身和所在社区的积极态度,激发工作中所需的自信和领导技能。研究表明,在非正规教育中展开创业教育项目,不仅能够影响年轻人创业的数量,并且对参与的年轻人及其家庭和社区的整体福祉也有更普遍的影响。因此,国际组织呼吁提高对非正规教育中创业教育内容的重视,在制订创业教育计划时应考虑到目标对象多样性,并尝试为多样化的学习者找到合适的机会,而不是试图让所有失业的年轻人适应一种规模的培训计划。报告还提出,在非正规教育中,应将学习者关注的创业相关问题纳入正式的培训政策和制度,升级非正规培训机构的做法,记录和制订正规劳动力市场以外特定类别工作人员的培训方案。

---

① ILO. Facilitating youth entrepreneurship part Ⅰ[R]. Geneva：ILO,2003.

② ILO. Facilitating youth entrepreneurship part Ⅱ[R]. Geneva：ILO,2004.

4.3 完善创业教育实施过程

基于生成性过程观看来,教育过程是以教育目的为中心构建生成的教育实践的变迁序列及其关系性群集。[①] 创业教育无疑是一个具有特定主题的综合性的复杂过程。具体实施创业教育的过程涉及创业教育目标、创业教育课程与培训项目、创业教育师资、过程监督与效果评价等一系列内容。国际组织针对上述内容,形成了若干指导性的创业教育策略。这些策略既是国际组织自身对创业教育进行研究的产物,也是对全世界创业教育经验的总结,因而从一定程度上反映了创业教育的重点关注领域和国际发展趋势,不仅是国际组织创业教育实践活动的思想基础,也是各国实施创业教育的行动指南。粮农组织、儿童基金会、贸发会议、联合国教科文组织、世界银行、国际劳工组织等就完善创业教育实施过程均有具体的阐述。

4.3.1 明确创业教育的目标

完善创业教育实施过程的关键环节在于明确创业教育的目标。根据霍恩斯坦的教育目标分类框架,全部的教育目标被划分为四个领域:情感领域、认知领域、动作技能领域和行为领域。[②]

不同的国际组织对创业教育目标的表述略有不同,但基本落在上述四个领域之中。联合国教科文组织和国际劳工组织在《面向 21 世纪的创业文

---

① 黄平,李太平.教育过程的界定及其生成特性的诠释[J].教育研究,2013,34(7):18-27.

② 丁念金.霍恩斯坦教育目标分类与布卢姆教育目标分类的比较[J].外国教育研究,2004(12):10-13.

化:通过中学创业教育刺激创业精神》①中提出,创业教育的目标包括:发展更具创造力、创新性的学习方法、学校工作和学校所在的社区;发展学生的自我意识、自信心、积极的态度,将创业和自我雇佣作为未来的职业选择;发展学生的态度、技能和行为,以进入工作场所和实现职业进步;发展学生的积极态度、技能和行为,符合社区和参与社区发展的要求;发展学生能力,为社区社会和环境可持续发展做贡献。

世界银行在《构建创业教育与培训的全球图景》②中指出,创业教育的预期目标是"通过创业教育提高创业的基本情况和创业表现,同时也强调对创业精神的培养(包括社会情感技能和创业意识)"。预期效果包括:①创业精神,作为一个创业者,与创业动机和未来创业成功相关的社会情感技能和创业意识,包括自信心、领导力、创造力、风险偏好、动机、适应力、自我效能等内容;②创业能力,包括创业者的能力、知识、与创业相关的技巧,如管理技能、会计、营销、技术知识;③创业情况,指通过创业活动或其他方式衡量的创业者从项目中获益的情况,如开创企业、获得就业、实现高收入等;④创业表现,指通过干预使企业表现出明显的变化,如实现了高盈利、高销量、高雇佣和高幸存率等。

粮农组织在《农业中的创业》③中提出了创业能力、技术能力、管理能力三方面的教育目标,以知识、技能、行为为划分标准,具体如表 4.2 所示。

通过对各国际组织创业教育目标具体内容的分析,结合霍恩斯坦的教育目标分类框架,可知国际组织设定的创业教育目标具体可分为以下四种:

---

① UNESCO, ILO. Towards an entrepreneurial culture for the 21st century: stimulating entrepreneurial spirit through entrepreneurship education in secondary schools [R]. Paris: UNESCO, Geneva: ILO, 2006.

② World Bank. Framing the global landscape of entreprencurship education and training programs[R]. New York: World Bank, 2013.

③ KAHAN D. Entrepreneurship in farming[R]. Rome: FAO, 2012.

（1）激发创业精神和创业意识

通过创业教育，培养学生的好奇心、自信心、风险承担意识、责任感、团队合作精神、坚韧不拔等创业者所必备的品质，引导学生树立对待创业的积极态度，帮助学生形成创业的思维，并鼓励学生将创业作为未来的职业选择和自我实现的手段。

（2）掌握基本的创业知识

通过创业教育，向学生传授与创业相关的基本知识，帮助学生更好地认识创业，包括理解创业的内涵和意义，了解创业过程，熟悉创业时可能面临的困难、风险以及相应的解决策略，了解创业所需的资源和获取的途径等。

（3）具备创业所需的各项技能

认知领域的创业教育目标主要停留在理论层面，是对学生基本创业素质的提升。而动作技能领域的目标则指向创业的具体过程。通过创业教育，为学生的创业行为赋能，教给学生创业必备的技巧，包括机会识别、团队组建、创业计划书撰写、财务技巧、管理能力、市场营销与推广等一系列内容，具有较强的实践性。

（4）积极投身创业活动

综合性目标，通过创业教育培养真正的创业实践者。通过课程、培训、咨询、后续支持等手段，不仅帮助学生开启创业活动，还根据真实环境帮助学生不断完善和提升。

表 4.2　粮农组织创业教育目标

创业能力	知识	技能	行为
主动性：愿意做工作	理解成功需要什么	创造并且清晰表达对成功的愿景；选择现实的但具有挑战性的目标	愿意迈出第一步；独立工作（没有指导）；持续工作直至工作完成

续表

创业能力	知识	技能	行为
抱负：很强的实现目标的意愿	理解将会面临的挑战	有策略去应对挫折	很强的动力以实现目标
专注于解决问题：很强的意愿去解决问题和抓住机会	了解决策过程； 了解农场业务面临的问题； 了解产生的机会	识别问题和机会； 找到、收集和整理与问题相关的数据； 整合、评估和选择可选项； 实施和监控选择	积极寻找有效的方式以解决问题
创造性思维：想出具有创造力和创新型的想法和解决方案	理解农场业务是一个体系； 理解农场业务面对的问题； 了解产生的机会	整合新想法； 发现相关信息； 将信息与想法和机会与问题相匹配	对农商进行诊断； 识别机会； 获得选项； 选择最合适的实施方法
承担风险：愿意为了实现目标承担风险	了解每一个决定可能面临的风险； 知道如何评估风险	就投入与收益评估风险； 发展风险管理战略	计算风险； 推行风险缓解措施； 从失败和错误中学习； 接受风险，接受新策略
灵活度和适应力：能接受新情况并乐于改变	能意识到影响农商的变化	整合创新的想法； 分析情况并发展应对策略； 寻找新的资源和信息来源	有很强的动力实现目标； 不轻易放弃，不受挫折的阻碍； 有耐心，可以应对压力
策略思维：有愿景和策略实现可持续发展的目标	意识到变化和风险	分析状况并发展长期策略； 找到实现目标的方法	为农商设立愿景； 设立目标； 发展策略以实现目标
人际交往能力：能与他人一起工作，特别是不同的人	理解人们和他们的工作； 理解人际关系，并能感受强弱变化	开放的双向沟通； 乐于分享并鼓励他人分享	与各种各样的人和谐工作； 诚实，可靠
建立人际关系网络：建立有效的合作和关系	知道谁是关键的利益相关者和伙伴	谈判并做交易； 与合作伙伴、市场、供应商保持联系	在交易中可靠和诚信

续表

创业能力	知识	技能	行为
随时准备学习：积极地寻找新知识和技能；从错误中学习	知道怎么学习；随时了解学习机会	设定学习目标；分析和识别需要什么样的新知识与技能	掌握学习内容；保持好奇
诊断：分析农商，识别影响营利的问题和机会	了解投入、产出、市场需求	分析农商，识别问题和机会；识别解决办法和行动	识别问题的原因；向他人学习；识别解决方案
计划：识别和选择行动以实现目标	了解目标和目的；了解实现目标的可选项	定义、评估和选择可选项；列出实施可选项所需的步骤和资源	超前思考；有方法
组织：准备实施方案	知道什么资源和材料是必需的，什么时候需要和从哪里能得到	遵循连续步骤；查找和保护资源	决断；有条不紊
领导：引导和支持职员实现目标	了解如何激励人	沟通；评价表现	可靠；鼓励；建立信任
控制（监控）：常规监控行为，对照预期评估表现和结果	理解控制的价值和对营利的影响	监控和比较；持续积累记录	注意细节；有条不紊
评价：评价产出和决定的影响	了解农商的每一部分对营利的影响	识别什么行动会有什么后果	客观；有条不紊

4.3.2　发展创业课程与培训

课程与培训是创业教育的核心部分，是创业教育实践的主要载体。重视、引导和支持创业课程与培训的发展，是国际组织一以贯之的**创业教育策略**。在这一领域，国际组织持续扮演了催化剂的角色。欧盟关注中学和大学的创业教育，提供了可观的资金发展创业教育项目。联合国通过诸如贸发会议、联合国教科文组织、世界银行、国际劳工组织等机构,发展和支持了一系列创业教育和培训项目。[①] 针对创业课程与培训,国际组织重点关注三个要点:第一,课程与培训的具体内容;第二,影响课程与培训效果的因素;第三,基于上述两点形成的实践建议。

(1)课程与项目的内容

国际组织倡导的课程与项目受创业教育目标的影响,主要包括与发展学生基本素养相关的内容、与创业和商业过程相关的内容、与财务和市场相关的知识与技能、与社会创业相关的内容,以及就业与工作技能。面向不同的人群和不同的主题,创业课程与培训的内容应做相应调整。

联合国教科文组织与国际劳工组织在《面向 21 世纪的创业文化:通过中学创业教育刺激创业精神》[②]中指出创业课程与培训内容包括:①经济和生态素养,指对创业环境和创业对周围环境和社区的影响的认识。内容包括:对全球、国家和地方环境的认识;了解当代环境、政治和国际问题;认识创业和小企业的角色和重要性;对当地经济发展政策和工业结构的意识;理解创业与特殊部门和工业的联系;理解生产、消费和可持续性的联系。②创业技巧,通过实践学习创业,内容包括创业基本知识、如何开创企业、如何运营企业。③社会创业技能,指如何通过发展项目解决社会问题。社会创业者在社会部门中扮演变化的代理人,他们需要采纳开创和持续社会价值的使命,识别和发现机会以实现使命,参与持续创新、调整和学习的过程,不被现有资源限制,对服务对象和产品体现出高度的责任感,创业课程与培训中应涉及上述内容。④就业技能,帮助学生建立获得就业准备技能的意识,培

---

①　UNCTAD. Entrepreneurship education, innovation and capacity-building in developing countries[EB/OL]. (2010-11-10)[2018-11-29]. https://unctad. org/en/Docs/ciimem1d9_en. pdf.

②　UNESCO,ILO. Towards an entrepreneurial culture for the 21st century: stimulating entrepreneurial spirit through entrepreneurship education in secondary schools [R]. Paris: UNESCO,Geneva: ILO,2006.

养其发展性技能(如沟通、问题解决、ICT 等)、团队建设技能和使用现代技术(如网络)做研究的能力。⑤经济社会整合和工作技能,帮助学生发展坚实的基础技能,使学生有能力和自信表达自己,应用他们的知识在生活中创造机会。具体内容包括演讲、独立思考、研究和技术竞争力、文化表达(例如舞蹈、艺术、喜剧和影像创造)。

世界银行在《青少年就业:下一个十年的人类发展计划》①中提出,创业促进项目包括课程、培训、融资服务与咨询服务。其中,创业课程内容应包括商业技能、定制化的自我雇佣活动、财务素养、创业和生活技能;培训内容应包括提供融资途径、咨询服务和指导、微观特许经营权、实现价值链包容、小企业合作网络、支持技术转移、商业孵化器等方面;融资服务应包括小型融资机构和接待服务、在培训中融入商业技巧或融资素养等内容;咨询服务应包括导师指导、咨询、协助办理商业手续等内容。在《构建全球创业教育与培训图景》②中,世界银行再次清晰表述了创业课程与培训的具体内容应包括财务素养与会计能力、市场营销、一般性商务与管理内容、职业技能、领导力和团队合作、策略计划、社会情感技能。

(2)影响效果的因素

知其然,更要知其所以然。了解影响创业课程与项目效果的因素,才能更好地发展创业课程与项目,并提升创业教育与培训的效果。世界银行研究指出,三方面因素会影响创业教育与培训效果③:①项目实施的环境,包括经济环境(当地经济条件、基础设施、规则和税收结构)、政治环境(社会机构稳定性、当地政策、机构与创业的关系与促进)、文化环境(当地人对创业的

---

① World Bank. Youth employment a human development agenda for the next decade[R]. New York:World Bank,2013.

② World Bank. Framing the global landscape of entrepreneurship education and training programs[R]. New York:World Bank,2013.

③ World Bank. Youth employment a human development agenda for the next decade[R]. New York:World Bank,2013.

观念以及对失败、成功和社会成员传统角色的态度);②个体参与者特质,包括个体资质(人口统计学特征如年龄、性别、家庭背景)、个人特质(自信、风险偏好、适应力、团队合作)、受教育情况(受教育程度和基本认知技能如读写)、经历(工作和就业经历,如创业、管理和从事特殊工业)、兴趣和意向(不同的意向和特殊动机)、行为(对项目的回应和对项目价值观的接受);③项目自身特点,包括项目设计(目标、范围、融资模式、方法)、培训者和教学过程(如何传递项目内容的关键投入和实施、项目环境设置)、内容与课程、环绕式服务(人际网络、指导、获得融资或其他资源的途径)。

粮农组织在设计针对农村学习者的创业培训项目时也指出,要充分评估项目规模、复杂性、参与者能力、时间、资源限制、预期收益;明确适合的参与者群体;明确培训需求;关注项目设计和项目结束的后续活动。[①]

(3)课程与项目的发展步骤

创业课程与项目发展是一个循序渐进的过程,基于研究成果和实践经验,贸发会议和国际劳工组织都提出了五步走的课程与项目发展步骤。贸发会议提出,发展创业课程,第一应提高对课程发展的支持;第二要进一步确保与当地环境相关的课程材料的发展;第三应采取一定的激励措施,鼓励课程资源的扩展与相互分享;第四要促进跨学科项目,打破创业教育与培训和商业的单一联系;第五要鼓励以学生为中心、由学生主导的实践。[②]

国际劳工组织认为,第一,应意识到创业教育是通过生活发展创业态度和特性的关键;第二,要回顾和更新课程资料和传播方法,对已有的课程基础进行审视;第三,进一步发展与本地相关的资料,建立创业教育与培训和所在环境之间的联系;第四,将课程与实践相连;第五,接受实践性的方法,

①　KAHAN D. Entrepreneurship in farming[R]. Rome:FAO,2012.

②　UNCTAD. Entrepreneurship education policies[EB/OL]. (2010-11-10)[2019-03-18]. https://unctad. org/en/Docs/ciimem1crp2_en. pdf.

强调"做中学"是发展创业思维和技能的有效方法。[1]

综合贸发会议和国际劳工组织的观点,可以看出国际组织在发展创业课程与项目的过程中,关注提升对创业教育与培训重要性的认识,为创业课程与项目的发展提供良好的文化氛围和思想基础;建立与所在社区之间的联系,充分利用当地资源,提高创业教育与培训成果和区域发展的适切性;发展以实践为基础的课程与项目,以创业行动为教育和培训导向。

4.3.3 改善创业教育的师资与教学

创业教育教师是创业课程与培训的直接执行者,创业教育的教学方法也会对创业教育的最终效果产生重要的影响。缺乏高质量的创业教育师资和有效的教学方法,一直是创业教育发展过程中的一大阻碍。要完善创业教育的实施过程,提高创业教育的质量,势必要在师资培养和教学改革上下功夫。国际组织重视创业教育教师与教学的发展,呼吁提升创业教育师资水平和改进创业教育教学方法。

(1)提升创业教育师资水平

教师是创业教育项目的基本组成部分,国际组织强调通过教师培训和教师间合作交流提高创业教育师资水平。

在新的创业教育需求下,教师培训需要做出改变。教育系统通过职前培训和在职培训以及教师自身发展培养教师是十分必要的,以支持学生的创业素质和技能发展。工业发展组织指出,由于创业教育相对较新,因此需要对学校实践文化进行一定的调整;应使用不同的方法对在职教师和职前教师进行培训;特别要鼓励女教师的参与,以保障性别平衡;教师自身应处

---

① ILO. Building business and entrepreneurship awareness: an ILO experience of integrating entrepreneurship education into national vocational education systems[R]. Geneva: ILO,2011.

于创业文化之中,理解创业教育的重要性,理解创业教育的个人和社会效益。[①] 国际劳工组织认为,积极的教学是创业教育项目成功的关键。因此,必须培训教师做好进行创业教育的准备并更新他们的自适合能力。为此,应该使来自不同领域的教育者参与创业教学;通过互动和参与性的学习方法来培训教师;关注教师的创业认知和能力发展。[②]

除了教师培训,教师之间实践经验的分享和交换也是十分重要的,因而应该支持在线平台、会议、工作坊的开展。贸发会议报告提出,要支持在大学设立创业教授与教席;应用互动教学方法提供教师培训和激励(如案例学习、游戏、项目、实验等);为教师创建合作与共享网络以分享和交换经验;刺激和鼓励私营部门与学术部门的合作;让行业从业者参与到课堂中,扩充教师资源。[③]

(2)改进创业教育教学方法

在改进创业教育教学方面,国际组织普遍倡导:①以学生为中心的教学法,发挥学生主动性;②以实践为导向的教学法,注重学生的实际体验;③充分利用所在社区的教学资源;④重视对教学过程的监督和教学效果的评估。

贸发会议报告指出,创业技能包括柔性技能(如坚持、合作、自信和能力)和硬性技能(如基本的创业知识、商业计划、财务素养和管理技能),这两者都可以通过合适的教学方法,作为基本学科的一部分被教授。调查研究表明,多数创业教育项目以基于教室的教学为主,通过师徒制、指导和咨询等方式,在一定的社会经济环境下,将教学与参与者的实践经验结合起来,

---

① UNIDO. Conference on fostering entrepreneurial youth[R]. Vienna:UNIDO,2014.

② ILO. Building business and entrepreneurship awareness:an ILO experience of integrating entrepreneurship education into national vocational education systems[R]. Geneva,2011.

③ UNCTAD. Entrepreneurship education policies[EB/OL]. (2010-11-10)[2019-03-18]. https://unctad. org/en/Docs/ciimem1crp2_en. pdf.

满足学习者的需要。①

工业发展组织认为,创业教学有四大支柱,分别是:在自己的学习领域主动发展责任感,充分调动学生的积极性,鼓励学生自主学习;体验式学习,为学生创造机会,直接参与模拟的或真实的创业环境与创业过程;合作学习和反思性学习,帮助通过反思学习过程更好地理解创业和学习成果,激励进一步学习与提升。②

联合国教科文组织和国际劳工组织对创业教育的教学原则、教学方法和教学要求提出了一系列指导意见。③

创业教育的教学原则:两组织认为,教育的成功是通过识别和发掘青少年的天赋与技巧来实现的,因此,应提供动态、灵活、包容的课程支撑学生的整个生活过程,促进学生就业能力、社会参与度和共享价值观的发展。在此过程中,创业教学应注重学生的体验式学习;鼓励学生在真实生活中应用所学内容;将课堂教学和创业指导与咨询相结合;树立创业榜样和设立创业导师;以教师和教学人员促进学生的创业学习;对课程进行有规律的评估。

创业教育的教学方法:以学生为中心,让学习者成为主动的知识生产者,而不是被动的接受者;设计多样的课堂活动;通过创业模拟,将学习者置于真实的创业环境中,同时教给他们创业的形式和内容;让学习者参与特定的创业活动;带领学生进行实地考察,参观企业和组织,与管理者和其他人互动;鼓励学生参与国家和国际商业模拟网络活动,帮助学生搭建合作网络。

创业教育的教学要求:主要包括做好充分的研究和咨询工作,对当地需

---

① UNCTAD. Entrepreneurship education, innovation and capacity-building in developing countries[EB/OL]. (2010-11-10)[2018-11-29]. https://unctad. org/en/Docs/ciimem1d9_en. pdf.

② UNIDO. Conference on fostering entrepreneurial youth[R]. Vienna:UNIDO,2014.

③ UNESCO,ILO. Towards an entrepreneurial culture for the 21st century:stimulating entrepreneurial spirit through entrepreneurship education in secondary schools [R]. Paris:UNESCO, Geneva:ILO,2006.

求、劳动力市场信息、社区的支持要素进行前期调研；从学校层面应激励员工，鼓励教师职业发展；从社区层面应建立支持性教学环境，关注包括学校、教师、所在社区等的情况；不断在课程中融入新的教学方法；为学生提供全面的职业指导、支持和咨询；对教师的技能标准进行认证；重视监督与评价。

4.3.4　探索创业教育监督与评价方法

监督与评价是创业教育实施全过程中不可或缺的一环，但相较于其他环节，创业教育的监督与评价一直比较薄弱。研究认为，造成创业教育监督与评价困难的有四点：第一，创业教育是相对年轻的学科，其知识主体相对不明晰；第二，创业教育的异质性限制了学生、教师和教学机构的标准化；第三，创业教育强调实践和非学术人员在教学和管理中的参与；第四，创业教育假定创业活动和经济发展是教育的成果。[①] 在国际组织创业教育监督与评价环节，评估创业教育的影响仍然是创业教育实施过程中的主要挑战。

《维也纳共识》中提出，创业教育的影响是质性的，需要一段时间的发展。因此，监督与评价系统的重点在于观察一段时间的改变。大家普遍认为，可以使用一系列不同的指标来评估和验证创业学习的效果。各国际组织就监督与评估的内容、方式等方面，提出了一系列的想法。

粮农组织认为，应该从三个方面入手，测评创业教育项目的表现，分别是项目实施情况、项目参与者的满意度，以及项目参与者的学习收获。测评要注重学习者行为改变和商业活动提升的情况。在测评的过程中，要特别注意三点：第一，通过切实的行动来评价行为；第二，要结合整体情况进行评价，例如对农商的评价要基于农商系统和整体表现的变化；第三，需要充足的时间进行评价。[②] 工业发展组织认为，评估应关注五个层次的内容，分别

---

① DUVAL-COUETIL N. Assessing the impact of entrepreneurship education programs： challenges and approaches[J]. Journal of small business management，2013，51(3)：394-409.

② KAHAN D. Entrepreneurship in farming[R]. Rome：FAO，2012.

是创业技巧、知识、态度、与教育的连通性、未来职业。[①]

国际劳工组织系统构建了一套监督与评价的体系,并且进一步强调了更广泛的创业教育与培训研究对于理解评价趋势和结果的重要性。国际劳工组织认为,监督和评价应该贯穿创业教育发展全过程,特别是在早期阶段,监督和评价实施过程十分重要。第一,要设立完善的标准和适当的措施;第二,要从开始就监控创业教育计划的实施情况与预算情况,包括阶段性评估与结果评价;第三,要确保学校的能力,持续收集和储存监控数据;第四,要在实施创业教育的各个社区进行抽样评估;第五,要定期进行审查,确保将反馈意见和经验教训传达到课程与项目设计和执行部门。同时,国际劳工组织还强调要发展对创业教育的研究能力,鼓励研究机构对创业教育进行研究。其一,应发展研究议程,完善以研究证据为基础的创业教育发展计划;其二,要收集研究结果以监控创业教育的进程;其三,要建立合作式的研究模式。研究工作既是进行创业教育监督和评价的基础,也是对监督与评价结果的应用。[②]

总结上述内容,可以看出,国际组织关于创业教育监督与评价的认识主要包括:①对创业教育的监督与评价是一个长期性工作,应贯穿创业教育发展始终;②根据创业教育的不同目标和不同评估对象,应建立多样性的监督和评估标准;③重视对创业教育实施效果的整体性评价;④加强创业教育研究,以增加创业教育实施监督与评价的实证性。

---

① UNIDO. Conference on fostering entrepreneurial youth[R]. Vienna：UNIDO,2014.

② ILO. Building business and entrepreneurship awareness：an ILO experience of integrating entrepreneurship education into national vocational education systems[R]. Geneva：ILO,2011.

4.4　倡导多元力量合作参与

创业是一个由多元力量构成的生态系统,创业教育是其中的一个子系统。由基础教育、高等教育、职业教育、非正规教育共同构成的学术机构是培养学生创业精神、技能和行为的关键部分;国际、国家、区域、地方层面的政策制定者则应为创业教育提供有利的政策与资金环境,引导与支持创业教育发展;同时,创业教育也需要学术机构与企业等多元利益相关者建立密切的合作伙伴关系,共同促进创业教育的发展。[①] 国际组织重视创业教育生态建设,关注创业教育外部因素对创业教育的影响,倡导多元力量支持创业教育发展。这也是国际组织创业教育的重要策略之一。

4.4.1　加强政策对创业教育的引导与支持

政府是创业教育生态中的重要参与者,政府通过出台相关政策,一方面能够引导和规范体系建设、课程与师资、资源获取与应用等创业教育内部的发展,另一方面能够代表政府权威,提升对创业教育重要性的认识,为创业教育发展营造良好的外部环境。各个国际组织对创业教育政策都有较高的关注,就政策内容、政策框架、政策方法等提出了意见与建议,呼吁各国建立和完善政策以引导和支持创业教育发展。

(1)丰富创业教育政策内容

由于创业教育在长期经济发展策略、城市和农村贫困问题、可持续发展

---

① WILSON K E, VYAKARNAM S, VOLKMANN C, et al. Educating the next wave of entrepreneurs: unlocking entrepreneurial capabilities to meet the global challenges of the 21st century[R]. Geneva: WEF, 2009.

等领域的重要作用,应在各级各类工作中融入创业教育的内容。国际组织认为,创业教育政策的主要内容应包括:①变革教育体系,引导创业教育的融入。贸发会议认为,不仅要将创业作为课程融入学校教育,还应通过公共政策对教育系统进行根本性的变革。① 世界银行认为,在中等教育阶段,政府应通过政策引导良性的创业教育环境,起码要将创业教育课程引入公立的和使用国家课程的教育机构中。在高等教育阶段,政府应将创业教育作为一种公共产品,特别是在公立机构中,介入创业教育的发展。② ②建立良好的外部环境,为创业教育和创业活动提供经济、法律、资源支持。世界银行认为,除了教育政策,金融与财政政策也应是政府政策的关键内容。面向潜在创业者,政府应提供直接的基金或其他形式的财政资助;面向已有的创业者,政策应为融资创造空间,并培育有利于创业活动的商业环境。③ 国际劳工组织认为,促进创业教育应该是青年就业政策的核心,明确并解决这一领域的不足应成为每个国家和政府的关键任务。为了促进青少年创业,强化小企业的盈利能力和竞争力,必须创造更广泛的创业政策环境,完善创业监管和法律程序,提高从商业银行融资的可能性,支持教育和技能培训。此外,还应该改革教育和培训计划,建立激励机制,鼓励私营部门为青年企业家提供指导,并为年轻人提供培训和技能获取机会。④

(2)提出国家政策发展框架

国际劳工组织在《构建商业和创业意识:在国家职业教育体系中融入创业教育——ILO 的经验》中,提出了一个创业教育政策与策略发展框架(见

---

① UNIDO. Conference on fostering entrepreneurial youth[R]. Vienna:UNIDO,2014.

② World Bank. Framing the global landscape of entrepreneurship education and training programs[R]. New York:World Bank,2013.

③ World Bank. Framing the global landscape of entrepreneurship education and training programs[R]. New York:World Bank,2013.

④ ILO. Stimulating youth entrepreneurship:barriers and incentives to enterprise start-ups by young people[R]. Geneva:ILO,2006.

表 4.3)。① 在经过前期 1～2 年的创业教育实验阶段和一年半以上的全国推广阶段后,可以开始发展政策框架与策略计划,促进创业教育的发展和可持续性。整个过程需要半年至两年,包括发展国家创业教育政策框架、准备国家实施策略和进一步确保相关机构的参与。国际劳工组织特别强调,学生只参加一个鼓励创业的课程是不够的,他们自身应沉浸于创业学习环境中,因此教育政策与策略应注重整体性。此外,可持续性也是一个关键问题,政策方案应与实施方案相结合。

表 4.3　国际劳工组织创业教育政策与策略发展框架

政策	策略
发展国家创业教育政策框架; 该框架将创业教育和培训纳入教育、经济、就业等有关部门的适当政策	1.增强意识和建立政治支持 政策支持者应该意识到,创业不仅仅是管理公司,也是发展态度、行为、能力和思维。人们可以在生活中、工作中和其他环境中具有创业精神,而不仅仅是在私营部门。创业能促进个人自我实现、积极的公民意识、社会责任感和体面的生产性就业。创业还将理念商业化,促进就业和经济增长,促进技能和工作的匹配,解决世界各国的失业问题。 2.鼓励跨部门(部委)的合作 创业教育需要合作(国家层面——各部委;国际层面——国际社会、民间社会;地方层面——利益相关者)。 3.确立与创业和企业发展相关的政策和计划 应当确定与创业在社会经济发展中作用有关的任何现行的或过去的计划和政策,并将创业精神纳入国家教育体系

---

① ILO. Building business and entrepreneurship awareness: an ILO experience of integrating entrepreneurship education into national vocational education systems[R]. Geneva: ILO, 2011.

续表

政策	策略
准备国家实施策略； 伴随国家政策框架的实施策略至关重要，在终身学习过程中，年轻女性和男性在各级教育体系中获得创业能力	1.分析国家教育部门的课程开发步骤 确定是否需要额外的材料、新的课程、教学方法。 2.发展连贯的终身学习政策 创业被认为是终身学习过程中的关键能力和 21 世纪的重要技能，是所有公民的关键能力。创业学习过程应横跨小学教育、中学教育、职业教育和高等教育阶段。 3.映射当前国家教育和培训体系的做法 明确现有体系中创业学习和教育的相关内容。 4.建立策略实施计划 建立涉及所有有关部门和行为者的永久性部门间协调机制是十分重要的。 5.在国家、区域和地方层面建立跨部门的指导委员会 指导各层级将创业教育融入终身学习过程
聘请教育机构； 确保教育机构的参与和承诺	1.确保国内教育领域主要行为者的承诺 在职业教育中，确保职业学校的代表男女公平。 2.通过现有的部门和培训机构进行工作 教育部，中学教育和职业教育教师准备机构，国家教师联盟。 3.确保实施创业教育的有效切入点 什么样的创业教育内容适合当前的教育体系。 4.根据国情和历史，鼓励公共和私营部门帮助实施创业教育 私营部门可以提供实验性质的前期实践经验

(3)总结创业教育政策方法

国际组织认为，创业教育政策的发展不能只遵循单一的路径，而是要具有综合性和层次性。贸发会议 2009 年第二届专家会议第二分会中提出"创业和创新政策框架"，将普通创业政策、意识与网络构建、财务获取、创业教育与技能培养、研发与技术转移、规则框架六点作为创业与创新政策的关键元素。其中，创业教育和技能培养被视为最关键的政策领域之一。会议认为，应将创业教育整合入教育体系的各个层次之中，关注教师培训、私营部门参与和课外支持等多方面的内容。会议指出，创业教育政策有多层次的发展方法，包括：形成国家策略；形成国家政策；形成区域与地方政策；形成跨国政策;形成发展和实施政策;形成拨款政策。贸发会议就每一种政策方法提出了若干建议(见表 4.4)。① 联合国教科文组织也就创业教育政策发展提出了三点建议:第一,要形成综合的国家创业促进策略;第二,创业教育政策应适应本国要求,选择适当的创业教育内涵作为根本的思想基础;第三,要促进地区内与跨地区的合作。②

表 4.4　贸发会议创业教育政策方法与建议

政策方法	建议
国家策略	1.注意创业教育和其他政策领域(经济和社会)之间的联系。 2.确定将创业教育放在何种位置:是作为单独的国家创业教育策略还是作为其他策略(如教育策略、发展策略)的一部分
国家政策	1.责任者:安全部长(创业部或其他部长级别协调者)和/或其他政府级别承诺的负责人。 2.确保不同部门间的合作(成立工作小组,成员包括不同利益相关者的代表)。 3.为服务水平低下的群体(如妇女和青少年等)制定特殊政策
区域和地方政策	1.依照地方水平制定目标策略和特殊经费支持。 2.鼓励地方政府与所在创业生态系统中的其他利益相关者合作
跨国政策	鼓励创业和创业教育的跨国合作(资源、经验等)
发展和实施政策	1.设定战略框架,使学校和大学能够在此框架下在机构内实施项目。 2.与个人、组织(学校、公司、非政府组织、基金会等)和网络进行合作并提供奖励,并对策略进行跟踪。 3.建立实施机制(公共或私人代理和/或基金会),通过一系列一致的项目实施战略与政策。 4.学习先进经验,并在全国进行推广。 5.建立创业中心,作为创业教育的中心
拨款	1.为创业教育项目提供一致和适当的经费。 2.鼓励现有方案和倡议之间的伙伴关系,以便更好地利用资源和扩大影响

---

① UNCTAD. Entrepreneurship education policies[EB/OL]. (2010-11-10)[2018-11-18]. https://unctad. org/en/Docs/ciimem1crp2_en. pdf.

② UNESCO-UNEVOC. Revisiting global trends in TVET: reflections on the theory and practice[R]. Bonn: UNESCO-UNEVOC,2013.

4.4.2 促进多元利益相关者间的相互合作

创业教育成功的一个关键因素就是创业生态系统,在创业生态系统中,多利益相关者在促进创业教育中扮演了重要角色。各国际组织在发展创业教育的过程中,都十分强调充分发挥多元利益相关者的作用,促进不同组织、机构、成员之间的相互合作。

贸发会议提出:"企业、基金会、非政府组织、国际组织、政府机构和其他利益相关者应参与发展和实施创业教育政策的过程,并发挥重要作用。"[①]国际劳工组织认为,创业教育的主要利益相关者包括"公共部门(政府),私立部门(创业者、银行、投资者、中小企业、贸易联合会),非政府部门(非政府组织、国际组织、青年联合会、青年就业俱乐部和合作网络、大学、私立基金会、智囊团),其他利益相关者(公共/私立媒体、捐赠机构)"。联合国教科文组织提倡"在各利益相关者间建立合作伙伴关系,不仅限于经济部门,还包括城市社会、教育和培训的其他提供者、贸易联合会、雇主协会、学术部门、学习者和他们的家庭、国家、当地支持者以及其他人"[②]。

(1)发挥不同部门在促进创业教育发展中的作用

①私营部门和商业社区

私营部门和商业社区既能够为创业教育提供前沿的学习材料和实践机会,又能够帮助创业教育与实际发展相联系。工业发展组织强调,私营部门促进创业的有效参与行为是创业教育成功的关键因素,并在《维也纳共识》中提出,私营部门要在创业教育中扮演重要角色,参与各种层次的创业教育实践活动,例如发展课程、监督与评价和学徒活动等。私营部门本身承载了

---

① UNCTAD. Entrepreneurship education, innovation and capacity-building in developing countries[EB/OL]. (2010-11-10)[2018-11-29]. https://unctad. org/en/Docs/ciimem1d9_en. pdf.

② ILO. Stimulating youth entrepreneurship: barriers and incentives to enterprise start-ups by young people[R]. Geneva: ILO,2006.

丰富的创业教育资源,应该是创业教育发展中有力的伙伴和支持者。私营部门中,雇主可以与教育机构分享就业和创业所需的技能,创业者能够以自身经验和成就给学生提供真实的创业案例,私营企业使学生能够了解企业并为学生提供咨询、学习和实践的机会。① 国际劳工组织也认为,商业社区可以直接与国家或当地政府合作促进创业教育发展。这种合作伙伴关系可以通过来自当地商业社区的导师的加入强化课程,也可以帮助学校融入更广阔的地区经济和社区发展计划。②

②非政府组织

非政府组织是国际社会中的一支重要力量,往往具有很强的专业性,并集合了民间社会中的许多可用资源,包括先进理念、专家人才、资金和设备等。国际劳工组织指出,已有专业的非政府组织针对自我雇佣和小企业问题提出了解决方案,鼓励并支持如自由市场观念、小额信贷、女性创业、农村和城市地区的职业训练活动,也有大量的非政府组织对创业产生的社会效益感兴趣并参与其中。③ 粮农组织在讨论农业创业问题时也特别提到,非政府组织在支持农民创业培训中能发挥积极作用,应尽可能利用地方非政府组织,将小农户组织成自助小组和生产者组织。非政府组织还可以参与创业推广服务,提供额外的技术和管理技能。④

③政府间国际组织和双边机构

国际组织对全球创业教育发展起到了领导者的作用,特别是在发展中国家创业教育发展过程中持续地进行理念输入和实践支持。国际组织持续关注创新实验项目、计划,建立和扩展国际合作伙伴关系、合作网络、关键利益相关者之间的联系,确认最佳实践的研究和基准活动。应充分利用国际

---

① UNIDO. Conference on fostering entrepreneurial youth[R]. Vienna：UNIDO,2014.

② ILO. Facilitating youth entrepreneurship part Ⅰ[R]. Geneva：ILO,2003.

③ ILO. Facilitating youth entrepreneurship part Ⅰ[R]. Geneva：ILO,2003.

④ KAHAN D. Entrepreneurship in farming[R]. Rome：FAO,2012.

组织这一宝贵资源,促进创业教育发展。①

(2)探索促进利益相关者合作的方式

国际劳工组织在《将创业教育融入国家职业教育培训体系的过程指导》中特别提出,在创业教育推广阶段,要扩展策略合作伙伴的范围,建立当地、国家和国际层面利益相关者之间的联系,使所有利益相关者都能够及时有效沟通,确保透明和合作有效。为此,应采取四步建立合作关系:第一步,确认关键的利益相关者,要特别关注教育对象中的残疾人和青年;第二步,建立国家、区域和本地的宣传活动间的联系,在时间上国家层面、区域层面、本地层面的宣传活动应自上而下紧密相连,这样能够确保社会大众对创业及创业教育更广泛的理解;第三步,承认教育系统以外的利益相关者参与创业教育活动与项目;第四步,建立公共部门与私营部门之间的联系,鼓励多元利益相关者自主组织和参与创业教育活动与项目。②

4.5　本章小结

本章以联合国系统内的七大国际组织为研究对象,梳理了国际组织创业教育发展策略的总体框架:

第一,国际组织基于自身的组织使命和行动立场,确立了三种创业教育认识论,并以此作为指导国际组织乃至各国创业教育发展的思想基础。其一,从发展维度出发,国际组织认为通过创业教育能够促进经济增长与体面就业,特别注重创业教育与农业发展和中小企业发展的关系;其二,从扶贫

---

① ILO. Facilitating youth entrepreneurship part Ⅰ[R]. Geneva：ILO,2003.

② ILO. Building business and entrepreneurship awareness：an ILO experience of integrating entrepreneurship education into national vocational education systems[R]. Geneva：ILO,2011.

维度出发,国际组织认为通过创业教育能够帮助极端贫困与边缘人口,将贫困青年、女性、农村人口、危机中的群体以及其他边缘群体作为重点关注的对象;其三,从赋能维度出发,国际组织认为通过创业教育能够实现个人价值与社会福祉,强调通过创业教育发展个人能力并在社会中培育创业文化。

第二,国际组织致力于构建终身创业教育体系,其中主要包括四部分工作。其一,强化基础教育阶段的创业教育,开展儿童生计教育,并将创业教育引入中学教学;其二,强调在职业技术教育与培训中融入创业教育的内容,以联合国教科文组织和国际劳工组织为代表,借助职业技术教育与培训项目开展创业教育活动;其三,深入推进大学阶段的创业教育,不仅在大学中开展创业教育,还将大学作为创业教育的中心,提高大学所在地区乃至国家社会整体对创业教育的认识;其四,重视在非正规教育中开展创业教育活动。

第三,国际组织积极引导创业教育实施过程的完善,包括确立目标、发展课程与培训、提升师资水平与教学质量、探索监督与评价方法。其一,尽管各国际组织对创业教育的基本目标在表述上各不相同,但基本可分为四个层次,包括激发创业精神和创业意识、掌握基本创业知识、具备创业所需各项技能以及投身创业活动。其二,就创业教育的课程与项目发展而言,各国际组织围绕创业课程与项目的内容、影响创业教育效果的因素以及创业课程与项目的发展步骤提出建议。其三,师资与教学也是国际组织重点关注的内容,国际组织主张通过增强师资培训和教师间交流提高教师水平,并倡导以学生为中心、以实践为导向的教学方法,充分利用社区资源,辅以监督与评价的方式提升教学质量。其四,国际组织强调创业教育的监督与评价应长期开展,通过建立多样性的标准,以实证手段对创业教育进行整体性评价。

第四,国际组织认为创业教育的发展需要政府、社会力量等多方参与,

倡导多元力量支持创业教育。 其一,国际组织认为应加强政府政策对创业教育的引导,鼓励各国丰富政策内容,并为国家创业教育政策发展提供发展框架和政策方法建议。其二,国际组织倡导私人部门和商业社区、非政府组织同国际组织积极合作,一道参与各国的创业教育建设。

第5章

国际组织推进创业教育发展策略的举措

为切实推动国际创业教育的进展，国际组织不仅制定了多样的策略，从思想层面引导和鼓励各国开展创业教育，还采取了许多实际行动，从实践层面推动创业教育策略在全球的落实。在诸多国际组织中，联合国教科文组织、世界银行和国际劳工组织三者在创业教育领域的活动较为积极，举措丰富、影响广泛。因此，本章选取以上三个国际组织为代表，作为国际组织推进创业教育发展策略的典型案例，以直观认识和把握国际组织在创业教育领域所做的工作。

加科比（Jakobi）总结了国际组织促进教育策略全球传播的五种治理工具（见表5.1），也可理解为国际组织推进创业教育策略的五种实践方式。通过对国际组织创业教育活动的梳理，本书认为，目前国际组织主要采用了促进创业教育话语的全球传播、为创业教育发展提供经济支持以及开发创业教育技术支持项目三种举措，在全球推进创业教育发展策略。而联合国教科文组织、世界银行、国际劳工组织则分别是上述三种举措的典型代表。

表 5.1　国际组织促进教育策略全球传播的五种治理工具

治理工具	功能	案例
话语传播	建立理念	联合国促进可持续发展
标准设定	规范行为	联合国备忘录
经济援助	转移支付	世界银行经济援助
协调行动	执行监督	经合组织同伴评议
技术支持	结构支持	国际原子能机构放射检测培训

资料来源：JAKOBI A P. International organization and lifelong learning：from global agendas to policy diffusion[M]. Basingstoke：Palgrave Macmillan，2009.

5.1　促进创业教育话语的全球传播

——以联合国教科文组织为例

联合国教科文组织是联合国系统中最大的专门机构，在教育领域坚持五大基本职能，即思想实验室、标准制定者、信息交流中心、能力建设者和国际合作促进者，其倡导的终身教育思想、全民教育运动、可持续发展教育等教育思潮，对创业教育的发展产生了深远的影响。同时，联合国教科文组织也是最早关注创业教育的国际组织之一，早在 1994 年就对创业教育的实施进行了深入讨论并提出技术指导文件。进入 2000 年后，联合国教科文组织持续采取了一系列举措，推动创业教育策略的全球扩展。

5.1.1　设立创业教育联盟，增进国际创业教育交流

(1) 创业教育联盟的成立背景

多元化和多极化使世界不同地区的发展呈现出不同特点。为促进区域发展，有针对性地对区域问题做出反应，联合国教科文组织划分了不同的地

区组管理区域事务,设立了 2 个联络处、11 个地区局、29 个中心办事处和 20 个国家办事处①。亚太地区聚集了世界近 2/3 的人口,是教科文组织最活跃的地区之一。1961 年起,联合国教科文组织(曼谷)同时作为国际教育局和亚太地区中心办事处,承担提供技术专业知识与援助、咨询、知识生产与分享以及监督与评价等职能,协助联合国教科文组织在湄公河地区实施各种项目,对亚太地区及全球教育发展做出了积极的探索。

特别是在创业教育领域,联合国教科文组织(曼谷)是最早强调创业教育重要性并开展创业教育活动的组织之一。1994 年,联合国教科文组织(曼谷)就可行的创业教育行动设计提出了一份技术指南。该指南通过分析成功创业者案例,总结了创业者特点;结合澳大利亚、新西兰、菲律宾和泰国的课程大纲,对创业教育的预期目标进行了阐述;提出了开展创业教育的方法与策略;讨论了未来世界的发展趋势与创业教育的关系。这份技术指南是目前能够找到的国际组织对创业教育较早、较系统的论述,也反映了联合国教科文组织(曼谷)在创业教育领域的敏感性和领导性。

联合国教科文组织(曼谷)领导的"亚太教育创新促进发展项目"(APEID)自开设以来一直致力于为国家发展和与国家发展相关的教育创新能力做出贡献,自 1995 年起,每年召开国际会议,讨论教育发展的前沿问题,为各国提供政策对话平台,分享知识与信息。2011 年,教科文组织与世界银行、印度尼西亚教育局合作,召开主题为"振奋人心的教育:创造力与创业精神"的会议,强化教育与工作场所之间的联系,增强人们对创造力和创业精神的了解,展示并推广能增强创造力与创业精神的创新举措和教育项目与实践;鼓励国家、区域和全球合作以促进创造与创业,并促进决策者、研究人员、教育工作者、青年和私营部门之间的合作与交流。这一会议的召开体现出联合国教科文组织(曼谷)对创业教育主题的关注以及促进创业教育

① 张民选.国际组织与教育发展[M].上海:上海教育出版社,2010:189.

领域国际合作与探索的积极意愿。

(2) 创业教育联盟的基本情况

联合国教科文组织（曼谷）一直以来重视创业教育发展，积极推动创业教育理念在区域间的传播。亚太地区人口众多，近8000万人生活在极端贫困当中，占世界贫困总人口的2/3；超过10亿工人处于弱势地位，工资低，无福利，没有工作保障，工作条件恶劣；青少年失业问题严重，青少年失业率是成年人的3～5倍。在这种背景之下，创业作为解决贫困与失业危机的一项重要举措，吸引了政策制定者和教育者的关注。2012年起，位于曼谷的亚太教育局开始筹划联合国教科文组织创业教育联盟的建设，举办了数次会议讨论创业教育的规模、内容，并于2014年正式成立创业教育联盟。

目标：创业教育联盟旨在通过各种活动和渠道，为政策制定者、教育者、研究者和社区提供一个增进创业教育理解和知识共享的平台，主要目标包括：

- 促进对已有信息和经验的讨论与交流；
- 协调特定主题和相关问题的研究；
- 传播"最佳实践"方案和创新举措；
- 为促进创业教育发展提供政策、教学方法和工具建议；
- 促进联盟内成员的合作。

组织构成：创业教育联盟以亚太教育局亚太教育创新促进发展项目为基础设立秘书处。在认识和尊重地区需求与现实条件的情况下，联盟鼓励每个国家建立国家分会，作为联盟在各国的联络点。同时联盟也接受机构或个人独立加入，包容性、性别平等和地域代表性是秘书处筛选的重要标准。

活动方式：国际会议是创业教育联盟推动区域创业教育的重要实践举措。秘书处基于资金的情况，每年召开一次区域会议，并鼓励国家联盟以自愿和轮流的方式主持会议。会议将邀请业界代表和专家分享他们的观点，为创业教育相关知识和研究成果提供交流的平台。同时,秘书处还将通过专门的网站、社交媒体平台、电子论坛、简报、研究报告、新闻稿、视听产品等形式,为联盟成员间的交流提供多样的渠道。

(3) 创业教育系列会议内容

自 2012 年起,联合国教科文组织(曼谷)开始组织专题性的创业教育国际会议,在亚太地区具有很大的影响力。前三届会议主要对创业教育进行整体性思考,并为创业教育联盟的设立做准备。创业教育联盟成立后,每年会议都围绕创业教育的特定主题进行(见表 5.2)。会议由创业教育联盟秘书处和成员方合作主办,邀请亚太地区的政策制定者、教育者、创业者、专业人员、青少年代表和专家参与。

表 5.2　联合国教科文组织亚太地区创业教育专题国际会议

年份	地点	会议主题
2012	中国杭州	多方利益相关者对创业教育项目的支持
2013	中国杭州	创业教育发展和创业教育联盟建设
2014	马来西亚吉隆坡	创业教育与全球繁荣
2015	泰国曼谷	支持创业教育的生态系统
2016	印度尼西亚雅加达、万隆	为可持续企业和工作转化创业者
2017	菲律宾马尼拉	设计创新的创业教育:实现东盟、东亚和南亚的资格互认
2018	斯里兰卡亭可马里、林克布鲁	多利益相关方参与培育未来企业家

首届以创业教育为主题的国际会议是第 15 届 UNESCO-APEID 国际会议的后续活动,也是联合国教科文组织国际职业技术教育与培训(TVET)上海会议的后续活动,主要目的是进一步收集本地区创业教育优秀创新实践案例,以分享经验、构建伙伴关系。马来西亚、新加坡和中国香港等地的案例反映出政府开始意识到创业教育在经济和社会发展中的

重要性。中国、韩国等国的案例则体现了创业教育在各个层次的教育系统中的变革。同时,会议也阐述了国际组织和非政府组织在支持创业教育发展中的重要作用。会议提出要建立创业教育在线知识平台,继续通过后续会议促进政策对话和经验分享,出版创业教育指导手册,并鼓励大学间的合作。

第二届会议的主要目标是分享创业教育的创新教育方式、项目和实践,同时对创业教育联盟的结构、功能、目标和过程进行讨论。会议指出,创业教育是可行的,但是政策制定者、学生及其家长的思想观念是阻碍青少年成为创业者的关键因素。因此,长期的创业教育是必要的,并要仔细考虑如何建立创业教育与青少年之间的联系,给青少年更多参与对话和参与决策的机会。同时,会议反映出亚太地区对建立创业教育联盟的强烈兴趣。

第三届会议以"创业教育与全球繁荣"为主题,对创业教育的制度环境、创业教学与学习、创业影响与社区发展和创业网络策略进行了讨论,提出要加强国家、大学、产业和组织间的联系,创造有利的生态环境,提高学生在产业和社区的参与度;呼吁教育者应积累能力和经验,以进行创业教育;并指出应相信创业教育能够促进可持续性的全球繁荣,树立创业榜样,鼓励青年创业。此次会议的另一个重要成果是正式启动了创业教育联盟。

第四届会议是对亚太地区各国大学创业教育生态系统研究成果的分享,同时以青年创业、女性创业、社会创业、可持续创业为主题举办了迷你工作坊。会议总结了创业教育联盟已有的工作进展,更新了印度尼西亚、马来西亚、中国、菲律宾、斯里兰卡、印度、巴基斯坦等国的国家联盟和联络点的建设情况,并对联盟未来的工作细节进行了讨论。

第五届会议围绕如何支持创业者建立可持续发展的企业和工作这一主题展开,分享和讨论将创业者转化为工作创造者的关键要素,就合作研究、创新教学法等主题开展工作坊,并请学生创业者做案例展示。

第六届会议力图产生明确的创业教育行动计划和成果,在东亚、南亚、东盟共同承认的资格框架范畴内定义创业项目和课程的模式,以实现可持续发展目标和 2030 年教育议程,在课程、教学、能力建设、创业研究与评估、混合或专业创业、生态系统建设六个领域,发展特定、可行、现实的行动计划和关键要素,建立平台以分享、交流理念和专业知识并促进合作。

第七届会议旨在为多元利益相关者参与创业教育活动提供有效建议,包括确定多方利益相关者参与创业教育的各种模式;分享利益相关者在小学、中学、大学和非正规教育中开展创业教育,特别是有利于女性创业的优秀实践案例;讨论利益相关者在未来可能参与的创业教育活动;为学生创业者提供了展示的平台。

联合国教科文组织以创业教育联盟为依托举办的系列创业教育专题会议,一方面反映出联合国教科文组织对创业教育主体的长期关注,同时多年来多届会议的成功举办和来自全球的参会者的积极参与也体现了联合国教科文组织的影响力;另一方面,从会议的主题可以看出,联合国教科文组织对创业教育的关注越来越聚焦于具体问题,特别注重从整体的、系统的角度,推动创业教育的生态发展和国际合作。

5.1.2　设立创业教育教席,增强国家和地区影响力

(1)联合国教科文组织教席项目与创业教育教席

联合国教科文组织大学姊妹计划(UNITWIN)设立于 1992 年,旨在通过跨界知识交流的方式建立大学网络,鼓励大学间的合作,从而达到促进高等教育研究、教学和项目发展的目的。该项目由两部分构成,第一部分为联

合国教科文组织教席计划,第二部分为 UNITWIN 网络项目。[①] 两者都依托世界各地的高等教育机构设立,项目落地以来,已经在 116 个国家建立了超过 700 个高等教育机构网络。[②] 事实表明,教席和网络项目有助于建立新的教学计划,通过反思和研究形成新的理念,并在尊重文化多样性的同时促进大学现有项目的丰富性。教科文组织执行局第 176 届会议强调,要重视教席和网络项目作为学术界、民间社会、当地社区、研究和决策者之间的"智囊团"和"桥梁搭建者"的双重职能;使教席和教科文组织的优先发展事项保持一致;加强南北、南南之间的合作;将教席作为区域或子地区的创新点;加强网络和伙伴关系的活力。[③] 由此可见,教席和网络项目致力于加强各国与联合国教科文组织之间的联系。教席计划一方面可以向各国传递教科文组织最新的教育理念,协助教科文组织在各国开展教育活动;另一方面也可以帮助各国向教科文组织输送先进的教育经验,增进全球教育资源与经验的共享和合作。

教席和网络项目涵盖了教育、自然科学、人文社会科学、文化、交流与信息等方方面面的主题,代表了来自世界各地杰出思想家的共同力量,为应对当今世界的挑战创造可持续性的解决方案并对未来做出展望。在创业教育领域,设立在各国大学中的教席与网络是联合国教科文组织推进创业教育策略、推广创业教育理念、协助当地创业教育发展、增强各国与各大学间创业教育交流合作的重要实践方式。截至 2018 年,联合国教科文组织共在 14 个国家设立了与创业教育密切相关的教席/合作网络(见表 5.3)。

---

① UNESCO Chairs and UNITWIN Networks [EB/OL]. [2019-03-20]. https://www. unesco. org/en/education/unitwin.

② UNESCO. UNITWIN/UNESCO Chairs programme: brilliant minds for sustainable solutions 25th anniversary[R]. Paris: UNESCO,2017.

③ UNESCO Chairs and UNITWIN Networks [EB/OL]. [2019-03-20]. https://www. unesco. org/en/education/unitwin.

表 5.3　联合国教科文组织创业教育教席/合作网络

国家	教席/网络名称	依托单位
保加利亚	创新、创业和管理变革教席	索非亚技术大学
中国	创业教育教席	浙江大学
克罗地亚	创业教育教席	奥西耶克大学
德国	创业和跨文化管理教席	伍博塔尔大学
伊朗	创业教席	德黑兰大学
蒙古	中小企业教席	蒙古国立大学
波兰	知识创业促进可持续发展教席	科兹明斯基大学
罗马尼亚	经济转型国家企业发展培训与研究教席	布加勒斯特经济研究院
俄罗斯	市场经济条件下专家的培训与再培训教席	鞑靼斯坦科学院
塞尔维亚	创业学习与研究教席	诺维萨德大学
南非	技术创业教席	茨瓦尼科技大学
西班牙	大学框架中创业文化创新与管理教席	圣地亚哥德孔波斯特拉大学
韩国	亚洲地区发展中国家可持续发展能力建设合作网络	韩东国际大学
英国	创业教育合作网络	斯特拉斯克莱德大学

(2)创业教育教席的具体任务

保加利亚:在保加利亚和邻近国家通过创业教育促进和建立人力社会资本,为了创新和变革管理,加强个人和机构的创业能力。作为创业和管理变革领域研究与创新的先锋,促进相关知识的共享,与公立部门、私营部门和民间社会合作,帮助设计适用于经济文化特点的有效工具和教育策略。分析保加利亚私营部门创新管理、变革策略及创业相关的政策与实践,研究保加利亚青年项目,特别注重与私营部门和相关伙伴之间的合作。发展在线教育资源,同时发展创新、创业和变革管理领域的本科和硕士学位课程,创造东欧国家合作网络以传播相关主题的知识与研究。

中国：通过国内与国际会议、出版物和网站，交流和传播创业教育领域的具体实践经验。通过顶级机构间的合作研究促进合作伙伴关系，在中国国内及邻国探索促进创业教育发展的方法，以应对本国和本地区的需求，并适应当地的具体情况。重点关注创业教育的理论和实践问题，通过博士项目、大学生选修课、在校教师培训项目和当地企业与政府咨询项目，实施强有力的创业教育行动。通过教师与学生的学术访问、会议和研讨会等形式，强化创业教育能力建设。

克罗地亚：在克罗地亚和邻近国家建设人力和社会资本，为创新、变革、竞争与合作强化个人和机构的创业能力，减小克罗地亚内部、克罗地亚与欧盟国家之间的发展差距。通过博士项目培养创业教育教师，重视创业型社会构建的理论和实践问题；基于体验式课堂教学方法，辅之以远程学习，培养教师在创业方面的教学技能；使基于大学的创业教育研究与教学活动合法化；在已有创业中心的基础上，根据当地对创业者需求的持续评估，制订强有力的执行计划。

德国：提升利益相关者（学术机构、创业者、私人投资者、社区代表等）对创业教育重要性和创业型大学治理的认识和动力；培养学生的创业精神与创业能力；鼓励学生将创业作为获得就业的一条有效途径，帮助他们为成为工作创造者做准备，而不只是被动就业；支持地区发展创业文化，探索创业潜能；开发聚焦创业的本科生、研究生和继续教育层面的教学材料。

伊朗：设计和发展学术项目、研究项目，以及跨学科领域的创业能力建设活动；提供在线学习和远程教育模块；根据当地具体条件开发量身定制的课程和课程材料；出版国际创业期刊，支持其他创业期刊的出版并开展宣传活动；强化网络建设，组织与创业相关的专家会议、研讨会议，建立大学与产业之间的联系，促进大学和产业之间的共识。

塞尔维亚:促进开发创业研究领域的研究、培训、信息与文件综合系统,将其作为促进塞尔维亚和欧洲大学与其他机构中高层研究者和教师群体之间合作的一种方式。通过强化个人和机构的创业意识与创业能力,帮助建立塞尔维亚的人力社会资本,使他们能够参与当地社区、国家和区域的可持续发展实践。

(3)创业教育教席的工作要点

①注重创业教育教席对区域创业教育发展的推动作用。创业教育教席是联合国教科文组织推广其创业教育理念和策略的前沿阵地。现代大学兼具教学、科研与社会服务三重职能。以大学为依托的创业教育教席,不仅对大学本身创业教育进展有积极的促进作用,还能以大学为支点,对大学所在的环境产生积极的影响。几乎所有教席的任务都强调了教席与所在社区、国家乃至整个区域的关系。

②注重通过学术期刊等出版物扩大创业教育影响。学术期刊是经过同行评议的期刊,是学术界交流最新学术成果的媒介。以创业教育为关注重点的学术期刊,是展示创业教育研究前沿、促进创业教育学术交流、推广国际组织创业教育策略的重要工具。中国、伊朗等国的创业教育教席都提出,要建设创业教育国际期刊,以此为基础传播创业教育思想,扩大创业教育的影响力。

③注重创业教育远程和在线学习项目与资源建设。随着 ICT 的普及和应用,远程和在线学习是教育发展的显著趋势。远程创业教育和在线创业学习拓展了创业教育的可能性,使任何人在任何时间、任何地点都能够进行创业学习。保加利亚、克罗地亚、伊朗等国的创业教育教席目标也反映了这一特征。

④注重创业教育学位项目特别是博士项目的建设。每一个新兴学术领域的发展最终都会指向学科建设。从人才培养的角度来看,学位项目能够为学生提供系统的创业教育与培训;从师资培养的角度来看,创业教育博士

学位项目则能够为未来各层次的创业教育提供优质的师资储备。而创业教育师资恰恰是创业教育发展的重中之重。保加利亚、中国等国家的创业教育教席体现了这一特点。

5.1.3　将创业教育融入职业技术教育与培训项目

1987 年,联合国教科文组织在德国柏林组织了发展和提升职业技术教育首届国际会议,并于 1992 年设立了联合国职业技术教育国际项目,以强调成员方职业技术教育的发展和完善。这一项目自建立以来,一直关注全球层面和成员方层面的创业教育发展情况。1999 年,教科文组织在韩国首尔组织了职业技术教育与培训第二届国际会议,在会议中,与会代表特别就"创业、教育与培训"这一主题进行了讨论,并提出要在职业技术教育与教师教育中纳入创业相关内容。[①] 此次会议也直接推动了 2000 年联合国教科文组织职业技术教育与培训国际中心在德国波恩的建立。2012 年,职业技术教育与培训第三次会议在中国上海召开,并达成上海共识,共识指出,要促进创业技能的发展,使学习者获得可持续生活技能。[②] 2015 年,联合国教科文组织大会讨论通过了关于职业技术教育与培训的建议书,建议书指出,职业技术教育与培训的愿景是通过增强个人、组织、企业和社区的能力,以促进就业、体面的工作和终身学习,促进包容和可持续的经济增长及竞争力、社会公平和环境可持续性,通过促进创业来支持自营职业和企业成长是职业技术教育与培训的重要目标,职业技术教育与培训应该培养通用技能和创业技能。2016 年,联合国教科文组织正式启动职业技术教育与培训战略(2016—2021 年),该战略将促进青年就业与创业作为优先领域,在地区、国

---

① UNESCO. Second international congress on technical and vocational education final report [R]. Paris：UNESCO,1999.

② UNESCO. Shanghai consensus：transforming technical and vocational education and training, building skills for work and life[R]. Paris：UNESCO,2012.

家和全球层面开展干预行动,支持成员方将创业课程纳入正规课程和认证,支持小企业提供工作场所培训以及鼓励与私营部门和社区一起制定指标和合作项目等战略,确保通过职业技术教育与培训政策促进创业技能的发展。[①]

通过上述内容不难看出促进创业教育发展在职业技术教育与培训项目中的地位。由于创业学习能够有效促进创业活动和提升人们的创业意识,联合国教科文组织职业技术教育与培训国际中心将创业学习作为一项重要工作主题,通过多种形式发展创业技能。中心认为,通过创业教育,人们可以学习创新以及成功管理中小型企业增长所需的技能;而创业课程可能涵盖的商业理念、商业战略规划、财务、营销以及使用 ICT 等内容能够帮助实现更好的业务成果。[②]

教科文组织主要通过组织创业教育主题会议与论坛、开设创业教育项目两种方式,提供创业教育技术支持,促进创业教育理念在全球的传播。

(1) 组织创业教育主题会议与论坛

2008 年以来,联合国教科文组织职业技术教育与培训国际中心举办了多次创业教育主题会议与论坛。这些会议与论坛主要从职业技术教育与培训的角度出发,讨论创业学习与青少年就业之间的关系。

①专家会议

专家会议会邀请职业技术教育与培训和创业教育领域的意见领袖共同讨论和分享经验。2013 年,促进阿拉伯国家职业技术教育与培训和创业教育专家会议在黎巴嫩召开,16 个 UNEVOC 国际网络中阿拉伯国家的 40 位职业技术教育与培训专家和政策制定者参与了此次会议,就创业教育与

---

① 联合国教科文组织. 职业技术教育与培训战略 2016—2021[R]. 巴黎:联合国教科文组织,2016.

② UNESCO-UNEVOC. Promoting learning for the world of work[EB/OL]. [2019-03-21]. https://unevoc. unesco. org/go. php? q＝page_entrepreneurial_learning.

ICT 的应用等主题展开了讨论。2017 年,"TVET 中创业技能主流化:吸引关键的全球利益相关者"专家咨询会在智利召开,会议确定并讨论了将创业技能纳入职业技术教育与培训政策内容的不同方式,分享各国在整合职业技术教育与培训和创业教育两者过程中面临的挑战。专家咨询会规模小,会议主题集中,往往有利于解决创业教育中的关键问题。

②区域论坛

不同区域具有不同的社会经济背景,其创业教育发展也具有不同特征。联合国教科文组织职业技术教育与培训项目特别关注发展中国家和地区的创业教育进展情况,通过组织区域论坛,有针对性地讨论特定区域中的创业教育问题。2008 年,亚太创业教育区域研讨会在泰国曼谷召开,讨论创业教育促进策略,并设计建立创业教育国际工作组。2016 年,"青少年工作和创业技巧"东非区域论坛在塞舌尔召开,提升青少年技能以促进就业、创业和商业创造是这次会议的三大优先主题之一。会议形成了强化东非职业技术教育与培训的马埃进程,建议加强职业技术教育中创业技能、基础技能和通用技能的教学,为支持青年创业建立和强化资金筹措机制。区域论坛既能传播国际创业教育发展的最新趋势,又能根据区域发展特点讨论创业教育中的特殊问题,能够有效促进创业教育国际理念的本土化。

③在线会议

网络与电子通信技术的普及为国际会议提供了更多形式。2013 年,为期两周的"通过职业技术教育与培训解决青年失业问题"网络论坛在线上召开,吸引了来自 80 个国家的超过 300 名人员参加。会议探讨了创业教育的作用,对创业教育面临的机遇和挑战进行了讨论,并分享了创业教育项目设计与实施的经验。2016 年,"使青少年创业成为可行途径"在线会议召开,主要探讨三个主要问题:第一,青年创业者所面临的主要挑战是什么,职业技术教育与培训项目和政策如何帮助他们解决这些问题?第二,成功创业所需要的技能有哪些,职业技术教育与培训项目应如何培养这些技能? 第三,有哪些青年创业技能发展项目的优秀案例? 在线会议减少了时间和地点的限制,使更多的人能够参与到会议中,从一定程度上扩大了会议的影响范围,有利于国际组织创业教育发展策略的传播。

(2) 开设创业教育项目

职业技术教育与培训国际中心在国家层面上,通过创业教育项目等形式,为创业教育发展提供指导。特别是在非洲、阿拉伯地区等相对欠发达区域,中心与当地政府、其他国际组织和民间社会合作,传播创业教育理念,推进创业教育策略在区域内的发展。

①“开创自己的小企业”培训手册

2005 年,联合国教科文组织巴黎总部与乌干达国家委员会联合举办了创业教育工作坊,审议了创业教育培训模块,并形成了“开创自己的小企业”创业教育培训手册,目的是在正规或非正规情境中,通过职业技术教育与培训,为年轻人提供补充性知识,使他们能够获得创业意识和开创小企业相关的知识。培训手册针对非正规教育和中学阶段的职业技术教育与培训做出了区分(见表 5.4),并且在每一类中都分为培训者手册和学习者手册两部分。非正规教育中的创业教育旨在帮助学习者充分了解自身的知识和技能,并引导他们将创业作为可行的职业选择。中学阶段职业技术教育与培训中的创业教育旨在通过职业技术教育与培训,发展学习者的自我意识和知识,并引导他们将自我雇佣作为未来的职业选择。培训手册根据不同学习者类型,基于各个学习单元形成了完整、细致的培训目标。

表 5.4　"开创自己的小企业"培训手册内容目录

非正规教育		中学阶段的职业技术教育与培训	
第 一 部 分:商业技巧	第 1 单元:共同学习	主题一:我对创业的认识	第 1 单元:什么是商业?
	第 2 单元:我的创业技能		第 2 单元:谁是创业者?
	第 3 单元:我的小企业想法	主题二:发展我的创业技能	第 3 单元:管理我的企业
	第 4 单元:我的市场		第 4 单元:交流
	第 5 单元:设定价格		第 5 单元:最高效地利用时间
	第 6 单元:寻找启动资金		第 6 单元:习得商业道德
	第 7 单元:金融知识	主题三:开始创业	第 7 单元:匹配我的商业技巧
	第 8 单元:持续追踪我的现金		第 8 单元:评估需求
	第 9 单元:与顾客和商业伙伴沟通		第 9 单元:测定市场
	第 10 单元:最高效地利用时间		第 10 单元:估算成本和设定价格
	第 11 单元:遵守规则和条例		第 11 单元:遵守规则和条例
	第 12 单元:管理工作场所		第 12 单元:管理我的工作场所
	第 13 单元:我的商业计划	主题四:获取资源	第 13 单元:财务资源——我如何获得和管理资金
第 二 部 分:信息通信技术	第 1 单元:通过 ICT 与我的客户与合作伙伴联络		第 14 单元:人力资源——我如何雇佣工作伙伴
	第 2 单元:互联网和电子商务		第 15 单元:物资——我需要哪些物品
		主题五:商业第一步	第 16 单元:编写商业计划书
		主题六:信息通信技术	第 17 单元:通过 ICT 与我的客户与合作伙伴联络
			第 18 单元:互联网和电子商务

②"阿拉伯国家的创业教育"项目①

2009 年起,联合国教科文组织和 StratREAL 基金会合作设立了"阿拉

---

① UNESCO-UNEVOC. Entrepreneurship education in the Arab States [R]. Bonn: UNESCO-UNEVOC,2013.

伯国家的创业教育"项目。该项目旨在通过发展教育政策与项目,帮助中东和北非地区在教育系统中融入创业教育内容,进而提高阿拉伯地区的青少年参与社会经济活动的能力。该项目总共分为两个阶段:第一阶段(2009—2010 年),主要对埃及、约旦、阿曼和突尼斯四国的创业教育现状进行研究并形成案例研究报告。第二阶段(2010—2012 年),联合国教科文组织为约旦、黎巴嫩和摩洛哥三个国家提供了项目支持。

约旦:联合国教科文组织全国委员会、阿曼办公室同约旦教育部、高等教育与科学研究部、职业技术教育与培训委员会合作,共同成立引导委员会,以审查创业教育整合政策,发展监督与评价机制。同时,设立创业教育工作组,明确创业教育的定义,建立创业教育概念矩阵,对职前教育教科书进行分析并调查创业技能,制订工作计划,并为包括校长、教育研究人员、课程专家等人在内的利益相关者组织 3 次工作坊,以便共享创业教育理念,实施创业工作计划。项目帮助约旦更新了创业教育技能指导指南,并建立了一个由相关政府机构、国际职业技术教育与培训机构、非政府组织和私营部门共同组成的网络,进一步促进约旦创业教育体系建设。

黎巴嫩:黎巴嫩项目首先尝试建立了一个最高统筹委员会,负责决定创业教育项目与黎巴嫩教育体系整合的政策和策略,设立实施机制,并对项目进行监督和评估。此外,建立执行委员会,负责获取黎巴嫩国内外创业教育项目的信息,决定在现存课程中融入创业教育的方式,确定具体实施计划,并与协调委员会和其他利益相关者合作。在此基础上,黎巴嫩项目选择 10 所普通中学和 10 所职业技术教育与培训学校,为教师和校长举办了三次创业意识工作坊,并与专家合作,修改普通教育课程,使用联合国教科文组织和国际劳工组织开发的创业教育资源,将创业教育概念纳入基础教育和中等教育。

摩洛哥:项目重点在于促使教育和培训机构接受创业教育并将其纳入正规教育系统。在教育政策和协调层面,建立了一个工作小组,项目工作主要分为四步进行。①成立两个委员会负责审视摩洛哥教育体系中的创业教育现状,并设计在教育系统中融入创业教育的路线图。②组织创业教育研究学习日,向教师、管理者、商业社会和民间社会成员开放。在学习日将组织两次工作坊,聚焦创业教育的关键因素。③建立由学校管理者、教师培训中心代表、区域督察员组成的国家专家小组,并组织培训班。④确定利益相关者,并推动知识共享。

5.1.4 联合国教科文组织创业教育实践的特点

(1) 坚持以人为本

联合国教科文组织的创业教育实践深受人文主义影响,坚持以人为本。以人文主义引领全球创业教育发展是其与世界银行、国际劳工组织等国际组织的创业教育策略相比较为显著的特点。人文主义根植于西方的多元文化和信仰传统,自诞生以来就与教育有很深的渊源,坚持通过教育追求人的全面发展[①],也是教科文组织自成立时起就一直坚守的价值理念。教科文组织《组织法》中写道:"教育是维护人类尊严不可缺少的举措。"《反思教育:向"全球共同利益"的理念转变?》报告再次重申,维护和增强个人与他人在自然关系中的尊严、能力和福祉,应是 21 世纪教育的根本宗旨。[②] 教科文组织将人文主义作为一切思想和实践发展的行动原则,其创业教育实践受到了深刻的影响。

基于人文主义的立场,其一,联合国教科文组织的创业教育策略在思想上倡导通过创业教育培养全体公民的创业素养。全民教育全球检测报告指出,所有年轻人都需要三种类型的技能,包括基础技能、可迁移技能和职业

---

① 王坤庆.论人文主义教育的价值取向[J].高等教育研究,1999(5):20-23.
② 联合国教科文组织.反思教育:向"全球共同利益"的理念转变?[R].巴黎:联合国教科文组织,2015.

技术技能,其中,创业能力是可迁移技能的重要组成部分。同时,创业教育也能够培养学生分析和解决问题的创造力、领导力等能力,而这些都是 21 世纪公民所必备的素质。[①] 其二,联合国教科文组织推进创业教育策略的举措特别关注处于欠发达地区和弱势地位的公民,尝试通过创业教育为弱势群体赋能。非洲、阿拉伯、东南亚等地区是教科文组织创业教育较为活跃的区域,女性和青年则是教科文组织重点关注的人群。

(2) 倡导国际合作

联合国教科文组织十分重视创业教育的国际合作,积极通过协调和引导国际社会的多方力量参与,在全球推广创业教育。一方面,联合国教科文组织倡导通过国际教育合作,推广创业教育的"最佳实践"案例,促进全球创业教育的经验共享。另一方面,在全球化时代,创业教育与多样的全球问题密切相连,早已成为国际社会的共同关切,需要国际组织、主权国家、民间社会力量等多元行动者的共同参与,以实现全球共同利益。作为全球最大的教育类政府间国际组织,联合国教科文组织一能为国家间创业教育合作提供工具,二能为国际创业教育沟通与交流提供渠道,保证全球创业教育领域多元和持续的联络。[②]

截至 2020 年 2 月 3 日,联合国教科文组织拥有 193 个成员,另有 11 个准成员,共计 204 个国家和地区,与 401 个国际非政府组织和 33 个基金会建立了合作伙伴关系。通过对联合国教科文组织创业教育实践的回顾可知,其全球创业教育活动中有许多都是由各国政府和非政府组织共同参与完成的。联合国教科文组织以全球各个下设的地区办事处、研究所(研究中心)和全球教育合作网络为抓手,积极同各国政府和非政府组织合作,推动

---

① UNESCO. Rethinking education: towards a global common good? [R]. Paris: UNESCO, 2015.

② Bennett A L. International organizations: principles and issues[M]. Englewood: Prentice Hall, 1984: 87.

全球创业教育发展。通过地区办事处和国际创业教育联盟,与各国政府和其他合作伙伴一道,磋商创业教育发展策略、项目计划以及活动;通过职业技术教育与培训研究中心协助成员方共同开发创业教育政策,促进创业技能发展;通过姊妹大学、教席计划建立国际创业教育交流与合作网络。

5.2 为创业教育发展提供经济援助

——以世界银行为例

世界银行由国际复兴开发银行(IBRD)、国际开发协会(IDA)、国际金融公司(IFC)、多边投资担保机构(MIGA)和国际投资争端解决中心(ICSID)五大机构构成,以消除极端贫困、促进共享繁荣为使命,通过为发展中国家提供资金和知识来源,促进发展中国家与整个人类社会的可持续发展。

随着人力资本理论及其衍生而来的教育投资回报论的兴起,世界银行从最初忽视教育援助到如今将教育作为重要工作领域,自 2000 年起,已累计投入了超过 450 亿美元用以发展教育,强调教育对实现组织使命的重要意义。[①] 世界银行也是较早关注创业教育发展的国际组织之一,自 20 世纪 90 年代末期就陆续在发展援助项目中融入创业教育内容,为创业教育发展提供经济支持。

5.2.1 世界银行与创业教育援助

以"创业教育"(entrepreneurship education)为关键词在世界银行项目

---

① World Bank. Education overview[EB/OL]. [2019-03-25]. https://www.worldbank.org/en/topic/education/overview.

库中进行检索(检索时间:2018 年 5 月),结果显示,1987 年至 2018 年 5 月,共有 52 个项目涉及创业教育内容。2008 年后,世界银行对创业教育相关项目的承诺援助金额有所提高,2012 年后,项目数量显著增长,反映出世界银行对创业教育的关注度不断攀升。

在世界银行的五个机构中,国际开发协会和国际复兴开发银行是与创业教育援助关系较密切的两个部门。这两个部门以向发展中国家的政府提供资金、政策咨询和技术援助为己任,其中国际开发协会的重点是援助世界最贫困的国家,国际复兴开发银行则主要援助中等收入国家和资信良好的较贫困国家。在检索出的 52 个世界银行创业教育项目中,国际开发协会援助的项目有 24 个,国际复兴开发银行有 22 个。

作为一个"银行",世界银行的教育援助主要通过与资金有关的途径完成。[①] 因而,世界银行主要通过为相关项目提供经济支持的方式推进创业教育策略的具体落实。世界银行援助创业教育相关项目的经济手段主要包括三种:国际开发协会赠款、国际开发协会长期无息/低息贷款、国际复兴开发银行低息贷款。

国际开发协会赠款:自 1960 年成立以来,国际开发协会通过赠款和贷款的方式,为世界上最贫穷的国家提供经济援助,以刺激经济发展,减少不平等,改善人们的生活条件。国际开发协会为具有债务风险的国家提供赠款,2017 年,协会 1950 亿美元经济援助中有 17% 是以赠款的方式完成的。[②] 这些赠款主要用于项目研究、推广等实践工作,而不求任何经济回报。[③] 在其创业教育援助项目中,与就业培训相关的项目常常采取赠款的方式给予经济支持,如几内亚加强技能培训项目(2000 万美元)、冈比亚扶贫与城市

---

① 闫温乐.世界银行教育援助研究:特征、成因与影响[D].上海:华东师范大学,2012.

② IDA. International Development Association: the World Bank's fund for the poorest[R]. Washington D. C. : IDA,2017.

③ 张民选.国际组织与教育发展[M].上海:上海教育出版社,2010:214.

发展能力补充项目（400 万美元）等。

国际开发协会长期无息/低息贷款：国际开发协会作为世界上 75 个最贫穷国家最大的援助方，除了赠款，还为这些国家提供利率极低（甚至为零）的长期贷款。贷款偿还期限为 25～38 年，其中还包括 5～10 年的宽限期。[①]由于这种贷款的优惠性质，协会只对最贫穷的发展中国家提供这类贷款，且在发放贷款前要对项目进行严格的价值研究、可行性论证和风险评估。[②] 这类贷款是世界银行在创业教育援助项目中较常使用的经济手段，特别是在与中小企业发展和创业技能培训密切相关的项目中，协会常提供这一类贷款，如肯尼亚工业和创业项目（5000 万美元）、肯尼亚中小微企业竞争力项目（2200 万美元）、亚美尼亚企业孵化器项目（500 万美元）等。

国际复兴开发银行低息贷款：成立于 1945 年的国际复兴开发银行为创业教育援助相关项目提供低息贷款。贷款申请国需要通过项目向世界银行申请，世界银行在决定贷款前要进行实地考察、谈判，交董事会批准后签订正式贷款协议。这类贷款常常附加本国资金配套条件[③]，如波兰农村发展项目（IBRD 1.2 亿美元，本国 2600 万美元），阿根廷青年就业支持项目（IBRD 4.25 亿美元，本国 3.42 亿美元）。相较于前两种形式，低息贷款面向中等收入国家和资信良好的低收入国家，并且贷款金额更高。

上述三类经济援助手段按目的不同又可分为投资项目融资和发展政策融资。投资项目融资旨在帮助政府开展活动，为减少贫困、实现可持续发展提供必需的物质和社会基础；发展政策融资旨在帮助政府在政策改革和体制建设方面弥补资金缺口以实现宏观目标[④]。与创业教育相关的援助项目绝大部分属于投资项目融资，虽名为"投资"，但实际上仍属于援助性质，根

---

① IDA. International Development Association：the World Bank's fund for the poorest[R]. Washington D. C.：IDA,2017.

② 张民选.国际组织与教育发展[M].上海：上海教育出版社,2010:214.

③ 张民选.国际组织与教育发展[M].上海：上海教育出版社,2010:216.

④ 闫温乐.世界银行教育援助研究：特征、成因与影响[D].上海：华东师范大学,2012.

本目的并非在于获得经济回报。

世界银行一向致力于帮助世界最贫穷国家的发展,在其创业教育相关援助项目中也反映了这一取向。如图 5.1 所示,非洲地区是世界银行创业教育援助的主要目标地区,同时世界银行对拉丁美洲、亚洲等也保持了一定的关注。

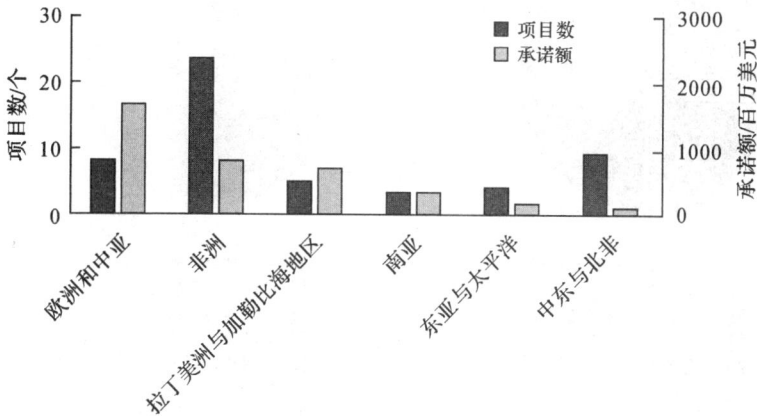

图 5.1　世界银行创业教育援助相关项目地区分布

世界银行的贷款项目和分析咨询服务按照行业可分为农业、渔业与林业,教育,能源与采矿,金融,工业与贸易,信息与通信,公共管理、法律与司法,交通,水、卫生与防汛九大行业,各行业下又分为不同的子部门,共 60个。创业教育援助项目共涉及其中的 10 个部门,主要集中在教育行业,包括劳动力发展与职业教育、成人识字率/非正规教育和高等教育,共占63.4%;此外还涉及中央政府管理、一般性工贸服务、社会保障、银行业、非银行金融中介、小微企业金融、信息与通信等部门。

根据各国的具体需求和世界银行的预期目标,创业教育援助项目可分为 10 个不同的主题,其中,中小微企业支持、知识经济与教育和改善劳动力市场是三个最主要的主题,反映出世界银行对创业教育促进经济增长与体面就业这一理念的重视。此外,全民教育、管理和城市服务改革、性别、私营部门发展的基础设施服务、私营部门发展与金融、国有企业重组和私有化、健康系统等项目主题体现出创业教育与改善社会环境之间的密切联系。世界银行创业教育援助涉及部门及主题如图 5.2 所示。

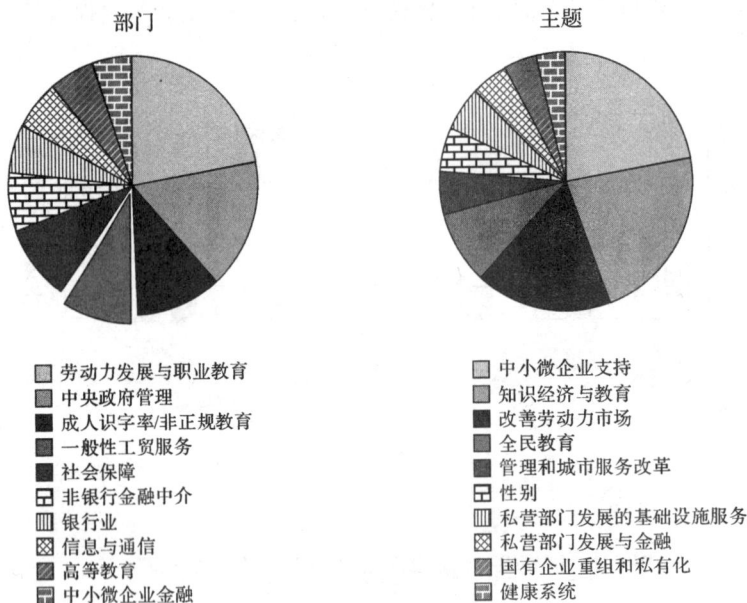

部门　　　　　　　　　　　　主题

劳动力发展与职业教育　　　　中小微企业支持
中央政府管理　　　　　　　　知识经济与教育
成人识字率/非正规教育　　　改善劳动力市场
一般性工贸服务　　　　　　　全民教育
社会保障　　　　　　　　　　管理和城市服务改革
非银行金融中介　　　　　　　性别
银行业　　　　　　　　　　　私营部门发展的基础设施服务
信息与通信　　　　　　　　　私营部门发展与金融
高等教育　　　　　　　　　　国有企业重组和私有化
中小微企业金融　　　　　　　健康系统

图 5.2　世界银行创业教育援助涉及部门及主题

5.2.2　创业教育援助项目的内容

世界银行的教育援助主要通过教育项目的方式展开。而创业教育与个人发展、经济发展和社会发展的密切联系决定了世界银行的创业教育援助不仅局限于教育项目。通过对 52 个与创业教育相关的项目内容进行整理分析,我们发现世界银行的援助主要投入个人、企业和社会三个领域。

(1) 为创业教育与培训提供支持

在 52 个项目中,有 18 个项目的主要内容是为个人提供就业或创业技能培训,占总项目数的 34.6%。这一类援助主要面向需求创业者,直接目

标是提升潜在创业者的创业能力,从而刺激他们的创业活动。针对个人的
创业教育援助可分为两类:投资改善已有教育培训项目与机构,资助设立新
的创业教育与培训项目。

①投资改善已有的教育培训项目与机构。2014 年,世界银行曾颁布一
份报告,对全世界已有的创业教育与培训项目进行系统的研究,反映出世界
银行业已注意到创业教育与培训项目在全球的进展。世界银行对创业教育
的援助中很大一部分是通过投资对已有的教育培训项目与机构进行改善。
世界银行对这些项目与机构注入资金和新的理念,推动它们不断地发展和
完善,从而提高创业教育与培训的质量。世界银行关注创业教育师资发展
水平,致力于提高创业教育与培训机构的服务质量,并强调在职业技术教育
与培训中融入创业教育与培训的内容。

• 投入资金发展创业教育师资,改善创业教育与培训机构服务质量

高水平的创业教育师资短缺是全世界创业教育发展所面临的共同问
题。要想发展创业教育,就必须发展优质的创业教育师资。各国的创业教
育都不乏师资培养的相关内容。世界银行也深知这一点,因此在其创业教
育援助项目中,非常关注师资发展的相关内容,并在这一领域投入资金,帮
助项目所在地区的创业师资发展。例如,布基纳法索青年就业与培训计划
投入 5000 万美元,支持宣传创业促进的活动,其中就包括设计、调整创业培
训模块,培训、再培训 50 名创业培训师,并为聘请外部培训师和辅导课程提
供资金支持。① 除了发展创业教育师资,世界银行还投入大量资金,用以
改善已有的创业教育与培训机构的服务质量。例如阿根廷青年就业支持
项目,复兴开发银行借款超 1.6 亿美元,支持政府已有就业项目的扩张和
强化,提高弱势青年人口的就业与创业能力,改善培训服务和产品供给的

---

① World Bank. Burkina Faso youth employment and skills development project [EB/OL].
(2013-04-29)[2019-03-25]. http://projects. worldbank. org/P130735/bf-youth-employment-skills-
development? lang=en.

质量。①

- 在职业技术教育与培训中投入资金发展创业教育与培训

在职业技术教育与培训中融入创业教育的内容是国际组织重要的创业教育理念之一。世界银行的一些创业教育援助项目为职业技术教育与培训提供资金,用于扩展创业教育与培训的相关内容。例如,复兴开发银行在牙买加数字动画产业和青年就业项目中投资 1000 万美元用以培养青年科技创业者的关键技能,主要方式包括在现有的职业教育机构扩展 2D、3D 动漫培训项目,发展动漫行业的创业潜力,使创意能够进入市场。② 国际开发协会贷款投资的埃塞俄比亚女企业家发展项目,投入 610 万美元用以创业技能、集数和集群发展,通过职业技术教育与培训学院向参与者提供培训,内容包括基本与进阶创业技能培训、基于需求的技术训练、新技术介绍、咨询服务以及其他技能训练等。③

②资助设立新的创业教育与培训项目。除了借助已有的项目和机构开展创业教育与培训,世界银行也会选择投资设立新的创业教育与培训项目。世界银行不仅是"银行",更是全球最重要的"智库"之一,拥有全世界顶级的专家团队。世界银行投资设立的创业教育与培训项目,在提供充足的资金的同时,也引入了世界银行先进的创业教育理念,结合当地实际,开设课程,建立培训体系,实施短期的创业支持项目。

- 资助开设创业教育课程

课程是实施创业教育的基本方式之一。世界银行通过援助项目资助创

① World Bank. Argentina youth employment support project [EB/OL]. (2014-12-10)[2019-03-25]. http://projects. worldbank. org/P133129/argentina-youth-employment-support-project? lang=en.

② World Bank. Jamaica youth employment in digital and animation industries [EB/OL]. (2014-06-16). [2019-03-25]. http://projects. worldbank. org/P148013? lang=en.

③ World Bank. Ethiopia women entrepreneurship development project [EB/OL]. (2012-04-26)[2019-03-25]. http://projects. worldbank. org/P122764/women-entrepreneurship-development-project? lang=en.

业教育课程体系的建立,以此推动当地创业教育的发展,为学生提供必需的课程资源。例如,土耳其非正规职业培训项目支持当地政府努力增加和改善训练有素的劳动力供应,并为受教育有限的人提供创业机会。世界银行支持土耳其教育部为国内不同地区提供创业发展课程,并为其提供援助帮助开发新的课程。[①] 复兴开发银行向加蓬提供贷款 500 万美元,通过发展创业活动促进青年就业,其中包括提供 120 个创业课程。[②]

- 资助建立创业培训体系

一些创业教育援助项目还致力于资助建立相对完整的创业培训体系。例如,吉布提支持女性与青少年创业项目中,600 万美元资金用于提高女性和青年创业者的能力,包括为女性和青年提供全面的创业培训计划,从而完成商业计划和正规的创业准备。[③] 塞拉利昂青年支持项目面向 3 万~3.5万名青年,通过一揽子技术援助有志于创业或已经创业的年轻人和青年团体,通过学徒计划进行技能培训。[④] 几内亚加强技能培训项目投入 1300 万美元支持开设新的 2 年或 3 年的专业培训项目,选拔 100 名参与者参与创业相关培训,参与 3 天的工作坊,并从中选拔出 25 名候选人参与为期 8 周的强化创业培训,最终 10 人进入 12 个月的商业孵化阶段。[⑤] 这些项目关注参与者从一个潜在创业者到真正投入创业的全过程,在技能学习、商业计划书准备、创业孵化各个阶段提供支持。

---

① World Bank. Non formal vocational training project [EB/OL]. [2019-03-27]. http://projects. worldbank. org/P008976/non-formal-vocational-training-project? lang=en.

② World Bank. Gabon skills development and employability project[EB/OL]. (2016-01-20) [2019-03-27]. http://projects. worldbank. org/P146152? lang=en.

③ World Bank. Djibouti support for women and youth entrepreneurship[EB/OL]. [2019-03-27]. http://projects. worldbank. org/P165558? lang=en.

④ World Bank. Youth employment support [EB/OL]. [2019-03-27]. http://projects. worldbank. org/P121052/youth-employment-support? lang=en.

⑤ World Bank. Guinea stepping up skills project[EB/OL]. [2019-03-27]. http://projects. worldbank. org/P146474? lang=en.

• 资助实施短期的创业支持项目

除了长期设立的课程与培训,世界银行还资助实施了许多短期的创业支持项目,以满足更多人的创业教育需求。例如,"促进受冲突影响的伊拉克青年的融入"项目通过社区发展活动,为3000名学生提供为期两周的训练,包括一系列诸如领导力、决策力、交流、文化、社区、心理支持等活动,提升创业必备的柔性技能。[①]"刚果技能培养以提高就业能力"项目为8000名城市青少年提供短期技能培训,以及实习、求职支持和创业支持。[②]

（2）为初创企业和中小企业提供支持

在52个项目中,有15个项目的内容中包括为当地的初创企业和中小企业提供支持,以促进创业和当地经济的发展,占总项目数的28.8%。其中,86.7%的项目资金规模达到千万美元以上。针对企业的创业援助可分为两类:直接提供创业与中小企业发展所需资金的金融服务;通过资金投入促进创业与中小企业发展的非金融服务。

①金融服务。资金是企业的重要发展要素,是创业的必备条件,也是初创企业和中小企业存续的关键。特别是在相对落后的发展中国家和贫困地区,资金短缺是创业发展面临的首要问题。创业活动的增加是创业教育要达到的最终成果之一,缺乏足够的支持,创业教育的效果将大打折扣。世界银行以为发展中国家提供资金为援助的主要方式,在一些创业教育援助项目中,直接采取金融手段,为创业者提供创业启动资金,为初创企业和中小企业提供发展资金,并通过在银行、投资机构等部门注入资金,刺激对初创企业和中小企业的投资和融资活动。

---

① World Bank. Promoting the inclusion of conflict-affected Iraqi youth[EB/OL]. [2019-03-27]. http://projects. worldbank. org/P161654? lang＝en.

② World Bank. Congo skills development for employability project[EB/OL]. [2019-03-27]. http://projects. worldbank. org/P128628/congo-skills-development-employability-project? lang＝en.

- 为创业者提供创业启动资金

世界银行通过各类教育项目,直接作为创业投资者,为符合条件的创业者提供创业启动资金。例如,吉布提支持女性与青年创业项目以把握目标创业者的经济机遇为主要目标,投入 500 万美元用以提高女性和青年创业者的创业能力,其中包括向经过项目培训和认证的妇女和青年创业者所新注册的正规企业提供赠款,并为赢得商业计划大赛的企业提供补助金和后续指导。① 马里技能培养与青年就业项目投入 1690 万美元为受教育程度有限的青年提供种子基金和简单的融资和信贷,并针对中等教育以上的青年创业项目提供财务支持。② 亚美尼亚企业孵化器项目共投入 760 万美元(其中 500 万美元为国际开发协会贷款)用于支付企业的初始投资成本以及企业在创业初期的费用。③ 这些项目一般还包括前期培训与创业计划大赛等内容,通过在培训和大赛结束后为创业者提供启动资金,促进创业教育的成果转化为实际的创业活动。

- 为初创企业和中小企业提供发展资金

除了提供启动资金,世界银行援助项目还有针对性地对初创企业和中小企业的后续发展提供资金,以提高创业活动的可持续性。例如,国际开发协会向多哥"为弱势青年创造就业机会项目"提供 1500 万美元赠款,支持目标青年开创或扩张家族企业,其中 250 万美元用于在完成每周 1~2 天的小企业培训并准备商业计划之后,为其提供创业活动中所需的补助金,以帮助

---

① World Bank. Djibouti support for women and youth entrepreneurship[EB/OL]. [2019-03-29]. http://projects. worldbank. org/P165558? lang=en.

② World Bank. Mali skills development and youth employment project[EB/OL]. (2014-06-03)[2019-03-29]. http://projects. worldbank. org/P145861? lang=en.

③ World Bank. Enterprise incubator project [EB/OL]. [2019-03-29]. http://projects. shihang. org/P044852/enterprise-incubator-lil? lang=zh.

解决他们在创业过程中可能遇到的问题。[①] 波兰的农村发展项目共计投入超过 3 亿美元(其中 1.2 亿美元为国际复兴开发银行贷款),用于可持续农村发展计划的设计,促进非农业农村活动,比如通过资助包括社会保险费在内的赠款,为农村微型企业提供小额贷款,以促进微型企业的发展。[②] 塞内加尔产业机构调整项目投入 3000 万美元用于小企业借贷。[③] 这些项目往往具有较强的针对性,通过赠款、小额贷款等方式,为特定类型的企业提供发展性投资。

- 刺激创业投资部门对初创企业和中小企业的投资融资活动

除了直接为企业提供资金,为了更好地刺激对初创企业和中小企业的投资、融资,世界银行援助项目还为银行、政府部门、投资机构提供鼓励或扶植资金,以鼓励他们为创业发展提供必需的金融服务。例如肯尼亚中小微企业竞争力项目以降低对中小微企业的投资限制为目标,强化金融或非金融市场以满足中小微企业的需求。[④] 中非共和国企业恢复与发展项目投入 1130 万美元支持金融部门改革,调整商业银行系统内的顶级信贷额度,用于为符合条件的现有和新企业提供资金,以满足其营运资金的需求。[⑤] 这些项目虽不直接对企业进行投资,但通过对创业投资部门的支持,拓宽了初创企业与中小企业借贷、融资的渠道,以解决创业和企业发展过程中所面临的

---

① World Bank. Employment opportunities for vulnerable youth project[EB/OL]. (2017-02-28). [2019-03-29]. http://projects. worldbank. org/P157036/? lang=en&tab=documents&subTab=projectDocuments.

② World Bank. Poland rural development project [EB/OL]. (2000-04-01) [2019-03-29]. http://projects. worldbank. org/P058202/rural-development-project? lang=en.

③ World Bank. Industrial restructuring project[EB/OL]. [2019-03-29]. http://projects. worldbank. org/P002339/industrial-restructuring-project? lang=en.

④ World Bank. Micro, small, and medium enterprise competitiveness project [EB/OL]. [2019-03-29]. http://projects. worldbank. org/P085007/micro-small-medium-enterprise-competitiveness-project? lang=en.

⑤ World Bank. Enterprise rehabilitation and development project[EB/OL]. [2019-03-29]. http://projects. worldbank. org/P000464/enterprise-rehabilitation-development-project? lang=en.

资金问题。

②非金融服务。创业的成功与中小企业的发展所需的不仅是充足的资金,还需要充分的能力、有竞争力的产品与服务。因而,世界银行通过投资与创业和企业发展密切相关的项目,为初创企业和中小企业提供非金融服务,资助企业内部发展各项必需的业务能力,为创业与企业发展提供有针对性的配套支持服务。

• 资助企业内部的技能提升项目

与针对个人的技能提升项目不同,针对企业内部的技能提升项目结合当前初创企业和中小企业的具体情况,有针对性地对创业者和企业员工进行培训,以提升他们的专业技能,从而提升企业竞争力。例如,肯尼亚工业和创业项目投资 2075 万美元加强中小企业联系和升级,强化企业内部的创新能力,支持中小企业内部提升管理技能与专业技能。具体方式包括开设由企业需求驱动的定期更新的课程,提供不超过 12 个月的全日制或兼职强化培训,提供基于项目的学习与辅导,培训包括协作解决问题在内的关键软技能等。①

• 资助创业和企业发展相关的商业服务

为了维持正常运作,企业往往需要购买一些商业服务。服务获取的难易程度与服务质量往往对初创企业和中小企业发展有重要的影响。商业服务包括专业性的服务,如法务、财会、通信支持;不动产与设备租赁服务,如厂房租赁、机器与硬件设施租赁;配套服务,如技术支持、管理咨询、宣传与推广等。因而,世界银行也投资了一部分资金,用以资助与创业和企业发展相关的商业服务。例如,塔吉克斯坦农业商业项目追加投资 1500 万美元用于创业培训和商业发展服务,旨在帮助准备借款的创业者准备业务计划,充

---

① World Bank. Kenya industry and entrepreneurship[EB/OL]. (2018-05-23). [2019-04-05]. http://projects. worldbank. org/P161317? lang＝en.

分利用会计、财务规划和营销服务,以提高成功贷款的可能性。① 哈萨克斯坦中小企业竞争力项目投资建立一个新的中小企业服务市场,为中小企业提供长期可持续的支持服务。②

(3) 为改善创业教育的外部环境提供支持

创业教育生态系统理论认为,创业教育的发展依赖于文化、资源、利益相关者、设施、学校和地方社区等外部因子的支持。③ 世界银行 52 个创业教育援助项目中,有 9 个着力于改善项目所在地的外部环境,从而推动创业教育发展。例如,肯尼亚工业和创业项目投资 2625 万美元用于改善肯尼亚的创新和创业生态系统,将高等教育机构、学生、私人企业等各部分联系在一起,建立工业与学术界联络的平台,以帮助学生在正规教育阶段发展实用的、以需求为导向的技能和经验。④ 约旦河西岸及加沙地区的融资促进就业项目投入 160 万美元,为当地创业生态系统建设提供资助。⑤ 这些项目的投资重点集中于两个方面:通过资金注入改善政府政策与服务,强化创业基础设施建设。

①改善政府政策与服务

创业需要开放、包容、健康的外部环境,这离不开政府的投入与支持。政府对商业和创业的态度、创业相关政策的便利度与可执行性、政府对创业的管制与扶持程度都会对本地创业环境造成极大的影响。因此,世界银行

① World Bank. Agriculture commercialization project additional financing[EB/OL]. (2017-11-22). [2019-03-30]. http://projects. worldbank. org/P158499? lang=en.

② World Bank. SME Competitiveness project [EB/OL]. [2019-03-30]. http://projects. worldbank. org/P147705? lang=en.

③ BRUSH C G. Exploring the concept of an entrepreneurship education ecosystem[M]. Bingley: Emerald Group Publishing Limited,2014: 15.

④ World Bank. Kenya industry and entrepreneurship[EB/OL]. (2018-05-23)[2019-04-05]. http://projects. worldbank. org/P161317? lang=en.

⑤ World Bank. Finance for jobs Ⅱ [EB/OL]. [2019-04-02]. http://projects. worldbank. org/P159337? lang=en.

对各国创业教育援助的一大内容,就是投入资金,帮助和敦促项目所在地政府改善创业相关政策与服务的质量。一方面,投资改善产业结构和经济结构,为创业活动营造更加成熟有序的商业环境。例如,波兰就业、创业和人力资本发展政策项目向复兴开发银行贷款逾 13 亿美元支持结构改革,改善整体经济环境。① 巴基斯坦西北边境省份结构调整信贷项目,投资 9000 万美元,改革社会经济结构,通过放松管制和商业便利化,实现商业增长和削减贫困的目的。② 另一方面,出台有利于刺激创新的政策,为创业活动注入发展动力。例如,越南通过研究和科学技术培育创新项目,投资 1 亿美元,通过涉及和试行科技创新政策,提高科研机构的效率,实现鼓励创新技术企业发展的目的。通过为政府提供资金,自上而下地改变创业活动所处的社会环境,减少创业发展过程中来自社会的阻碍,为创业教育创造积极的外部氛围。

②强化创业基础设施建设

创业教育的最终目的之一是强化创业活动。创业孵化平台(包括孵化器、创业园、加速器等)是链接创业教育与创业活动的关键环节,也是支持创业理念走向成熟企业的"桥梁"③。创业孵化平台本身就能够为创业者和企业提供部分技能培训、导师咨询等创业教育服务,还能够提供设备、场地等创业所需的硬件条件。因而,成熟、完善的创业孵化平台是创业教育与创业活动蓬勃发展所必备的外部条件。创业孵化平台建设需要投入大量资金,世界银行的创业教育援助项目为其提供资助。例如,加纳电子转型项目投资 290 万美元,支持创业中心建设,通过建设孵化器、发展商业技能等手段,

---

① World Bank. Republic of Poland second programmatic policy loan[EB/OL]. (2009-06-03)[2019-04-02]. http://projects. worldbank. org/P116125/poland-employment-entrepreneurship-human-capital-dev-policy-program-dpl? lang＝en&tab＝documents&subTab＝projectDocuments.

② World Bank. Pakistan NWFP structural adjustment credit [EB/OL]. [2019-04-02]. http://projects. worldbank. org/P077834/nwfp-structural-adjustment-credit-project? lang＝en.

③ 孟莹. 美国大学生创业的外部支撑体系研究[D]. 杭州:浙江大学,2017.

促进创业与工作创造。[①] 格鲁吉亚国家生态系统项目贷款 1470 万美元加强创业基础设施建设,建立社区创新中心,提供电脑、实验器材等设备,并为创业者提供包括个性化指导和创业导师在内的商业创新支持。[②] 世界银行通过资助建设创业孵化平台,一方面为创业教育活动提供载体,另一方面也促进了创业教育的成果转化。

5.2.3 世界银行创业教育实践的特点

教育不是孤立的,深受社会、政治、经济发展的影响,需要巨大的资金支持。创业教育所具有的实践性特征,使创业教育的发展更加需要大量资本的投入。世界银行作为一个独特的全球性合作伙伴,是联合国系统中最有实力的资金提供者。世界银行以创业教育援助项目作为主要方式,为发展中国家创业教育发展提供经济支持,并辅以技术支撑,从而实现传播与实践组织创业教育策略的目的,具有综合性、整体性和针对性的特征。

(1) 综合性

世界银行的创业教育援助项目具有综合性的特征,具体表现为以下两点。

①综合经济援助与技术援助。世界银行作为一个政府间金融合作与发展组织,承担着为各国教育发展提供资金和技术支持的责任。[③] 世界银行的创业教育援助项目,通过无息贷款、低息贷款、赠款等方式,以为项目提供资金支持为主要手段。同时,在项目准备与论证、设计与实施、监督与评价等各个环节,世界银行都会派遣专家负责或协助项目进展,也会通过介绍、引

---

① World Bank. G H eTransform Ghana [EB/OL]. (2013-09-26) [2019-04-02]. http://projects. worldbank. org/P144140/gh-etransform-ghana? lang=en.

② World Bank. Georgia national invation ecosystem project[EB/OL]. (2016-02-19)[2019-04-02]. http://projects. worldbank. org/P152441? lang=en.

③ 张民选.国际组织与教育发展[M].上海:上海教育出版社,2010:189.

入已有的创业教育资源,为项目所在地区的创业教育提供技术支持。例如,肯尼亚中小微企业竞争力项目,不仅投入资金 2250 万美元,扩展中小企业获得金融服务和金融产品的可能,还引入全球商学院联盟项目[①],与肯尼亚三所以上商学院开展活动,强化肯尼亚商学院能力,加强结合本地案例的课程设置与开发,提高中小微企业家和创业者的培训效率,并为那些不能参与全日制商科学习的中小微创业者开设短期课程。

②综合直接援助与间接援助。直接援助是指聚焦创业教育主题的援助项目,例如赞比亚职业技术教育与创业培训发展支持项目。直接援助项目以促进创业教育发展为直接目的和首要任务,直接将经济资源、技术资源投入创业教育活动。间接援助则是指在主题更宽泛的教育、就业、经济等项目中融入创业教育的内容,如黎巴嫩移动网络生态系统项目。间接援助项目不以发展创业教育为首要目标,而是将创业教育作为实现项目目标的重要手段,通常将创业教育作为项目的一个子课题,投入资源,予以支持。世界银行的创业教育援助项目综合了这两种援助形式,反映出创业教育同时具有基础性和工具性的双重特性。

(2) 整体性

世界银行《2018 世界发展报告》指出,教育不仅能有效提高个人收入和寿命,促进国家经济增长和公共卫生发展,还具有加强社会凝聚力等作用。[②]世界银行的创业教育援助项目秉承这一基本观念,重视创业教育与个人、组织、社会发展的重要关系,在不同层面促进创业教育发展,呈现出整体性特征。

①从微观层面分析,世界银行创业教育援助项目重视对个人创业意识

---

① 全球商学院联盟(Global Business School Network)起源于国际金融公司于 2003 年发起的一项全球商业教育发展项目,现已发展为横跨六大洲囊括 70 所全球顶尖商学院的非营利组织。

② 刘骥. 如何应对全球学习危机?:世界银行《2018 世界发展报告》述评[J]. 全球教育展望,2018,47(6):3-14.

与创业技能的提升，进而改善个体生活状况，提高个人生活水平。人是教育活动的主体，是创业教育的直接对象。世界银行创业教育项目首先要满足的就是创业学习者的需求。通过开设创业课程，开展短期/长期创业培训，提供创业导师与创业咨询服务，举办商业计划大赛等多种形式，世界银行援助项目为成千上万的学习者提供了创业学习的资源，增强了他们的创业意识，提高了他们的创业能力。例如肯尼亚工业和创业项目，通过技术训练营直接受益的学生有 640 人，间接受益人达 33050 人。[1] 牙买加数字动画产业的青年就业项目有 15000 名青年从中获益。[2]

②从中观层面分析，世界银行创业教育援助项目致力于促进创业教育的成果转化，支持创业活动和中小微创业企业发展。创业教育培养创业者，创业者开展创业活动。一个国家和地区创业的数量和质量是评价创业教育成果的一个重要维度。世界银行不仅培养创业者，还致力于帮助创业者将创业想法转化为具体的创业活动，支持创业企业的可持续发展。例如，多哥为弱势青年创造就业机会项目，以目标青年开创或扩张家族企业的数量作为项目成果的重要评价标准。[3] 哈萨克斯坦中小企业竞争力项目通过为创业者、中小企业管理者提供创业服务、创业培训、商业咨询等方式，提升中小企业的竞争力和管理能力。[4]

③从宏观层面分析，世界银行创业教育援助项目通过创业教育提升社会创新力与创造力，改善创业生态环境和社会经济发展水平。世界银行一直以来致力于为发展中国家提供援助，步入知识经济时代以来，传统的生产

① World Bank. Kenya industry and entrepreneurship[EB/OL]. (2018-05-23)[2019-04-05]. http://projects. worldbank. org/P161317? lang＝en.

② World Bank. JM Youth employment in digital and animation industries[EB/OL]. [2019-04-05]. http://projects. worldbank. org/P148013? lang＝en.

③ World Bank. Employment opportunities for vulnerable youth project[EB/OL]. [2019-04-05]. http://projects. worldbank. org/P157036? lang＝en.

④ World Bank. SME Competitiveness project [EB/OL]. [2019-04-05]. http://projects. worldbank. org/P147705? lang＝en.

方式和经济模式难以满足现代社会经济的发展要求,创业教育带来的创新
力和创造力是刺激社会变革的必需品。基于此,世界银行的创业教育援助
的目光不仅聚焦于个人或企业发展层面,更看重通过发展创业教育促进社
会整体进步。例如,亚美尼亚企业孵化器项目指出,劳动力市场、教育系统
和商业环境中的一些相互关联的制度僵化阻碍了亚美尼亚人力资本的发
展,从而限制了该国的增长潜力。而开展创业教育,支持新生企业发展,为
停滞不前的经济提供了微小而又充满活力的生机。①

(3) 针对性

世界银行进行创业教育援助时,会重点关注某一群体或某一行业,因势
利导,具有针对性。

①针对特定人群进行创业教育援助。世界银行以消除贫困、促进平等
为组织宗旨,在创业教育援助的过程中,会有意识地倾向社会中相对弱势的
群体,根据他们的具体情况和特点,有针对性地实施创业教育。女性是世界
银行重点关注的人群。例如,吉布提支持女性与青年创业项目、女企业家发
展项目等都是以女性作为项目主体,并且在诸如约旦河西岸和加沙就业金
融项目二期、加蓬技能培养和就业能力等项目中都特别提出了女性受益人
的最低占比。处于恶劣环境中的青年则是世界银行的另一关注重点。例
如,"促进受冲突影响的伊拉克青年融入"项目以增进 3000 名受战争影响的
伊拉克青年的社会经济融入为目标,多哥为弱势青年创造就业机会项目以
为多个弱势群体和贫困人口提高收入为目标。

②针对特定行业进行创业教育援助。创业教育的实践性特征决定了在
不同行业内开展创业教育应符合行业的特点。目前,创业教育与专业教育
的融合也是国际创业教育的一个普遍趋势。世界银行有针对性地对不同行

---

① World Bank. Enterprise incubator project [EB/OL]. [2019-04-05]. http://projects. worldbank. org/P044852/enterprise-incubator-lil? lang=en.

业的创业教育进行援助也反映了这一趋势,例如注重农业领域的创业教育援助,代表有波兰农村发展项目、塔吉克斯坦农业商业项目、印度尼西亚乡村创新项目等。在新兴领域,世界银行重视电子信息及数字产业的创业教育援助,代表有加纳电子转型项目、牙买加数字动画产业的青年就业项目等。

5.3 开发创业教育的技术支持项目

——以国际劳工组织为例

国际劳工组织最早于 1919 年依据《凡尔赛条约》建立,1946 年成为联合国的一个专门机构。秉持着"社会正义对普遍和持久的和平至关重要"这一理念,国际劳工组织致力于促进社会公正,促进人权与劳动权利的国际共识。作为联合国唯一一个坚持"三方原则"的机构,国际劳工组织将 187 个成员方的政府、雇主和工人召集在一起,制定劳动标准、政策,为所有人提供体面的工作。为实现组织目标,国际劳工组织为全世界提供了无与伦比的专家和专业知识,帮助全世界人民获得体面的工作、维持生计、维护尊严。[1]

国际劳工组织是国际创业教育发展的有力推动者。国际劳工组织以公约和建议书的形式制定国际劳工标准,确定基本劳工权益的最低标准,主要在职业培训和职业康复、就业政策、劳动行政管理、劳动法和产业关系、工作条件、管理发展、合作社、社会保障、劳动统计和职业安全卫生等领域提供技术援助。[2] 在 189 号建议书《关于加强在中小企业创造就业机会的一般条件的建议》中,国际劳工组织明确指出,创业教育是促进积极创业文化的有效

---

① ILO. Mission and the impact of IlO[EB/OL]. [2019-01-21]. https://www.ilo.org/global/about-the-ilo/mission-and-objectives/lang--en/index.htm.

② 臧玲玲. 国际视野下的高校创业教育课程研究[M].北京:中国社会科学出版社,2016:57.

方式,并号召成员方通过教育系统以及与工作需求相适应的创业教育与培训项目培养创业态度。① 自此之后,国际劳工组织通过多项实践举措,在世界各国大力推进创业教育策略。

为各国创业教育发展提供技术援助是国际劳工组织推进创业教育的主要举措。20 世纪 50 年代起,国际劳工组织开始为全世界处于不同经济发展阶段的各个国家提供技术合作,技术合作项目由代表国家、捐赠者和国际劳工组织密切配合、共同实施。这些项目支持各个国家提升能力以制定可持续发展的社会政策。截至 2018 年,在 120 个发展伙伴的支持下,国际劳工组织已经在 100 多个国家有超过 600 个方案和项目。这些项目中,有相当一部分与创业和创业教育主题密切相关。在国际劳工组织官网以创业教育为关键词检索,可得相关项目 91 个,相关活动 102 项。其中,国际劳工局②下设的企业司(Enterprise Development)是开展创业教育实践的核心部门。该部门在商业发展服务、合作、为企业可持续发展创造环境、创业和企业发展、全球工伤保险计划、国际劳工标准业务援助、本土经济发展、跨国公司创造就业、社会融资、关于跨国企业和社会政策的三方原则宣言、价值链发展、女性创业发展、青年创业发展等领域开展工作。该部门主导的三大技术支持项目,几乎涵盖了国际劳工组织在全球创业教育发展领域的全部活动。

5.3.1　创业技能发展项目

国际劳工组织开发的了解企业(Know About Business,KAB)项目,面

---

① ILO. R189: job creation in small and medium-sized enterprises recommendation[EB/OL]. (1998-06-02)[2019-01-21]. https://www. ilo. org/dyn/normlex/en/f? p = NORMLEXPUB: 12100: 0::NO::P12100_ILO_CODE:R189.

② 国际劳工局是国际劳工组织的常设秘书处,是国际劳工组织全面活动的协调中心。国际劳工局共有来自 150 多个国家的约 2700 名官员,这些官员中,有 900 名从事技术合作方案和项目工作。

向公立和私立中等教育学校、职业和技术培训机构以及高等教育机构的教师和学生,旨在促进 15～24 岁的青年男女对商业、创业、自我雇佣的机会和挑战的认识,帮助他们识别并发展基本的核心创业技能。[①] 该项目的整体目标是通过鼓励诸如首创精神、创新性、创造力和勇于承担风险之类的品质,在青年男女中营造创业文化,激励青年尽早创业,使他们成为机会创业者而非需求创业者。项目旨在提高他们对创办企业和个体经营机遇和挑战的认识,并通过在工作生活和职业生涯中发扬创业精神,让他们更好地理解青年在创造自己以及国家的未来中所起的作用。KAB 项目的具体目标概述如下[②]:

- 培养对可持续发展企业、个体经营和社会创业的积极心态;
- 培养青年将企业和个体经营作为职业选择的意识;
- 传授有关成功创办和运营企业的必备品质的知识和实际经验;
- 通过加深对企业的理解,将学生培养成为更好的雇员。

(1)项目内容

KAB 项目主要针对两类人群。第一类是针对学生的创业教育课程。KAB 的课程类型包括学科课程、活动课程以及实践课程。学科课程侧重传授创业知识,活动课程侧重培养创业意识和技能,实践课程侧重提供创业模拟演练。[③] KAB 项目培训包为创业教育教师和学生提供了一整套教学计划和课程材料,其中包括一份教学指导用书、一份学生用书和十个教学模块。整个培训包一般可用 80～120 小时学习完毕,在一到两个学年完成,内容每一到两年更新一次。[④] KAB 项目模块和支撑材料及其具体内容如表 5.5

---

① ILO. Entrepreneurship education[EB/OL]. [2019-03-25]. https://www.ilo.org/empent/areas/youth-entrepreneurship/lang-en/index.htm.

② ILO. Supporting entrepreneurship education: a report on the global outreach of the ILO's Know About Business programme[R]. Geneva: ILO. 2009.

③ 臧玲玲. 国际视野下的高校创业教育课程研究[M]. 北京:中国社会科学出版社,2016:57.

④ ILO. Supporting entrepreneurship education: a report on the global outreach of the ILO's Know About Business programme[R]. Geneva: ILO,2009.

所示。

表 5.5　KAB 项目模块和支撑材料及其具体内容

模块和支撑材料	具体内容
模块 1	什么是企业？
模块 2	为什么要有创业精神？
模块 3	什么样的人能成为创业者？
模块 4	如何成为创业者？
模块 5	如何找到好的商业想法？
模块 6	如何组建一家企业？
模块 7	如何经营一家企业？
模块 8	想要成为创业者需要做哪些准备？
模块 9	如何形成自己的商业计划书？
模块 10	社会创业
商业游戏	帮助学生理解企业中和是常见的经济与贸易过程，为学生提供在模拟商业环境中做出商业决策的机会
学习者手册	所有教师模块的工作表、讲义和练习都编入学生的工作簿。工作簿还包含一个词汇表，解释了创业和商业中使用的术语和概念
促进者手册	提供创业教育的基本介绍和 KAB 课程的目标，以及课程结构、模块的持续时间和相关主题以及互动行动学习的教学方法的概述
KAB 光盘	为 KAB 的促进者和学校教师的自我学习资源包。光盘驱动器包括五个部分：①交互式培训，培训课程的准备或培训后材料的审查；②培训人员资料，游戏手册、培训使用的其他游戏说明、参考国际劳工组织其他产品及其他阅读资料；③交付工具，备课工具（讲义和工作表）；④监测与评价，监测培训班执行情况、受训人员业绩和影响评价指南的建议和表格；⑤档案，相关文件、图片、视频片段

资料来源：ILO. Supporting entrepreneurship education：a report on the global outreach of the ILO's Know About Business programme[R]. Geneva：ILO,2009.

第二类是针对创业教育促进者的创业师资培训。通过与国际培训中心合作的"培训培训师工作坊"(Training of Trainer Workshop)，培养国际、区域、国家层面的创业教育促进者。申请人只要参加过工作坊，表现出合格的创业培训能力,并在相应层次承担过创业培训的责任与工作,就会被认定为关键促进者。"授人以鱼不如授人以渔。"国际劳工组织不直接培养学校的一线创业教育教师,但通过不同层次的创业培训师,KAB 项目与各国教育部门和相关机构合作,培养了大量的创业师资。KAB 项目关键促进者的职责与认证条件如表 5.6 所示。

表 5.6　KAB 项目关键促进者的职责与认证条件

层次	职责	认证条件
国际	促进 KAB 项目成为职业教育、中等教育和高等教育中的创业教育综合培训方案。在各级展开工作,工作内容包括宣传、项目设计、材料修订、区域和国家关键促进者培训和协调成果评估	• 参与 KAB"培训培训师"工作坊 • 具备创业推广和创业教育方面的专业知识 • 在已认证的国际促进者监督下,协助培训至少一名区域或国家促进者 • 在国家一级举办创业意识和信息工作坊 • 协助国家战略和项目的设计与实施 • 能够独立培训教师和教师教育工作者 • 监控国家实施的质量并指导影响评估 • 定期向 KAB 全球项目管理部门汇报活动情况 • 向国际劳工组织青年创业全球资源平台上传资料
区域	与国际层面的职责类似,但是是在给定区域和有限数量的国家范围内工作	• 参与 KAB"培训培训师工作坊" • 熟悉创业促进和创业教育工作 • 获得国家层次认证,并在国际促进者的监督下参与新国家促进者培训工作 • 有能力设计 KAB 国家策略 • 参与 KAB 试点测试并进行跟踪和监控 • 定期向 KAB 项目全球协调团队报告和更新区域活动情况 • 向国际劳工组织青年创业全球资源平台上传资料
国家	培养职业教育、中等教育和高等教育中的 KAB 项目教师	• 参与 KAB"培训培训师工作坊" • 熟悉创业促进和创业教育工作 • 在国际或区域促进者的监督下参与新国家促进者培训工作 • 深入了解 KAB 监督与评价系统 • 每半年定期从参与的学校收集监测数据,并向指定的国家联络点进行传输 • 向国际劳工组织青年创业全球资源平台上传资料

资料来源:ILO. Supporting entrepreneurship education: a report on the global outreach of the ILO's Know About Business programme[R]. Geneva: ILO,2009.

(2)项目推广方式

KAB 项目在世界各国的开展遵循成员方发起、国际劳工组织支持、由试点到全面推广的方式,可细分为以下步骤[①]:

- 成员方要求国际劳工组织支持创业教育;
- 成员方开设 KAB 项目国家促进工作坊,确定创业教育在国家青年就业工作中的作用;
- 由国家预算或外部机构为 KAB 试点方案或推广资源调拨资金;
- 国家社会经济和文化环境接受 KAB 课程,通过国家培训师工作坊,提高国家关键促进者的能力;
- 进行一到两学年的 KAB 试点实验,可能通过国际劳工组织技术合作项目完成,也可能将 KAB 活动融入国际劳工组织已有的青年就业项目,或者通过国家领导和资助的项目完成;
- 通过评估学生态度的变化和学生知识水平的提高,以及学生和教师的总体水平,来评估试点实验的效果;
- 教育部决定是否将创业教育作为国家教育课程的一部分并推广 KAB 项目;
- 根据现有资金,国际劳工组织对 KAB 毕业生进行影响评估和追踪研究,以评估 KAB 项目对他们职业选择、创业和就业创造的影响。

(3)项目进展情况

KAB 项目在各国的推进程度可分为三级:第一级指已经通过以提升创业意识为目标的工作坊熟悉了 KAB 项目;第二级指 KAB 项目已经在一个或多个教育层级进行试点;第三级指国家已将 KAB 项目在官方层面融入教育课程。从 20 世纪 90 年代肯尼亚试点项目开始,截至 2018 年,KAB 项目

---

① ILO. Supporting entrepreneurship education: a report on the global outreach of the ILO's Know About Business programme[R]. Geneva: ILO,2009.

已在世界 56 个国家实施。在其中 23 个国家,KAB 项目已进一步制度化,成为国家课程的一部分。[①] KAB 项目培训包国际版有英语、法语和西班牙语版本,改编版已有例如阿拉伯语、印度尼西亚语、中文、柬埔寨语、老挝语、俄语、僧伽罗语、泰米尔语和越南语版本。[②] 截至 2018 年,该项目已经培训了超过 14000 名教师,为超过 300 万青年男女提供创业培训。

为更好地收集创业教育项目在世界各国的进展情况,共享知识与资源,并对 KAB 项目进行监督与评价,国际劳工组织和瑞士发展合作署于 2009 年共同创办青年创业联盟网站(Youth Entrenet)。该网站作为一个全球知识共享和资源互通平台,与青年创业政策制定者、促进者和实践者分享对"青年创业教育和创业方案如何有助于为青年创造更多和更好的就业机会"这一问题的研究成果;建立一个面向开展 KAB 项目国家的全球创业教育实践者网络,分享 KAB 项目的教学经验和创业教育对学生的影响,并分享其他相关创业教育项目的知识与经验教训。

5.3.2　创业管理培训项目

除了培养基本的创业精神与技能,国际劳工组织还开发了"创办并改善你的企业"(Start and Improve Your Business,SIYB)项目进一步提升潜在创业者及初期创业者的创业管理能力。SIYB 项目起源于 20 世纪 70 年代由瑞典雇主联合会开发的"照看你的公司"(Look After Your Firm)的商业管理培训项目,旨在通过商业发展培训与服务,帮助创业者应对挑战,实现商业潜能。1977 年,国际劳工组织根据发展中国家小型企业家的需要对其

---

① ILO. Entrepreneurship education[EB/OL]. [2019-01-23]. https://www.ilo.org/empent/areas/youth-entrepreneurship/lang--en/index.htm.

② ILO. Fostering future entrepreneurs[EB/OL]. (2014-11-04)[2019-01-23]. https://www.ilo.org/wcmsp5/groups/public/---ed_emp/--emp_ent/---ifp_seed/documents/publication/wcms_175469.pdf

进行了调整,更名为"改善你的企业"(IYB),1999 年,国际劳工组织将其与后来开设的"创办你的企业"(SYB)、"形成你的创业想法"(GYB)项目重新计划分组,更名为"创办并改善你的企业"(SIYB)项目,并在 2003 年补充"扩展你的企业"(EYB)项目。[①] SIYB 作为目前全世界较大规模的创业管理培训项目,将创业和改善商业作为为人们创造更多更好就业机会的策略,已经形成了超过 17000 人的培训者网络,服务了企业层面的超过 600 万名客户。

SIYB 作为一个全球性的创业培训项目,由全球和地方协调人员、培训服务供应商、各级培训人员共同构成。SIYB 全球协调小组是项目最高管理机构,负责协调全球 SIYB 活动并监测不同国家的培训情况;各国内的工作则由国际劳工组织国家协调委员会处理,一般由国际劳工组织国家办事处或国际劳工组织委派的公共或私营组织承担。培训服务供应商是具有执行 SIYB 活动资格的组织,国际劳工组织同这些组织签署了谅解备忘录,将该方案纳入其日常业务。培训人员负责培训活动,根据具体职能又分为培训师、培训专家和培训开发专家。其中基层的培训师通常来自供应商,直接对创业者进行培训;其中一部分通过选拔后成为培训专家,对培训师尽心培训;具有多年经验的培训专家可能晋升为培训开发专家,参与项目的市场评估、材料开发和影响评价。[②]

(1)项目内容

SIYB 项目由 4 个独立的培训包组成,对应创业发展的不同阶段,针对特殊部门(如农业、建筑、旅游)、特殊群体(如青少年、低学历人群、农村工作者)或特殊地域(如特殊国家),培训资料也会做出相应调整。SIYB 培训包

---

① ILO. History[EB/OL]. [2019-01-27]. https://www.ilo.org/empent/areas/start-and-improve-your-business/WCMS_192060/lang-en/index.htm.

② ILO. Key actors[EB/OL]. [2019-01-27]. https://www.ilo.org/empent/areas/start-and-improve-your-business/WCMS_537069/lang-en/index.htm.

构成如表 5.7 所示。

表 5.7　SIYB 培训包构成

培训包名称	面向对象	内容	预计用时
形成你的创业想法（GYB）	有创业想法的人	通过培训，帮助他们形成一个具体的商业想法并准备实施	2～3 天
创办你的企业（SYB）	想创业并且已经有具体的商业想法的潜在创业者	培训、现场工作和支持，帮助学员评估他们创业的准备程度，编制商业计划并评估其可行性	5 天内
改善你的企业（IYB）	已经创业的企业家	六个模块：营销、成本计算、购买和库存控制、记录保存、业务规划、人员和生产力	7 天（可分）
扩展你的企业（EYB）	以增长为导向的中小企业	通过提供实用的工具促进业务增长，并将重点放在业务战略上。培训方案主要包括市场营销、运作、人力资源、财务和战略管理等章节。章节可以用作独立的培训或其他项目的配套产品	1～2 周（可分）

资料来源：ILO. Start and improve your business：implementation guide［R］. Geneva：ILO，2014.

除了上述内容，SYB 和 IYB 培训包还包括 SIYB 商业游戏。SIYB 商业游戏是一种特殊的模拟工具，旨在帮助参与者理解开创和运营企业的真实环境。EYB 商业游戏在培训中模拟商业扩张以帮助培训者体会商业运营中战略决策的影响。

(2)项目实施步骤

SIYB 经常作为国际劳工组织技术合作项目的一部分被介绍给各个国家，当一个国家希望引入 SIYB 项目时，首先要与 SIYB 全球协调小组联络，获得授权、指导、资源并知悉其他操作事项。获得授权后，项目的具体实施原则上将依照下述步骤进行①：

---

① ILO. Start and improve your business：implementation guide［R］. Geneva：ILO，2014.

- 测定市场对 SIYB 项目的需求：明确当地对创业培训是否有充足的需求，如果有，是否已存在相似或有竞争性的项目；明确如何就潜在获益者的需求调整具体内容，并在特殊环境中转变工作方式以使效果最大化。

- 选择合作组织并确定合作者：评估和选择合作伙伴组织，从而进一步执行培训并确保其他支持性工作的正常进行。

- 发展培训师：从培训服务供应商下的培训师中选择候选人，完成培训师发展周期培训。

- 发展培训专家：为保证对未来培训师的培训，从表现出色的培训师中选择候选人，完成培训专家发展周期培训。

- 调整和分发材料：调整和翻译材料以满足目标群体的需求。

- 在创业者层面执行：培训师和培训材料就绪后执行。

- 监督与评价：在培训师、培训专家和创业者三个层面，进行周期性评估和效果评价。

- 为项目可持续性做计划：保障财务、技术质量和机构发展的可持续性，从而确保项目的可持续性。

这一实施过程包含一个关键环节，即培训师培训。国际劳工组织建立了严密的培训师分级体系，并且有一整套培训和晋升程序。SIYB 项目设计采用了乘数战略，通过培养培训服务供应商独立开展培训和相关活动的能力，以及培训多层级的培训师，建立起一个树状的培训网络，确保项目的落地和长效实施。SIYB 培训师及培训专家培养程序及认定标准如表 5.8 所示。

表 5.8 SIYB 培训师及培训专家培养程序及认证标准

层次	培训师（ToT）	培训专家（ToMT）
培养程序	• 选择 SIYB 项目培训师候选人 • 参加初级培训师培训工作坊 • 至少选择一个 SIYB 培训包完成至少一轮创业培训 • 参加能力强化工作坊（可选） • 资格认证	• 从现有培训师中选择候选人 • 参加培训专家培训工作坊 • 为每个 SIYB 培训包执行至少一轮培训师培训 • 参加能力强化工作坊 • 通过培训专家考试 • 资格认证
认证标准	• 参与至少一次初级培训师培训 • 选择相关培训包实施至少一轮完整的创业者培训并报告结果 • 基于实地考察，分析至少一轮创业培训过程及其影响，作为案例	• 是经过认证的 SIYB 培训师 • 成功参加初级培训专家工作坊 • 为每一个 SIYB 培训包执行至少一轮完整的培训师培训，培训师中有至少 30% 完成至少一轮完整的创业培训 • 至少分析一个完整的培训师培训过程 • 参加能力强化工作坊 • 通过考试 • 每三年更新资格，标准是为每一个 SIYB 培训包执行至少一轮完整的培训师培训，培训师中有至少 30% 完成至少一轮完整的创业培训
时长	6~9 个月	1~2 年
花费	5 万~8 万美元	15 万美元

资料来源：作者根据 SIYB 实施指导手册整理。

经过多年的发展和积累，国际劳工组织总结出十项实施准则，以确保 SIYB 项目在各地的顺利实行并取得尽可能大的效果。第一，要以形成对创业者的影响为目标；第二，要因地制宜地调整项目内容，回应特殊需求；第三，从培训材料质量和培训师选拔标准入手，保证项目质量；第四，应用乘数战略扩大规模；第五，通过合理收费平衡花销，强化财务可行性；第六，采取灵活多变的培训内容、方法和传播途径；第七，及时监控和测量结果；第八，促进创造绿色体面工作机会；第九，与合作伙伴合作或在其他项目中融入

SIYB 项目；第十，注重可持续发展。[1]

(3)项目进展情况

目前，SIYB 项目已在超过 100 个国家落地实施，共有超过 3000 家合作伙伴组织，培训了超过 65000 名培训师和 300 多名培训专家，累计为超过 1500 万名创业者提供了培训。国际劳工组织跟踪调查显示，参与项目对创造工作机会有很高的贡献。2011—2015 年，SIYB 项目创造了 210 万家新企业和 630 万个新工作[2]。

5.3.3　女性创业支持项目

国际劳工组织特别关注女性劳动权益及女性创业机会保障，开发了女性创业发展（Women Entrepreneurship Development，WED）项目专门对女性创业提供支持。WED 项目由北爱尔兰和北美防空司令部等方面捐赠的 2002 年女性创业发展和性别平等（WEDGE）技术合作项目发展而来，该合作项目基于当地的经验，开发了一系列工具和方法用于帮助参与国和合作伙伴释放女性创业潜力，驱动就业和经济增长。2008 年，WED 项目发展策略被国际劳工组织管理部门采纳，自实施以来，与其他创业促进服务供应商合作，不断强化对女性创业者的支持，通过环境评价，支持政府和政策制定者消除女创业者可能面临的性别阻碍等方式，改善女性创业发展环境，强化发展中国家女性创业者能力，支持她们开创和发展自己的企业。[3]

(1)项目工具

WED 项目以"为想要开创和运营企业的女性提供培训和支持服务，以

---

① ILO. Start and improve your business: implementation guide[R]. Geneva：ILO,2014.

② ILO. Start and improve your business: implementation guide[R]. Geneva：ILO,2014.

③ ILO. Women's entrepreneurship development programme [EB/OL]. [2019-01-27]. https://www. ilo. org/empent/areas/womens-entrepreneurship-development-wed/lang--en/index. htm.

女性的视角为其赋权"为目标,为妇女创业发展创造良好环境,增强金融与非金融机构服务能力以更好满足女企业家的需求,提供有针对性的培训教材和方法,提高妇女创建和巩固可持续性企业的能力。[①] 为实现这一目标,WEB 项目开发了一系列工具和产品,支持女性创业,主要包括[②]:

• 女性创业能力发展评估方案,与国家利益相关者共同确定优先政策建议;

• 分社会性别的价值链分析,将社会性别概念纳入价值链各个环节;

• 举办女企业家活动月,推动女性企业家对经济和社会的贡献;

• 针对半文盲企业经营者的社会性别和创业能力培训项目;

• 提高女性企业家管理财务的金融知识,使她们能够选择满足需求的最佳金融产品;

• 通过"我的企业增长在行动"项目,识别和规划增长潜力;

• 开展服务提供者的自我评估,制订完善服务内容并扩展女性企业家客户的行动计划;

• 加强政策制定者和实施者的能力建设,以了解女性企业家的特定需求。

这些培训包应用于女性创业教育的不同层次,包括:改善创业教育环境;提升女性创业者能力;强化创业教育支持服务。每一个培训包都包含明确的目标、内容和实施手段,帮助使用者合理、高效地应用培训工具。WED 部分培训包简介如表 5.9 所示。

---

① 国际劳工组织. 妇女创业能力发展[EB/OL].(2014-11-10)[2019-02-04]. https://www.ilo. org/wcmsp5/groups/public/---asia---ro-bangkok/---ilo-beijing/documents/publication/wcms_194356. pdf.

② ILO. ILO-WED products[EB/OL].(2015-11-30)[2019-02-04]. https://www. ilo. org/empent/areas/womens-entrepreneurship-development-wed/facet/WCMS_431601/lang-en/index. htm.

表 5.9　WED 部分培训包简介

名称	目标	内容
社会性别和创业能力培训项目（Gender and Entrepreneurship Together Ahead）	从性别的角度出发,强化女性基本的商业和管理技能	主要包括四个模块:性别与创业的基本知识;商业女性及其所处的环境;商业计划;创业者、组织、管理
女企业家月（Month of Women Entrepreneur）	提供组织女性创业发展活动的方法	主要包括五步:识别合作伙伴;发展理性和主题活动;建立女企业家月活动日历;实施各项活动;监督与评价活动
服务提供者自查（Service Quality Check for Supporting Female and Male Operated Small Enterprises）	提升创业支持组织的服务质量,帮助小企业服务供应商实施性别自查,尊重女性创业者的需求	六个维度:客户维度:你有男性或女性客户/获益者吗?活动和服务纬度:对男女平等吗?方法维度:你的方法以基于性别的商业运转为目标吗?组织过程维度:你的组织结构和过程对男女同样合适吗?资源维度:你为女性和男性分配充足的资源吗?策略维度:你的策略、计划和目标具体提及男性、女性的工作吗?
成长导向女创业者评估框架（Assessment Framework Growth Oriented Women Entrepreneurs）	评估国家中现存的帮助女企业家潜力增长的支持机制	包括财务和商业支持服务、政策、法律、法规和对女企业家的现有文化与态度

资料来源:作者根据 ILO 公开资料整理。

(2)项目实施模式

WED 项目以国际劳工组织独立开发或与其他合作伙伴共同开发的培训产品为工具,从女性创业服务供应商质量和国家女性创业环境两方面入手,消除女性创业发展过程中可能会遇到的阻碍,提高针对女性创业者的教育培训及相关服务工作的质量,自上而下、由外至内地变革女性创业发展过程。WED 项目实施路径如图 5.3 所示。

影响	女性领导的企业促进就业和经济增长		家庭内和市场内性别更加平等	
成果	更多女性开创企业	女性领导的商业表现更好	女性在家庭内谈判的能力增强	女性创业所面临的性别障碍和限制条件更少
产出	女性客户获得充分培训并开创企业		国家支持WED的实施	
	金融和非金融服务供应商更好地为女性创业者服务		关键利益相关者支持国家变化的能力提高	
活动	支持相关行动内容实施，为女性提供服务	在性别敏感和与性别觉醒有关的领域进行培训并认证培训师	支持后续培训服务准备	利益相关者支持宣传工作
	促进自我检查和性别评估	根据当地环境调整培训材料	识别女创业家的培训和后期培训需求	支持国家起草实施WED备忘录
	确定相关的金融和非金融服务提供商		在国家层面执行女性创业发展环境分析	
产品投入	服务提供者自查	社会性别和创业能力培训	SIYB	后培训支持	金融教育和其他技能	WED环境分析

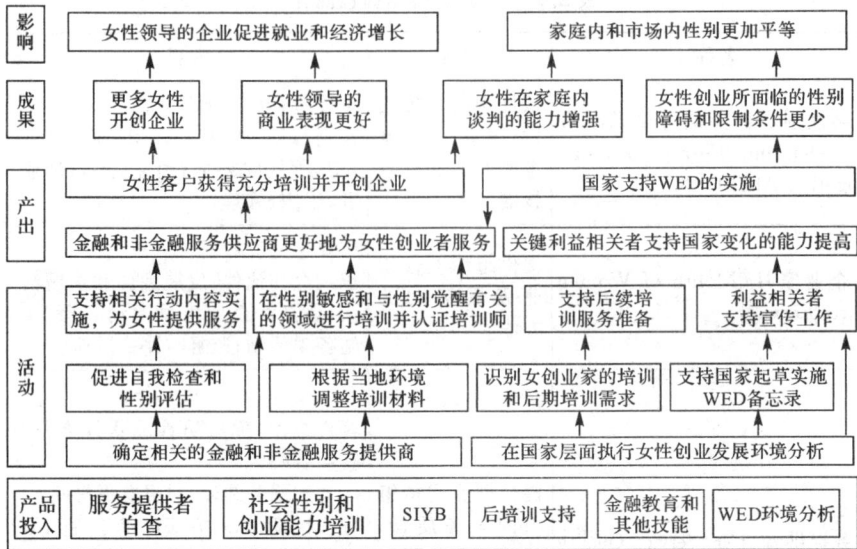

图 5.3　WED 项目实施路径

(3)项目进展情况

国际劳工组织的统计显示,50%的妇女生产潜力没有得到完全利用,消除体制障碍可以为妇女经营可持续性企业创造更多机遇,同时,赋予妇女经济权利,促进性别平等,也有助于创造新工作岗位。WED 项目在政策层面进行干预以促进女性创业发展。在老挝,经过培训和项目扶持,妇女领导的企业每月创造的利润增加了 50%,销售额翻倍。在莱索托,由于中小微企业政策中正式纳入了促进性别平等、残疾人就业等内容,政策更具包容性。在坦桑尼亚,女企业家联合会的会员增加了 60%。在非洲的 9 个国家,地方当局及其他利益方启动了每年一次的女企业家月活动。WED 项目自启动以来,实施国家超过 25 个,遍布非洲、阿拉伯国家、亚太地区、中亚和高加索地区,以及拉丁美洲,惠及了东非、南非和东亚等地区的 125 万人。①

5.3.4　国际劳工组织创业教育实践的特点

国际劳工组织是最早介入创业教育领域的国际组织之一,也是为各国创业教育发展提供最多切实可行方案的国际组织之一。国际劳工组织对创业教育的关注聚焦于通过创业教育改善劳动环境,提升就业机会,为特别是发展中国家的创业教育发展提供技术援助。国际劳工组织的技术援助项目基于一系列可灵活使用的培训包为创业教育提供工具,使用乘数策略持续性地培养创业教育教师,支持创业教育不同发展阶段问题的解决,重视项目评价与经验分享,从社会整体、国家政策、机构建设、能力建设等角度层层推进创业教育策略的实施。

(1)开发可灵活使用的培训包

开发培训包是国际劳工组织开展创业教育技术援助的重要手段。无论是 KAB 项目、SIYB 项目,抑或是 WED 项目,都有很丰富的项目培训包。这些培训包由组织专家研究开发,经试点进行试验并推广,结合合作方需求调整改进,为当地推进创业教育项目提供了科学可行的实践方案。这些培训包的设计具有很大的灵活性,主要体现在两个方面:第一,内容灵活。虽然每一个培训包都是经过严密的设计并经由实践验证后才投入使用的,但并不是一成不变的,而是可以根据需求不断调整。例如,KAB 项目培训材料每隔两年都会更新,培训包模块也随着创业教育需求的变化不断增加,培训手册在不同的国家也被翻译成不同的语言,根据各地实际改编成了不同的版本。第二,使用方式灵活。国际劳工组织设计的培训包好似乐高积木,

---

① 国际劳工组织. 妇女创业能力发展[EB/OL]. (2014-11-10)[2019-02-04]. https://www. ilo. org/wcmsp5/groups/public/---asia/---ro-bangkok/---ilo-beijing/documents/publication/wcms ＿ 194356. pdf.

既可以组合成一个完整的培训项目,也可以作为单独的培训工具,成为其他培训项目的一部分。此外,每个培训包有不同的模块,这些模块可以在一定的时间内集中学习,也可以分时段安排学习进程。

(2)使用乘数策略培养培训师

乘数策略是国际劳工组织培养储备师资的创造性方式,也是保持创业教育可持续发展的一种行之有效的方法。对培训师的培训是 KAB、SIYB 等项目中的重要组成部分。乘数策略的要点有三个:第一,国际劳工组织不直接培养各个国家一线的创业教育师资。这么做的好处在于一方面减轻了国际劳工组织的资源投入的负担,另一方面能够根据地区的具体情况充分利用资源。第二,为培训师提供了晋升通道,符合要求的培训师可以升级为培训专家,培训专家又可以晋升为培训发展专员,刺激了培训师业务发展的积极性。第三,培训师都来自创业教育实践一线。无论是培训师还是培训专家,都工作于创业教育一线,既具备理论能力,又具有实践经验,了解创业教育的切实需求。他们不仅负责培训的具体工作,还负责培训项目的设计、培训材料的开发。

(3)全方位支持创业教育发展

国际劳工组织对创业教育的技术支持囊括了创业教育的各部分。其一,国际劳工组织将创业教育划分为不同的阶段,包括创业意识培养、创业能力构建、创业项目落地、企业后续发展,针对每个不同的发展阶段提供不同的技术支持。以 SIYB 项目为例,四个培训包分别针对企业发展过程中的不同阶段,基于每个阶段的具体需求,提供创业教育支持。其二,国际劳工组织关注从社会整体环境、国家政策、机构建设、创业者能力等层面入手,为创业教育提供技术支持。以 WED 项目为例,培训工具中包括建设良好的女性创业环境,帮助政府设计基于性别要素的创业政策,提高女性创业服务供应商的服务质量,提高女性创业者的创业能力。

(4)重视项目评价与经验分享

国际劳工组织十分重视对创业教育技术援助的效果进行评价,并且有意识地搭建平台,分享各地的项目经验和有价值的创业教育信息。一方面,地方、区域、全球层面执行的创业教育援助项目都要指定专员,定时向各级领导机构及国际劳工组织国际协调小组汇报项目的实施情况,这项工作一般由各级的培训师担任。另一方面,在信息时代,国际劳工组织的技术援助项目都开发了项目信息共享与交流在线平台。KAB 项目、SIYB 项目和WED 项目设有门户网站、网络空间或共享平台,方便利益相关者随时上传相关的材料,也便于感兴趣的人查阅和下载资料。

5.4　本章小结

本章选取了联合国教科文组织、世界银行和国际劳工组织三者作为研究对象,以案例的形式呈现出国际组织推进创业教育发展策略的主要举措。三大国际组织在组织宗旨、对创业教育的认识、侧重的创业教育阶段、推动创业教育发展的方式、约束力方面,呈现出了差异化的特点(见表5.10)。

表 5.10　三大国际组织在推进创业教育发展策略过程中的异同

表现方面	联合国教科文组织	世界银行	国际劳工组织
组织宗旨	促进人类和平与发展	消除贫困,发展经济	促进社会公正、人权与劳动权利
对创业教育的认识	扶贫维度、赋能维度	发展维度、扶贫维度	发展维度、赋能维度
侧重的创业教育阶段	基础教育阶段、职业教育阶段、大学教育阶段	职业教育阶段、非正规教育阶段	职业教育阶段、大学教育阶段、非正规教育阶段

续表

表现方面	联合国教科文组织	世界银行	国际劳工组织
推动创业教育发展的方式	以话语传播为主,技术援助为辅	以经济援助为主,技术援助为辅	以技术援助为主,话语传播为辅
约束力	劝导导向,约束力较弱	有严格审查程序和法律条款,约束力强	由成员方要求并合作,约束力较强

由表 5.10 可以看出,联合国教科文组织致力于促进创业教育作为一种新的教育"话语"在全球的传播,侧重基础教育、职业教育和大学教育阶段。为此,联合国教科文组织采取了三种手段:其一,设立创业教育联盟,组织系列性的国际会议和学术交流活动,促进各国创业教育交流;其二,设立创业教育教席,以其为立足点,对各个国家和地区的创业教育施加影响;其三,借助已有的职业技术教育与培训项目,通过开办主题会议和设立创业教育项目等多种形式,促进创业教育与职业教育的融合,进而增进国际社会对创业教育的认识。联合国教科文组织更注重创业教育在扶贫和赋能维度的价值,这也与该组织的宗旨相吻合。但由于联合国教科文组织偏向于劝导性组织,创业教育策略对成员方的约束力较弱。联合国教科文组织始终以人文主义为引领推进创业教育发展,注重国际合作。

世界银行主要致力于为各国创业教育发展提供经济援助,侧重职业教育阶段和非正规教育阶段。世界银行经济援助的内容分为三个层次,也与创业教育发展的内部逻辑相符:其一,支持创业教育与培训,包括投资改善已有的创业教育项目与机构,以及投资新的创业教育项目;其二,支持初创企业与中小企业发展,包括金融支持和非金融支持两部分;其三,支持改善创业教育的外部环境,包括改善政府服务与投资创业孵化平台等。世界银行更注重通过创业教育实现发展经济、消除贫困的组织目标,因此倾向于从发展维度和扶贫维度认识创业教育。由于世界银行经济援助的申请、审批、拨款、使用、督查有一套严格的程序和法律依据,因此世界银行创业教育策略对成员方的约束力强。世界银行创业教育经济援助项目体现出综合性、整体性和针对性的特点。

　　国际劳工组织重视通过创业教育促进就业并提高劳工能力,开发了大量的创业教育支持项目,其中以"了解企业"(KAB)项目、"创办并改善你的企业"(SIYB)项目以及"女性创业发展"(WED)项目较为典型,影响范围较广。依托这些项目,国际组织开发了灵活可用的培训包作为基本的技术援助资源,使用乘数策略培养培训师以提升创业教育的可持续性,全方位支持创业教育内部要素到外部要素的发展,并十分重视对技术援助项目的评价和经验分享。国际劳工组织的项目多集中于职业教育、大学教育和非正规教育阶段,由于国际劳工组织项目实施需要由成员方申请并由国际劳工组织监督,因而国际劳工组织的创业教育策略对成员方也有一定的约束力。

第6章

国际组织创业教育发展策略的特点、影响、局限与对我国创业教育发展的启示

在全球治理的语境下,国际组织承担着应对全球挑战的国际责任。创业教育在经过数十年的积累和发展后,因其在解决社会发展问题中的突出作用而备受国际社会关注。以联合国系统内各专门机构为代表的国际组织将创业教育视为进行全球治理的关键手段,不仅出台了多样的策略引导和助力国际创业教育发展,还采取了切实的行动推进国际创业教育发展策略在全球的传播与落实,深刻影响国际创业教育的发展进程,也为我国创业教育发展提供了经验借鉴。

6.1 国际组织创业教育发展策略的特点

从 20 世纪 80 年代末算起,创业教育议题进入国际组织的视野已有 30 多年的历史。与主权国家相比,以联合国系统内专门机构为代表的国际组织的创业教育活动拥有很强的立场优势和资源优势。国际组织创业教育策略不受特殊国家的特殊需求影响,而是能够从创业教育自身发展的角度和

国际社会的整体需求出发,鸟瞰全球创业教育进展情况,并以此为基础提出相应的行动计划和发展方式——这是国际组织特有的立场优势;而作为国际多边合作的枢纽,国际组织与各国政府和其他民间组织联系密切,有能力掌握全面的、综合的创业教育资料,也有渠道收集和利用国际社会的各种可用资源,如资金、专家等——这是国际组织突出的资源优势。基于特殊的立场和资源,国际组织创业教育发展策略呈现出公共性、立体性、指引性、合作性的特征。

6.1.1　公共性:实现人类共同利益

在全球化时代,人类社会早已形成了你中有我、我中有你的"命运共同体"。国际组织作为国际多边合作的中心机构,积极寻求实现人类共同利益的有效方式。共同利益又称公共利益,服务于既定社区与机构中全体人员的共同需求。[①] 人类共同利益不以特殊国家、特殊人群、特殊行业为目的,旨在实现全球公民的共同福祉。国际组织将创业教育作为实现人类共同利益的一种手段,呼吁各国向国民提供创业教育并促进全球社会的可持续发展。

(1)创业教育的三种价值意蕴

国际组织从经济、社会、文化三个角度认识创业教育。

①创业教育具有极高的经济价值是国际社会对创业教育统一也是普遍的认知。国际组织无一例外都注意到了创业教育的经济价值,并且着力推动创业教育发展以实现全球社会的经济利益。第一,国际组织认为创业教育能够培养学生的商业意识和商业思维。创业教育脱胎于商学院,启发学生形成商业构想、鼓励学生尝试商业行为是创业教育的基础内容。KAB 等创业培训包的内容就反映了这一认识。第二,国际组织相信创业教育能够增加创业活动,如世界银行指出,创业教育与培训代表一种学术教育或正规

---

① ETZIONI A. Common good[M]. Cambridge: Polity,2004: 126.

训练干预，支持学生参与各种各样的创业活动并提升他们的表现。[①] 第三，国际组织了解创业教育带动经济发展的潜能。斯坦福校友调查研究显示，仅斯坦福一所大学就通过创业教育孕育出超过 39900 家活跃的创业企业，总计创造了 2.7 万亿美元的产值，相当于世界第十大经济体。[②] 经济危机后国际组织对创业教育的密切关注也反映了国际组织对其经济价值的重视。

②国际组织也注意到了创业教育的社会价值。首先，国际组织将创业教育作为促进就业的有效手段，以此来解决失业这一全球社会普遍的问题。国际劳工组织报告显示，2017 年全球失业人数超过 1.92 亿，还有 14 亿人处于脆弱就业状态。联合国与世界银行、国际劳工组织共同发起的青年就业联盟，强调通过创业教育解决青年就业问题。其次，创业教育能够鼓励学生积极承担社会责任。创业教育的重点内容之一是培养学生的公民意识和社会责任感，引导他们积极关注外部环境并思考变革的方式。在此基础上，创业教育还能够教导学生通过社会创业的方式，解决全球共同面临的社会问题。国际组织的诸多创业教育活动都体现了这一点。

③国际组织还格外关注创业教育的文化价值。一方面，国际组织强调通过创业教育培育创业文化。联合国教科文组织、贸发会议和国际劳工组织等都多次提到，创业教育与文化环境密切相关，是促进创业文化形成的关键手段。从国际范围来看，美国对国际组织的影响不容忽视，美国创业文化与创业教育的共生关系很好地展示了创业教育的文化价值。另一方面，随着人文主义教育理念的复兴，国际组织更是反复强调创业教育与人的自强、自由、自尊之间的关系。人文主义是西方惯有的价值传统，也是深刻影响国

---

① World Bank. Framing the global landscape of entrepreneurship education and training programs[R]. New York：World Bank，2013.

② EESLEY C E ，MILLER W F. Impact：Stanford University's economic impact via innovation and entrepreneurship[J]. Foundations and trends in entrepreneurship，2018，14(2)：130-278.

际组织的价值理念。"成为创业者是一种生活方式,也是看世界的一种方式。创业者享受独立与自由。"通过创业教育传播现代文化,是国际组织对创业教育的重要定位。

(2)将创业教育作为公共产品

国际组织基于创业教育的属性和价值,将其作为一种公共产品,呼吁各国政府通过各种形式向全体公民提供。

公共产品理论是现代西方经济学中的核心理论之一。萨缪尔森(Samuelson)在两篇经典论文《公共支出的纯理论》和《公共支出理论的图解》中,将公共产品定义为"个人对此种产品的消费不会减少其他人对这种产品的消费,即所有人共同享有这种产品"。并且,"这种产品不论个人是否愿意购买,都能使整个社会的每一位成员获益"。虽然对公共产品、准公共产品的具体划分还有诸多讨论,但这一定义已被学界广泛接受。根据这一定义,公共产品具有两个重要的特性:①非竞争性,即个人对这一产品的消费不会影响其他人的消费成本;②非排他性,即个人对这一产品的消费不能排除其他人的消费机会。[①]

一方面,创业教育归根到底只是教育的一种类别,其作为公共产品的属性不会因增加了"创业"二字而消失。毫无疑问,教育是一种公共产品(或被称为准公共产品)。约翰·穆勒在《政治经济学原理》中指出,政府的职责是保卫国家安全和人民生命,制定规则和法律,建设公共设施,办教育并提供社会保障。[②] 虽然就消费者的直接消费而言,由于教育资源有限,教育产品具有一定程度的竞争性和排他性,但在现实中,因教育而实现的社会效益具有显著的正外部性,即对教育社会效益的消费具有非竞争性和非排他性,政

---

① 刘佳丽,谢地.西方公共产品理论回顾、反思与前瞻:兼论我国公共产品民营化与政府监管改革[J].河北经贸大学学报,2015,36(5):11-17.

② 穆勒.政治经济学原理及其在社会哲学上的若干应用(下卷)[M].胡企林,朱泱,译.北京:商务印书馆,1991:568.

府更多以免费或低收费的形式向社会提供和生产大量的公共教育。因此，教育应被视为"准公共产品"。[①] 另一方面，从公共产品的定义来看，创业教育无疑是随着时代和教育的发展而新诞生的一种公共产品。首先，如前文所述，创业教育具有很高的经济、社会、文化价值，能够使小到公民个体及公民所处的社区、大到整个国家和国际社会获益。其次，创业教育具有非竞争性及非排他性的特征，即一部分人接受创业教育既不会增加另一部分人接受创业教育的成本，也不会减少另一部分人接受创业教育的机会。

因此，国际组织主张各国政府将创业教育作为一种公共产品，鼓励并帮助各国政府向公众提供创业教育。为推动这一目的的达成，不同的国际组织采取了许多不同的方式。方式一，以联合国教科文组织为代表，国际组织鼓励各国政府将创业教育融入国家公共教育体系，由政府直接向学生提供创业教育。方式二，以国际劳工组织为代表，国际组织帮助和支持各国政府通过财政或政策支持与私人部门合作提供创业教育。方式三，以贸发会议为代表，国际组织引导各国政府通过制定一系列的法律法规和微观政策以保证创业教育的实施及质量。

(3) 通过创业教育实现可持续发展

创业教育是国际组织为实现国际社会可持续发展所采取的关键手段。2015年，世界各国领导人在联合国峰会上通过了2030年可持续发展议程。目标4"确保包容和公平的优质教育，让全民终身享有学习机会"中包括"大幅增加掌握就业、体面工作和创业所需相关技能，包括技术性和职业性技能的青年和成年人数"；目标8"促进持久、包容和可持续经济增长，促进充分的生产性就业和人人获得体面工作"中包括"推行以发展为导向的政策，支持生产性活动、体面就业、创业精神、创造力和创新；鼓励微型和中小型企业

---

① 刘佳丽，谢地. 西方公共产品理论回顾、反思与前瞻：兼论我国公共产品民营化与政府监管改革[J]. 河北经贸大学学报，2015，36(5)：11-17.

通过获取金融服务等方式实现正规化并成长壮大"①。国际组织一方面以创业教育为载体,培养学生可持续发展技能;另一方面以创业教育为着力点,改善国际社会发展方式。

全球公民可持续发展技能的提升是实现可持续发展的要点。以联合国教科文组织为代表的国际组织认为,创业技能是促进可持续发展转变的关键能力,创业教育和生计教育、可持续消费和生活方式教育、支持可持续生产的职业技术教育三者共同促进了可持续发展技能的提升,因此要强化创业教育,增加创业培训②,通过提升个人可持续发展能力促进人类社会可持续发展。此外,国际组织也企图通过创业教育变革学生的思维方式和行动能力,进而转变国际社会发展方式。教科文组织与联合国环境规划署合作发起的"青年变革"(Youth X Change)计划,通过教育、对话、意识提升和能力建设等方式,促进青年的可持续生活方式转变。该计划出版的《绿色技能与生活方式指导手册》,引导青年进行绿色创业和社会创新以实现社会发展方式转变,通过创造新的产品和服务解决社会、文化和环境领域的诸多问题,满足社会可持续发展的需求。③

6.1.2　立体性:促进创业教育立体发展

从国际创业教育发展的历史进程看,无论是以美国为代表的西方发达国家,还是以中国为代表的发展中国家,创业教育都是始于大学阶段,最初都是以开办企业为目标面向少数人展开的。可以说,在创业教育发展的初期,国际社会对创业教育的认识是较为狭隘的。国际组织较早地认识到了

---

①　联合国.可持续发展目标[EB/OL].[2019-04-12].https://www.un.org/sustainable-development/zh/.

②　UNESCO. ESD + TVET: promoting skills for sustainable development[R]. Paris: UNESCO, 2012.

③　UNESCO, UNEP. Youth X Change: green skills and lifestyles guidebook[R]. Paris: UNESCO, 2016.

这一问题,主张创业教育要拓展长度、广度、目标和类型各方面内容,实现立体式发展。

(1)延展创业教育长度

创业教育立体式发展首先体现在创业教育的长度上。世界经济论坛将创业教育过程归纳为两条通道:在正规教育层面,将创业教育划分为基础教育、高等教育、继续教育三种类型;在非正规教育层面,将创业教育融入社会发展的全过程。国际组织普遍认为,创业教育应尽早开始并贯穿人的一生,主张在各级各类教育中融入创业教育的内容,形成一个完整的、连贯的创业教育体系,从学前教育开始,贯穿包括中学、大学、职业教育、非正规教育在内的终身教育全过程。

国际组织致力于延展创业教育长度,推动创业教育终身化主要是受终身学习理念和创业教育自身特点的影响。朗格朗(Lengrand)于1965年首次提出终身教育理念,认为教育应是贯穿于人的一生与人的各个发展阶段的持续不断的过程。这一理念随着对人主体地位的认知逐渐转化为终身学习理念,即学习者应拥有终身学习的机会和能力,教育应为学习者提供他们所需的各种资源。联合国教育可持续发展目标"确保包容、公平的优质教育,促进全民享有终身学习的机会"也反映了这一趋势。无疑,"学会创业"是新时期任何人都具备的学习需求,因而,创业教育应以教育的起点为起点,满足人在不同发展阶段的创业学习需要。此外,创业教育以创业精神和创业意识的培养为基础,具有很强的实践导向。研究早已表明,掌握创业基础知识,培养创业态度的最佳阶段是青少年时期[①]。这就要求创业教育应在学生创业态度形成初期展开,并根据不断变化的外部条件,持续给予学生创业学习支持。

---

① FILION L J. Ten steps to entrepreneurial teaching [J]. Journal of small business & entrepreneurship,1994, 11(3):68-78.

国际组织以高等教育为落脚点,致力于推动创业教育向前后延伸。国际组织认为,创业教育越早开始越好,在完整的创业教育体系框架下,国际组织会根据不同阶段的教育特点和学生需求,相应调整创业教育的内容。这也是当前国际创业教育的主流趋势,欧洲 2020 战略提出要将创意、创新和创业融入各个阶段的学校课程和培训活动。伯恩(Byrne)和法约尔(Fayolle)对 13 个 OECD 国家和地区进行调查后发现,54％的国家已经将创业教育纳入小学教育阶段;77％的国家已经将创业教育融入中学教育阶段;69％的国家将创业教育融入职业/技术教育层次。[①]

(2)拓宽创业教育广度

创业教育立体式发展的第二个维度是拓宽创业教育的广度,即拓宽创业教育的面向对象,使所有人都能接受创业教育。受教育是每一个公民的基本发展权利,而教育的内容则随着时代的变化而变化。进入知识经济时代以来,知道是什么(know-what)和知道为什么(know-why)的重要性正在下降,而知道怎么做(know-how)和知道谁能做(know-who)则变得愈发重要,因此公民的基本学习需求正在发生巨大的转变。2012 年联合国教科文组织全民教育全球检测报告指出,所有的年轻人都需要三种类型的技能,包括基础技能、可迁移技能和职业技术技能,其中,创业能力是可迁移技能的重要组成部分。同时,创业教育也能够培养学生分析和解决问题的能力、创造力、领导力等,而这些都是 21 世纪公民所必备的素质。[②]

因此,国际组织主张创业教育应向全民展开,并格外关注处于贫困循环中的需求创业者、处于失业中的青年、处于不平等地位的女性和处于危机中的弱势群体等。同时,国际组织的创业教育活动也证明了全民创业教育的

---

① BYRNE J, FAYOLLE A. Global university entrepreneurial spirit students' survey national report[R]. Lyon, France: EM Lyon,2010.

② UNESCO. Rethinking education: towards a global common good? [R] Paris: UNESCO, 2015.

可行性。不同的国际组织根据自身使命的不同,侧重于对不同类型的人群开展创业教育。如粮农组织重点关注农村地区和农业人口,通过创业教育提升农民创业技能;国际劳工组织以改善劳工的技能和工作环境为己任,为不同年龄阶段的劳动者提供创业培训,提升他们自谋职业的能力;世界银行则将创业教育的对象分为中学生、大学生、潜在创业者和创业实践者,主张以不同类型的创业教育和培训项目提升创业能力。

(3)细化创业教育目标

创业教育立体式发展的第三个维度是细化创业教育的具体目标。学界对创业教育目标的讨论由来已久。有学者认为,创业教育可分为关于创业的教育(education about entrepreneurship)、为了创业的教育(education for entrepreneurship)和在创业中的教育(education in/through entrepreneurship)三种不同的层次,对应不同的创业教育目标。[①] 其中,在国际创业教育发展过程中,为了创业的教育是最先发展形成的,也是最为普遍的,旨在通过创业教育为有志从事创业活动的学生做必要的准备,偏向于切实的创业技能培养。而关于创业的教育的主要目标是培养学生的创业意识和创业精神,使他们了解创业和创业者。在创业中的教育则强调通过创业教育和创业活动,使学生能够以创业的思维认识和思考周围的世界,通过创业的方式解决学习、工作、生活中遇到的种种问题。

国际组织对不同层次的创业教育目标有着清醒的认识,强调创业教育目标不是单一的而是多元的,不仅指向创业活动,还指向创业型思维、能力和价值观。因而,国际组织的创业教育目标包含情感、认知、技能、行为四个方面。在情感层面,国际组织主张创业教育应培养学生正确、积极的创业态度,并接受将创业作为谋生和实现个人价值的方式。在认知层面,国际组织

---

① 倪好.美国高校社会创业教育研究:基于创业教育三分法的视角[D].杭州:浙江大学,2018.

认为应使所有人了解创业的基本知识,包括创业者特质、创业的具体过程、创业所需的外部支持等内容。在技能层面,国际组织通过技术支持等方式,为创业者提供创业培训,使他们掌握具体的创业技巧,切实提升创业能力。在行为层面,国际组织鼓励创业行为,并为实际创业过程中遇到的问题提供帮助。

(4)丰富创业教育类型

国际组织强调创业教育立体式发展还表现在国际组织重视不同类型的创业教育。创业教育与创业密不可分,那什么是创业? 随着社会创业、内创业概念被大众接受,创业教育已不再局限于开办企业的范畴,商业创业教育、社会创业教育、内创业教育共同构成了国际组织创业教育的内容。

创办企业是创业最初的含义,但是随着经济形势的变化,"创办企业"的含义也在发生深刻的改变,通过复制已有的商业模式进行传统贸易、开办基于简单劳动的作坊式工厂等传统意义上的商业创业已经不能满足当代经济发展的需求。国际组织重视基于创新的创业,并且致力于通过创业教育改变需求创业者的创业模式,将其转变为机会创业者。同时,随着对创业理解的深入,国际组织开始将目光投向商业创业以外的领域,尝试以创业为手段解决社会问题,强调以创新创业的思维和方式破解全球困境。例如,国际劳工组织 2010 年在创业培训包中就新增了社会创业教育的模块。内创业,又称岗位创业,指在已有的组织内部开拓新业务、创造新机会、产生新价值的实践活动[1]。在职业教育中融入创业教育的内容是国际组织推动内创业教育的一种尝试。

---

① PARKER S C. Intrapreneurship or entrepreneurship? [J]. Journal of business venturing,2011,26(1):19-34.

6.1.3 指引性:引领各国创业教育进步

国际组织作为最早关注创业教育议题的全球行动者之一,是国际创业教育策略扩展的重要推手。国际组织作为国际创业教育发展智库,为各国创业教育发展提供建议。同时,国际组织通过总结和反思各国创业教育的经验,以多种形式推广创业教育的"最佳实践"。此外,国际组织利用自身的资源,在国际各国因地制宜地开展创业教育支持活动。国际组织作为各国创业教育的灯塔和引路人,其创业教育发展策略引领和协助各国创业教育的进步。

(1)国际创业教育发展智库

智库,也称为思想库,作为一种社会组织特指稳定的、相对独立的政策研究机构,其研究人员运用科学的研究方法对广泛的公共政策问题进行跨学科的研究,并在与政府、企业及大众密切相关的政策问题上提出咨询建议。[①] 国际组织从一定程度上承担了全球社会发展过程中智库的功能。从智库定义出发,国际组织是国际社会区别于主权国家的相对独立的行动主体,通常拥有来自世界各国的专家和工作人员,并密切关注国际社会发展过程中共同面临的一些问题,引导、鼓励和帮助各国政策的制定。例如,联合国教科文组织通过下设的国际教育局(IBE)、国际教育规划研究所(IIEP)、终身学习研究所(UIL)等教育机构,从事教育政策的研究、咨询与传播等工作;世界银行帮助各国应用创新知识应对他们面临的挑战,通过政策咨询、研究分析和技术援助为发展中国家提供支持。特别是在教育领域,国际组织对新型教育思想的产生与传播、各国教育政策的制定有着不容忽视的影响力,是当代国际教育发展的重要智库。

作为国际创业教育发展智库,国际组织主要通过以下三种方式指导各

---

① DICKSON P. Think tanks[M]. New York: Atheneum,1971:5.

国发展创业教育。其一,开展创业教育研究。联合国教科文组织多年来致力于创业教育研究,从《具有创业精神:技术指南》到创业教育生态系统研究再到《使青年创业成为一条可行的道路》,组织各国专家就创业教育过程中可能面临的问题加以研究。其二,为各国创业教育发展提供政策建议。贸发会议对创业政策的关键要素,创业教育的政策方式、政策领域、政策手段和关键项目进行研究,提出了创业政策框架和实施指导意见供各国参考。国际劳工组织也就在职业技术教育中融入创业教育的具体执行方式和政策路径,为各国提出建议。其三,为各国创业教育交流搭建平台。"真理愈辩愈明。"良好和充分的交流与沟通是加强政策科学性的重要方式。国际组织通过组织大量的国际会议,为各国提供了交流创业教育理论与经验的平台,间接为各国提供了学习国际创业教育最新成果的机会与资源。

(2)总结并推广创业教育的"最佳实践"

21 世纪以来,作为现代国际政治核心特色之一的国际组织,通常坚持这样一种正统信念,即通过"最佳实践"的全球模式来提高各国高等教育的入学率和构建各国高等教育质量保障体系,进而向各民族国家高等教育发展提供统一的政策导向。[①] 在创业教育领域也是如此。各国的创业教育发展虽然具有各自的节奏和特点,但是也具有许多共性。国际组织能够接触和收集大量的来自各个国家的创业教育相关信息,国际组织会基于此对创业教育发展过程中遇到的问题进行反思,对成功和失败的经验进行总结。"最佳实践"可以是一项技术、一种方法、一个过程、一个活动、一种激励或奖励,如果这项技术、这种方法或是这个过程被认为可以提供比其他技术、方法和过程更加有效的结果,就可以成为"最佳实践"项目。

对"最佳实践"的总结和推广成为国际组织引领各国创业教育发展的主

---

① 许文立.全球化背景下的国际组织与世界高等教育发展[J].教育理论与实践,2018,38(6):3-5.

要手段之一。世界银行基于对各国创业教育与培训项目的研究,形成了创业教育与培训概念框架,依据创业教育项目环境、项目特点、参与人员和项目成果对创业教育进行分析。这一概念框架就是世界银行形成的一种关于创业教育分析与构建方式的"最佳实践"。以此为基础,世界银行对加纳、肯尼亚和莫桑比克的创业教育情况进行了研究分析,并提出创业教育与培训项目应更好地适应不同目标群体的需求,思考如何通过创业教育更好地支持高增长型的潜在创业者,为适应多变的外部环境对项目进行监督与评价,并提供了一系列详细的政策建议。联合国教科文组织在将创业教育融入职业技术教育与培训的过程中,将肯尼亚开展创业教育的案例作为非洲地区创业教育的"最佳实践",记录、研究、分析肯尼亚推广创业教育的方法与路径。国际劳工组织也积极对各国创业教育实践进行总结,形成了《支持创业教育:KAB 项目全球推广报告》等国际"最佳实践"案例报告,以及《KAB 项目在约旦》《KAB 项目在也门》等国家"最佳实践"总结报告。

6.1.4　合作性:推动创业教育全球合作

诚如联合国之宗旨所述,要"促成国际合作,以解决具有经济、社会、文化及人类福利性质之国际问题"。国际组织创业教育注重凝聚多方力量,调动多种资源,呼吁和推动全球合作。

(1)吸引企业伙伴参与

国际组织重视企业对创业教育的参与。一方面,随着可持续发展理念被企业接受的程度越来越高,企业肩负起经济、社会、环境"三重责任"。现在,积极承担企业责任的商业实体正与联合国共同努力,让世界更美好。创业教育作为当前国际组织乃至全球社会的一项"显学",是企业能够参与并改善世界的一个可行方式。另一方面,企业与创业教育息息相关,是创业教育生态系统的关键构成部分,企业和企业家能通过提供专业知识、专家指导、创业导师、社会投资、经费支持等方式,为促进创业教育发展做出努力。另外,企业可以在工作过程中培养员工的创业技能和创业态度,营造创业文化,直接推动创业教育进程。①

国际组织无论是在创业教育策略制定还是在全球推进的过程中,都重视利用企业的人力、物力及财力。联合国全球契约是一项战略政策倡议,共有来自超过 160 个国家的逾 9500 家公司参与了这项倡议。2015 年全球契约发布《投资青年创业和就业》说明,呼吁企业促进青年创业精神并为青年创业投资。说明中提出,企业要从以下几个方面支持青年创业:①灵感,与青年分享企业创始的灵感与历史;②教育,协助青年形成商业计划并就可行的商业模型提出反馈建议;③资金,帮助青年从银行和其他商业领导者手中获得创业资金;④导师,制订指导计划,建立企业业务与新企业间的联系;⑤资源,给予青年企业机会,包括采购他们的产品和服务;⑥建议,与商业协会和政府合作,促进创业生态系统建立。②

(2)利用民间社会资源

民间社会是政府和企业之外的"第三部门",由民间社会组织和非政府组织构成。正如第 3 章所论述的,以非政府组织为主的民间社会是国际社会中关注创业教育的一支重要力量,对国际创业教育理念的传播以及实践活动的落地都具有不容忽视的影响力。

联合国教科文组织、世界银行、国际劳工组织等联合国系统内机构都与民间社会力量建立了长久且密切的合作联系。国际组织在开展创业教育活动时,也时常借助民间社会的资源,主要包括资金资源和技术资源。例如,

①　WILSON K E, VYAKARNAM S, VOLKMANN C, et al. Educating the next wave of entrepreneurs: unlocking entrepreneurial capabilities to meet the global challenges of the 21st century[R]. Geneva: WEF, 2009.

②　UN Global Compact. Investing in youth entrepreneurship and employment[EB/OL]. [2019-04-12]. https://d306pr3pise04h. cloudfront. net/docs/issues _ doc% 2Flabour% 2Fyouth_employment%2FInvest_Youth_Entrepreneurship_Employment. pdf.

世界银行的多项创业教育援助项目是与民间社会合作完成的,"摩洛哥帮助弱势青年创立微型企业项目"由中东及北非过渡基金提供 550 万美元的支持。再如,构成国际劳工组织 SIYB 项目主干的"培训服务商"中就包括大量的官方或半官方组织、商业发展组织以及非政府组织等。

6.2　国际组织创业教育发展策略的影响

国际组织作为国际社会的"意见领袖",其创业教育发展策略对国际、区域、国家三个层面的创业教育发展产生了深远的影响。

6.2.1　国际层面:强化创业教育的合法性

在经济危机之后,创业教育在国际教育领域几乎成为"显学"。但是,国际社会对创业教育的争论至今仍旧存在,即使是创业教育发展相对成熟的美国,对创业教育"合法性"的讨论依然不绝于耳。[1] 国际组织创业教育发展策略的第一大影响,就是在国际层面强化了创业教育的合法性,从而稳固了创业教育发展的根基。

(1)何为合法? 创业教育合法性的内涵

要讨论创业教育的合法性问题,首先要明确何为"合法性"。"合法性"是政治学、法学、社会学等学科领域中的热门概念,用以表达"某一事物具有被承认、被认可、被接受的基础"的含义,这种基础可能是某项规则、某种标准、某一习惯等,总是受到情景的限制。[2] 德国政治社会学家马克斯·韦伯

---

[1]　王占仁,常飒飒.美国高校创业教育"成熟性"、"合法性"及"发展趋势"的论争与启示[J].比较教育研究,2016,38(1):7-13.

[2]　赵爽.教育政策合法性研究[D].长春:东北师范大学,2005.

(Max Weber)认为,合法性就是人们对享有权威的人的地位的承认和对其命令的服从;德国当代思想家哈贝马斯(Habermas)则认为,合法性意味着对于某种要求作为正确的和公正的存在物而被认可的政治秩序来说,有一些好的根据,一个合法的秩序应得到承认。合法性意味着某种政治秩序被认可的价值。[①] 无论是采用哪一种概念,有一点都是不容忽视并且可以达成共识的:合法性的关键在于"有依据地认可并接受"。

国内外学者对合法性所包含的"依据"都有所讨论。美国奥德里奇和费奥尔提出的评估新兴行业合法性的理论模型认为,新兴事物的合法性主要由三种形式构成:①认知合法性,指新产品、新程序、新服务被接受或被认为是理所当然的程度;②道德合法性,指新产品对社会文化规范和价值的适应程度;③管理合法性,指新产品对管理机构的制度和规范的适应程度。[②] 国内学者赵瑛、郁建兴基于组织制度的三种基础要素——认知性、规范性和规制性——将合法性细分为三个方面:①认知合法性,指客观外部世界及环境内化于个体,从而唤起个体的理解、判断、评价与回应过程的"合理性";②规范合法性,指包含价值观、目标和行为标准的"合道德性";③规制合法性,指由明确的、外在的预设规则与非正式的约定规则共同构成的"合法律性"。[③]

基于此,我们可以从三个层面理解创业教育合法性的内涵。第一,认知层面,即创业教育是否得到人们的普遍认可和接受。这实际上涉及许多创业教育的根本问题,如:创业教育的定义是什么? 创业教育的对象是谁? 创业教育是否可教,如何教? 第二,道德层面,即创业教育是否符合社会整体以及学习者个体的需求和期待。这从根本上是对创业教育价值的拷问,要

---

① 庞颖.政府间国际组织的合法性研究[D].厦门:厦门大学,2008.

② 王占仁,常飒飒.美国高校创业教育"成熟性"、"合法性"及"发展趋势"的论争与启示[J].比较教育研究,2016,38(1):7-13.

③ 赵瑛,郁建兴.公共行政合法性:概念、结构及危机[J].浙江社会科学,2015(5):60-69,157.

对诸如"创业教育是一时用以解决问题的'万用药'还是一种应该一以贯之的新的教育内容?"这类问题进行回答。第三,制度层面,即创业教育是否符合所处外部环境的要求。这种要求包括软性的如外在文化和国际趋势,也包括硬性的如国家政策、国际公约。

(2)为何合法? 国际组织作为合法性来源

从创业教育合法性的三重内涵出发,国际组织作为国际社会的"新权威",在国际层面强化了创业教育合法性。

第一,国际组织通过传播创业教育理念增强人们对创业教育的认识,进而强化创业教育在认知层面的合法性。国际组织的理念传播方式有多种。其一,粮农组织、儿童发展基金会、联合国教科文组织、国际劳工组织、世界银行等国际组织都对创业教育进行了大量的研究工作,这些研究结合世界各国的创业教育经验,对创业教育的许多基本问题进行了阐述,增进了人们对创业教育的基本认识。其二,各国际组织都围绕创业教育这一主题举行了大量的国际会议,使各国能够以此为平台了解国际创业教育的发展情况,形成国家之间的良性"朋辈互动",相互印证创业教育的必要性与重要性,使人们接受开展创业教育是一种不可抗拒的国际趋势。其三,国际组织通过提供创业教育技术援助、资金援助等方式,在各国建立创业教育支持项目,派遣专家和项目组进驻亲自协助创业教育的具体实施,将创业教育从一个"概念"转变为一种"事实"。

第二,国际组织通过澄清创业教育的三维价值证明其符合国际社会整体发展的需求,从而强化创业教育在道德层面的合法性。教育的根本目的是育人,同时教育要为经济和社会发展做贡献。创业教育与创业之间的联系使人难以将"创业教育"与"商业""谋利"等词语完全区别开来,人们对创业教育的诟病常表现为"创业教育只是用以解决经济动力不足而带来的就业不足问题的一种应对方式"。创业教育要在国际范围内获得道德层面的合法性,就必须要证明创业教育符合国际社会发展的整体需求,并且对每一个国际社会的公民都有积极作用。正如第 4 章所述,国际组织从经济维度、扶贫维度和赋能维度三个角度认识创业教育的价值,形成了相对完整的创业教育认识论。特别是从扶贫维度和赋能维度出发,国际组织强调创业教育对消除极端贫困、实现个人价值与社会福祉的重要作用,在承认创业教育的经济价值之余,承认了创业教育的社会价值和个体价值。从这一角度出发,国际组织强化了创业教育对国际社会全面发展的重要作用,满足了国际社会对人权、可持续发展等理念的道德追求。

第三,国际组织通过决议、宣言、备忘录、行动框架等形式倡导世界各国实施创业教育,进一步强化创业教育在制度层面的合法性。联合国教科文组织在每十年举行一次的世界高等教育大会中,连续两届强调创业教育的重要性,指出"创业技能和创业精神应成为高等教育关注的主要问题"[①],"高等教育机构必须回应并引领社会诉求,确保职业技术培训、创业教育和终身教育项目的实施"[②]。据不完全统计,联合国在 40 项大会决议中提出要发展创业教育,涉及提高妇女地位、消除贫困、工业发展、社会发展、可持续发展等多个主题。2015 年联合国《2030 可持续发展议程》中第 4 条和第 8 条更是明确指出创业教育对"确保包容和公平的优质教育"以及"促进持久、包容和可持续经济增长"的重要作用。

(3)如何合法? 制定创业教育策略

国际组织创业教育策略是创业教育在国际层面合法化的"实体"依据。各个国家在加入国际组织时,就意味着与国际组织缔结了条约,同意履行国际组织所规定的义务。尽管国际组织普遍缺乏强制力,但是显而易见的是,

①　UNESCO. World declaration on higher education for the 21st century: vision and action [EB/OL]. (1998-10-09) [2019-04-12]. http://www. unesco. org/education/educprog/wche/declaration_eng. htm.

②　UNESCO. World conference on higher education 2009 final report[R]. Paris: UNESCO, 2010.

各国大部分时间都遵循承诺履行义务。[①] 义务包括与国际组织共同努力以实现组织制定的发展目标、响应国际组织倡议、配合国际组织行动等,而这些义务则通过国际组织的策略文本被确立和具体阐述。

就创业教育而言,联合国下设机构中,粮食计划署、粮农组织、儿童发展基金会、工业发展组织、贸发会议、教科文组织、世界银行、国际劳工组织都基于不同的立场,颁布策略文本呼吁、引导和助推创业教育发展,从而强化创业教育的合法性。例如,粮食计划署和粮农组织从农业发展的角度出发,证明了对农民开展创业教育的合法性;工业发展组织和贸发会议从工业发展的角度出发,证明了各国出台创业教育政策促进青年创业的合法性;国际劳工组织和教科文组织 TVET 项目中的创业教育从就业的角度出发,证明了以创业教育提升就业和创业技能的合法性;等等。

6.2.2 区域层面:激发区域创业教育活力——以亚太地区为例

联合国按照地理特征和经济社会的普遍发展情况将整个世界划分为五大工作区域:非洲地区、美洲地区、亚洲及太平洋地区、欧洲及中亚地区和中东地区。联合国系统在各地区都设有办事处作为工作协调的中心。国际组织在各个区域的创业教育工作也是在这些中心的领导下展开的。基于区域的自身情况和各办事处的工作能力,国际组织创业教育发展策略在激发区域创业教育活力层面产生了一定的成效。以亚太地区为例,亚太地区固有的创业教育需求和国际组织在亚太地区大量的创业教育活动,共同促成了创业教育在该区域的快速发展。

---

① HURD I. International organizations: politics, law, practice[M]. Cambridge: Cambridge University Press, 2017: 3-7.

(1)内生力:亚太地区固有的创业教育需求

亚太地区的地理范围西起土耳其,东至太平洋岛国基里巴斯,北起俄罗斯,南至新西兰,是全世界人口最多、经济发展最活跃的区域。据统计,亚太地区人口总量为 41 亿人,占世界人口的 2/3。亚太地区的经济增长势头相对强劲,区域内发展中经济体的经济增速常年高于世界平均水平,如图 6.1 所示。[①]

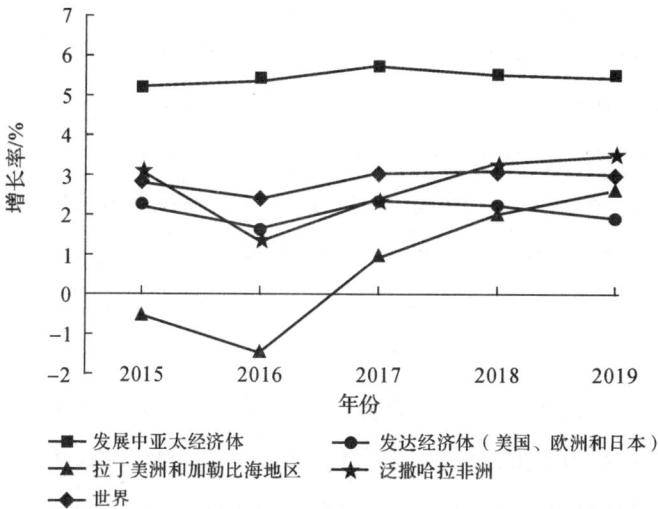

图 6.1　各区域生产总值增长率

联合国亚洲及太平洋经济社会委员会(简称亚太经社会)在研究报告中指出,毫无疑问,亚太区域在经济领域取得了巨大进展,然而该区域各经济体内部和之间的不平等现象有所加剧,而且经济产出的迅速增加导致环境退化、状况难以维系。在这一大背景下,亚太地区要满足如此大体量人口的生存和发展需求,保持甚至突破当前经济快速上升的态势,必须找到打破常

------

① UN-ESCAP. Economic and social survey of Asia and the Pacific 2018[R]. Bangkok:UN, 2018.

规的破解之法。诚如多源流政策议程理论所述,新理念的诞生是多种因素共同作用的结果,其中,急需解决的社会问题构成了新理念发挥作用的外部环境。对亚太地区而言,大量且密集的人口和经济发展转型对创业教育提出了需求。

人口于亚太地区而言是一把双刃剑。一方面,人口意味着劳动力和消费市场,任何人都无法否认人口红利给国家和区域发展带来的优势。另一方面,人口也意味着需求的增多和机会的减少。贫困人口仍大量存在是亚太地区面临的首要问题。据统计,尽管在 1990 年到 2015 年,亚太地区已消灭了 80% 的极端贫困人口,但仍有 12 亿人每日收入低于 3.2 美元,超过 4 亿人每日收入低于 1.9 美元,处于极端贫困之中。此外,人口过渡也是当前亚太地区不得不面临的一个困境。一方面,青年面临技能短缺的风险;另一方面,老年人面临贫困的风险。预计到 2050 年,亚太区域中有 1/4 的人口年龄将超过 40 岁,并且"未富先老"的人口结构变化势必影响区域发展潜力。[①]

经济发展转型是相当长的一段时间内亚太地区必须完成的一项目标。首先,亚太地区必须变革现有的经济增长模式。长时间以来,中国、越南等亚太地区的国家被视为"世界工厂",依靠劳动力密集型和资源密集型产业带动经济发展。但是,不容忽视的是,技术驱动、创新驱动已成为当今世界经济发展的趋势。其次,必须注意的是,以新技术为核心的经济发展转型带来良性转变的同时,也加剧了许多问题。技术和创新对技术工人和资本有利,对非技术工人和劳动力不利,由此会加剧收入和财富的不平等。缺少必备的技能使很大一部分非贫困人口容易返贫。再次,在不断加剧的贸易摩擦的作用下,区域资源分配将受到影响。亚太经社会估计,如果贸易紧张局面得不到解决,亚洲及太平洋地区将至少减少 270 万个工作岗位,非技术工

---

① UN-ESCAP. Social outlook for Asia and the Pacific poorly protected[R]. Bangkok: UN, 2018.

人失业率将比技术工人高出 66％,上千万计的工人将面临失业,被迫寻找新就业机会。[①]

(2)外驱力:国际组织在亚太地区的创业教育活动

在亚太地区面临人口压力和经济发展转型的双重需求的同时,国际组织在亚太地区的创业教育活动为该区域创业教育的进展提供了外部驱动力。

①联合国教科文组织

联合国教科文组织是最早在亚太地区开展创业教育活动的国际组织。1989 年 11 月,联合国教科文组织在中国北京召开了"面向 21 世纪教育国际研讨会",并将创业教育作为亚太地区办事处教育革新发展服务计划(APEID)的项目之一。1989 年 12 月,APEID 在泰国曼谷召开了提高青少年创业能力的教育联合革新项目规划会议,会议报告中提出了创业能力的概念框架和开发创业能力的策略,并制订了实施这一项目的地区行动计划。该项目为期一年,中国、印度尼西亚、菲律宾、斯里兰卡和泰国作为项目国家参加了这一革新教育的实验。[②]

从这以后,联合国教科文组织在亚太地区持续扮演着创业教育引导者、推动者、协调者等重要的角色,由联合国教科文组织(曼谷)为核心,在该区域开展了一系列诸如创业教育研究、创业教育国际会议、创业教育联盟等工作,并且其工作重点也在不断调整,从最初致力于完善创业教育的内部要素到 2015 年后致力于打造创业教育生态系统,以呼吁更多的利益相关者参与。

虽没有足够的证据表明,亚太地区各国的创业教育发端于联合国教科文组织,但联合国教科文组织的这一行动无疑促进了创业教育理念在亚太

---

① UN-ESCAP. Social outlook for Asia and the Pacific poorly protected[R]. Bangkok: UN, 2018.

② 毛家瑞,丁伟红.亚太地区部分国家的创业教育[J].外国教育资料,1992(4):1-4.

地区的传播，并直接推动了亚太各国的创业教育实践。

②国际劳工组织

国际劳工组织是亚太地区创业教育的重要参与者。特别是在中国，国际劳工组织的 KAB 项目与 SIYB 项目为大量的创业学习者和创业培训师提供了创业教育与培训。国际劳工组织的统计显示，截至 2015 年，SIYB 项目共为 1050 万人次的中国学生提供了创业培训。国际劳工组织在中国的创业教育活动是其在亚太地区开展创业教育的一个缩影。为了应对区域发展挑战，国际劳工组织在亚太地区开设了一系列广泛的项目，其中不乏与创业教育密切相关的部分（见表 6.1）。

表 6.1　国际劳工组织在亚太地区开设的创业教育项目

项目年份	项目名称	与创业教育相关内容
2007	青年就业：通过强化斯里兰卡青年就业能力以促进体面就业	对斯里兰卡农村地区的年轻人进行职业和创业培训，从而消除农村地区青年贫困与失业
2008	促进女性创业发展和性别平等	在柬埔寨、越南、老挝开展女性创业培训和服务工作，满足女性创业者需求，消除社会文化阻碍并建立法律和制度保障
2008	创意产业支持项目	针对柬埔寨土著特别是妇女土著开展基于当地土著文化的创业能力强化活动
2009	爱尔兰援助伙伴关系计划	将残疾问题纳入与就业、技能培训、创业发展和获得小额信贷有关的方案和服务
2012	印度尼西亚绿色创业项目	培训 180 名绿色创业者和 40 名绿色创业培训师；增强培训服务供应商关于绿色创业技术和政策的知识
2014	老挝农村地区就业促进以消除贫困	组织农业技能和创业发展培训
2015	增强老挝可持续旅游业、清洁产品和出口能力	通过 KAB 课程在老挝开展旅游产业创业培训

续表

项目年份	项目名称	与创业教育相关内容
2015	企业发展:基于社区的企业发展	采用以朋辈学习、活动为基础的小组学习模式,发展创业者技能,帮助创业者和小企业主计划和改善他们的商业活动
2017	提升柬埔寨青年女性经济机会、体面工作机会和自我修复力	为 2500 名来自低收入家庭的年轻女性提供创业培训服务
2017	通过创业和小企业技能为弱势群体和风险社区的生计发展营造有利环境	强化机构能力以为创业者和小企业家提供可持续的技能培训服务;通过机构间合作增加弱势群体和脆弱社区获得创业培训和支持服务的机会
2017	通过基于社区的企业发展为边缘和脆弱群体赋能	通过商业技能发展提升贫困、弱势和边缘群体的就业机会,通过建立和强化社会安全和网络服务营造良好的创业环境

资料来源:根据国际劳工组织网站公开信息整理。

(3)亚太地区创业教育变化

在国际组织刚刚介入亚太地区创业教育发展时,亚太地区的创业教育进展情况是怎样的呢? 毛家瑞、丁伟红在 1992 年曾做过简单的梳理。印度尼西亚借助社区教育为学生提供创业学习的机会,政府和当地合作社为学生的创业活动提供小额的经费支持;菲律宾仅挑选了 8 名校外青年进行创业教育实验,计划如若实验成功就在职业技术学校中推广创业教育;斯里兰卡在 200 所中学、100 个非正规教育计划、10 所技术学院和 10 个非政府机构中实施创业教育实验项目,在技能培训、家政、农业和商业等领域渗透创业教育;泰国政府拨款给学校用以学生创办"小公司",并计划在中学实施创业教育。[①] 由此可以看出,亚太各国的创业教育在当时还仅仅处于探索阶段,通过小规模的创业教育实验摸索创业教育的具体实施方式。

而在国际组织的支持与推进下,亚太地区的创业教育进展情况又是如

---

① 毛家瑞,丁伟红.亚太地区部分国家的创业教育[J].外国教育资料,1992(4):1-4.

何呢？2015年,中国、马来西亚、菲律宾、印度尼西亚、斯里兰卡、印度和巴基斯坦7个国家均已依托创业教育联盟建立了国家联盟和联络中心,亚太地区的其他国家也在纷纷探索建立国家联盟。这一方面反映出以联合国教科文组织为代表的国际组织对亚太地区影响力的扩大,另一方面也反映出亚太地区各国创业教育规模的不断扩展,因为只有当创业教育的理念被广泛接受并且创业教育实践活动在全国全面铺开时,建立国家创业教育联盟才有可能。

全球创业观察(GEM)2017—2018年的全球创业报告也反映出亚太地区创业教育的蓬勃发展态势。亚太国家的创业教育资源较为充分,显示出亚太地区创业教育的活力与实力。例如,印度尼西亚学校阶段创业教育排名第二位,学校后阶段创业教育排名第三位,甚至超过了创业教育的发祥地——美国。而印度、中国、马来西亚、泰国等国家的学校阶段创业教育得分也均在世界平均水平之上。

6.2.3 国家层面:将创业教育融入国家教育体系——以约旦为例

国际组织重视推动创业教育在国家教育体系中的融入,特别关注欠发达地区的发展中国家。约旦位于亚洲西部,是阿拉伯半岛上一个较小的发展中国家,但相较周边国家,约旦的政治、经济、文化生活等方面相对稳定。约旦同美国、日本及周边阿拉伯国家联系密切,也与欧盟及联合国各机构等国际组织交往频繁。国际组织和各国通过经济援助、技术援助等方式,为约旦国内各项事业提供帮助与支持,其创业教育的发展也不例外。约旦创业教育产生并不断成熟的过程中,无不凝结着世界银行、联合国教科文组织、国际劳工组织等国际组织的付出。

(1)约旦创业教育发展背景

①亟待解决的经济及就业问题

约旦经济的脆弱性和高失业率问题使其必须寻求发展的破解之法。约旦经济在很大程度上依赖于在该地区石油资源丰富的国家从事海外工作的熟练劳动力的汇款(侨汇)以及国际和区域伙伴的外部赠款、贷款,经济脆弱性较强。[①] 世界银行的调查显示,当外部经济整体强劲时,约旦经济增长情况较为乐观,如 20 世纪 70 年代和 21 世纪初,约旦经济增长率都较高(高于 8%);而当外部较为动荡时,如在 20 世纪 80 年代油价下跌和 2008 年全球经济危机的影响下,约旦的经济发展就会较为艰难(增长率低于 3% 甚至负增长)。因此,降低对外部的依赖、增强经济稳定性是约旦的一个难题。

同时,约旦也面临着高失业率的问题,即使是大学毕业生也同样受到失业的困扰。1986 年以来,约旦的失业率一直高于 10.0%,2002 年为 15.3%,2008 年降至 12.7%,2016 年又升高至 15.3%。约旦失业率居高不下的原因主要有两点:其一,经济增长的速度无法满足人口和劳动力的快速增长对就业岗位的需求;其二,经济增长所需技能与工作期望和劳动力技能不匹配造成的结构性失调。

②已有的教育政策基础

约旦十分重视教育事业,将其作为发展人力资源、增长国家财富的关键手段,公民整体文化素质较高。约旦教育经费投入占国内生产总值的 5%,全国人口识字率为 93%,小学入学率接近 100%。[②] 约旦教育系统包括两年的学前教育、十年的基础教育、两年的中等教育和高等教育。其中,十年基础教育由政府免费提供,中等教育分为学术教育和职业教育双轨制,高等教

---

① 外交部. 约旦国家概况[EB/OL]. [2019-04-14]. https://www.fmprc.gov.cn/web/gjhdq_676201/gj_676203/yz_676205/1206_677268/1206x0_677270/.

② Knoema. 约旦[EB/OL]. [2019-04-14]. https://cn.knoema.com/atlas/约旦/topics/教育.

育分为全日制大学和 2~3 年的社区学院两种类型。

约旦创业教育的施行,一方面有完整的教育系统做土壤,另一方面也有法律做保障。1994 年颁布实行的约旦教育法第三号(The Jordanian Educational Act No.3)提到了若干需要渗透到教育系统中,与提高学习者创业精神、创业思维、创业能力相关的技能和态度。教育法第 4 条指出教育的目的包括塑造一个富有人类美德和理想的公民,发展公民多方面的人格,使学习者能够获得广泛的知识、可应用的技能和积极的态度,这些都将直接或间接地提升学习者的创业能力与创业态度。教育法第 9 条和第 11 条提出,教育的目标包括培养学生的科学思维、对技术的吸收和应用、勤奋、坚持不懈、自给自足、自我发展、问题解决等能力,这些内容也与创业教育息息相关。①

(2)世界银行推动的教育改革

约旦的经济社会需求和已有的教育条件为创业教育营造了积极的外部环境。在此基础上,世界银行资助并主导的约旦教育改革则为约旦创业教育种下了一粒种子,成为约旦创业教育早期的开拓者。

世界银行自 1972 年就开始支持约旦教育项目,截至 2011 年共通过了 16 项教育援助项目,涵盖了约旦教育的各个层次。2003 年,国际复兴开发银行应约旦要求,向约旦提供 1.2 亿美元贷款,帮助约旦开展"知识经济教育改革"(Education Reform for the Knowledge Economy,ERfKE)一期项目,该项目的目标是"支持约旦政府革新包括学前教育、基础教育和中等教育在内的教育系统,培养具有知识经济时代必需技能的毕业生"。

在世界银行的帮助下,约旦政府定位了约旦教育部门存在的四个主要问题,分别是:第一,政府能力不能满足变革教育体系的需求;第二,目前学

---

① UNESCO-UNEVOC. Entrepreneurship education in the Arab States [R]. Bonn: UNEVOC, 2010.

校系统中教授的技能与知识经济时代所需的技能不符;第三,部分儿童所在的学校不够安全并且过于拥挤;第四,学前教育机会不平等。其中,第二个问题与创业教育密切相关,因为经合组织对知识经济时代的关键能力进行了界定,其中就包括创业能力。为解决上述四大问题,该项目设计了四部分主要内容,包括:第一,通过治理和行政改革重新定位教育政策目标和战略;第二,为适应知识经济时代要求,改革教育项目与实践方式;第三,支持提供优质的外部学习环境;第四,通过学前教育促进学习准备。[①]

知识经济时代的到来是创业教育备受关注的一个重要原因,为适应知识经济时代对学习者技能的需求,创业教育必不可少。因此,虽然这一教育改革项目不是创业教育专项项目,但是对约旦创业教育的发展产生了重要的影响,给约旦创业教育带来了很多的变化。[②] 其一,从教育内容来看,与创业教育相关的开放和分析的思维方式、自我学习和创新能力、为工作做准备等内容已经渗透到基础教育和普通中等教育的各个学科之中。其二,从课程和评价工具来看,项目设计了新的课程框架,建立以结果为导向、以学生为中心、以多媒体为基础特征的新课程,并指出课程、教科书和评价工具要强化学习者在批判性思维、问题解决、创业和自我学习等方面的能力。

(3)联合国教科文组织推动的创业教育项目

世界银行主导的教育改革促使发展创业教育和创业文化成为教育领域的一股新浪潮,但在具体实施层面仍有许多需要改进的地方。联合国教科文组织接替世界银行的工作,在 2009—2012 年与 StratREAL 基金会和英国政府共同合作,在约旦实施"阿拉伯地区的创业教育"项目,进一步推进了

---

① World Bank Group. Project information document[EB/OL]. (2003-04-10)[2019-04-14]. http://documents. worldbank. org/curated/en/357731468276550319/pdf/multi0page. pdf.

② UNESCO-UNEVOC. Entrepreneurship education in the Arab States [R]. Bonn: UNESCO-UNEVOC,2010.

约旦创业教育的进展。该项目的两个部分约旦都参与了,在第一部分(2009—2010)项目中,联合国教科文组织组织专家收集、分析和传播该国创业教育的创新成功经验;在第二部分(2011—2012)项目中,联合国教科文组织则为约旦制定创业教育策略、促进创业教育理念融入教育系统提供支持。

联合国教科文组织对约旦创业教育的改善主要通过项目的第二部分完成,并分为两个阶段实施。在第一阶段,项目计划将创业教育纳入教育系统,通过将创业教育整合进学校课程中实现。在第二阶段,项目制定了具体的业务程序,以确定创业教育活动的总体框架和教师指南,并开设创业培训工作坊。教科文组织第二阶段的项目在政策与协调、课程与学习计划发展、教师培训、合作与联络四个方面取得了显著的成效[①]。

①创业教育政策的制定与协调

第一,由教育部、高等教育和科学研究部、职业技术教育培训委员会、联合国教科文组织国家委员会和联合国教科文组织安曼办公室等代表共同组成指导委员会,审议创业教育相关的政策法律及创业教育融入学校教育体系的可能性;发展检测和评估工具;指导、协调和支持技术小组的工作。第二,教育部和其他相关部门代表共同组成了技术小组,审议创业教育课程和相关材料;准备创业教育教师指南和实施细则;规划创业教育活动,并与相关方面协调;在项目实施期间发展人力资源。第三,选择了100所学校的8~10年级班级作为试点。

②创业课程与创业学习计划

技术小组采纳了联合国教科文组织和国际劳工组织对创业教育的定义;筹备了创业教育技能模型;对8~10年级的前职业教育课程进行了调查,以确定切实可行的创业教育技能;准备创业教育教师指南草案;为创业

---

① UNESCO-UNEVOC. Entrepreneurship education in the Arab States: component Ⅱ: regional synthesis report[R]. Bonn: UNESCO-UNEVOC,2012.

教育活动开发团队、培训师培训、选定学校的职前教师选择制定标准；与教师和职业教育管理人员合作，编写教师创业教育活动指南。

③创业教师培训

项目为参与创业教育的人员组织了一系列介绍和培训研讨会，其中包括学校行政人员、主管、课程专家和其他人员，以便根据行动计划实施；为实施工作做准备，进行教师培训，内容包括如何开展创业教育活动、教学方法和策略、对学校创业教育进行评估和跟进的方法；面向 20 名活动开发指导人员、20 名培训师和 100 名职前教育教师举办了培训班。

④创业教育合作与联络

项目组织教育部和其他相关机构的部门代表、教师和学校行政人员、督察员和职业教育部门人员参与创业教育项目研讨会；建立广泛的沟通网络，包括各个政府部门和机构，与教育、技术、职业培训以及非政府组织有关的国际机构，以促进和支持将创业纳入教育系统；设计专门的创业教育网站，以维持与创业所涉及的所有部门（学生、家长、教师和行政人员、创业机构、相关政府和私人机构）的沟通。

(4)国际劳工组织提供的创业教育援助[①]

联合国教科文组织创业教育项目结束后，约旦教育部和高等教育与科学研究部又在选定的工业学校和技术大学中引入了国际劳工组织的 KAB 项目。由加拿大国际开发署资助，国际劳工组织和约旦商业发展中心启动了一项联合项目。该项目制定了许多与体面就业、社会创业、绿色企业相关的新主题，并将其纳入 KAB 培训包；项目培训、评估和授予了 13 个国家就业与培训公司培训师 KAB 国家培训师资格，可以独立继续教授 KAB 课程；项目中有 549 名学生完成了 KAB 课程并获得了证书。

---

① ILO. Entrepreneurship education：Know About Business in Jordan[EB/OL]. (2014-03-30)[2019-04-15]. https://www. ilo. org/wcmsp5/groups/public/---dgreports/---exrel/documents/publication/wcms_238656. pdf.

KAB项目无论是从个人层面还是商业层面都对学生产生了积极的影响。问卷调查显示,参与KAB项目的学生商业知识增长了41.8%,同时对创业所面临的潜在困难与挑战的预估意识提升了8.0%。KAB课程教给学生如何组织企业和绘画商业活动以为客户提供更好、更及时的服务,通过KAB课程,学生更加相信自己能够面对失败,认识到自己具备创业的能力,并将创业作为自己未来的选择。

自2007年以来,约旦的新企业注册数量在不断增长,2014年后虽有回落,但仍高于2011年前的水平,如图6.2所示。虽然不能将其完全归功于创业教育对创业与商业的促进效果,但创业教育对学生创业意识的培养是不容忽视的。回顾约旦创业教育的发展历程,可以说约旦的创业教育是在约旦政府的主观要求下,由国际组织一手扶持起来的。国际组织通过经济援助和技术援助相结合的手段,从无到有地在约旦教育体系特别是职业教育体系中植入了创业教育的内容,这种影响是显而易见的。

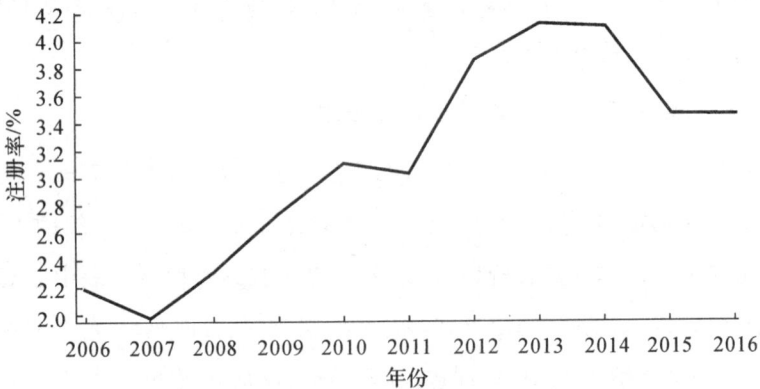

图6.2 约旦的新公司注册率

资料来源:世界银行公开数据库。

6.3　国际组织创业教育发展策略的局限

国际组织是国际创业教育发展浪潮中不可忽视的重要主体,不仅在国际层面强化了创业教育的合法性,还推动了区域乃至某一具体国家的创业教育进展。但这并不意味着国际组织当前的创业教育活动是百利而无一弊的。实际上,国际组织创业教育发展策略仍存在一定有待突破的局限性。迈克尔·巴尼特(M. Barnett)将国际组织看作一个官僚机构,指出除了理性-合法权威,国际组织从道德立场、专业知识和委派的任务中获得权威。道德性权威重视国际组织行为的基本价值观念,专家权威强调国际组织的专业性,而授权权威则涉及国际组织解决国家所面临问题的具体方式。[①] 这三者也可作为理解和评价国际组织行为的基本框架。我们基于这一理论对国际组织创业教育进行分析后发现,国际组织创业教育发展策略在三个方面存在一定的局限。

6.3.1　模糊的价值

从道德的角度看,国际组织不应该按照大国的命令去做,而应代表"国际社会"。并且国际组织应站在中立的立场上,引领各国共同建立更加公平、更维护人权的价值观念。反观国际组织的创业教育发展策略,一方面仍旧难以避免西方经验的影响,无形中在向欠发达地区传递来自西方的价值观;另一方面仍旧难以突破经济主义的桎梏,将实现经济利益作为创业教育的重要价值。

---

① 巴尼特,芬尼莫尔.为世界定规则:全球政治中的国际组织[M].薄燕,译.上海:上海人民出版社,2009:24-61.

(1)难以避免的西方经验

国际组织创业教育策略对各国的创业教育发展都具有不可忽视的影响,并极可能引起全球创业教育政策趋同。西方学者的研究表明,国际组织可以通过"德尔塔耦合"(delta-convergence)模式来设立规范理念和典型实践,并引发各国教育政策的制度同形(包括强制性同形、模仿性同形和规范同形)。① 而从全球治理的角度来看,国际组织在很大程度上受美国为首的西方发达国家所左右,全球治理的规制和机制也大多由西方国家所制定和确立,难免在很大程度上体现了西方国家的意图和价值。② 我们通过对国际组织创业教育的梳理可以发现,国际组织在世界各地进行创业教育实践离不开专家和资金的投入,其中也有一大部分来自发达国家的资助。此外,国际组织更倾向于在非洲、中亚、东南亚、东亚等区域的发展中国家传播创业教育理念和经验。而这些所谓"先进的"理念和经验中,有很大一部分是来自以美国为代表的发达国家。因此,国际组织创业教育难以避免地受到西方经验的影响。而国际组织在引起全球创业教育政策趋同的过程中,也会无形地将这种固有的西方烙印带至整个世界,使各国潜移默化地接受了西方的经验。

美国以及欧洲等的创业教育历史较为悠久,但他们的经验未必是放之四海而皆准的真理。将单一的发展模式作为一种普遍的标准推广至全球的可能性值得商榷,因为发展中国家的国情、国力和社会经济偏好、政治价值都迥然各异。③ 以美国和中国的创业教育为例,驱动两国创业教育发展的文化价值观念、社会经济环境,以及创业教育进程都有很大的区别。美国创业

① 梅伟惠.我国高校创业教育组织模式:趋同成因与现实消解[J].教育发展研究,2016,36(Z1):29-34.

② 俞可平.全球治理引论[J].马克思主义与现实,2002(1):20-32.

③ 罗伯茨,金斯伯里.全球治理:分裂世界中的联合国[M].吴志成,张蒂,刘丰,等译.北京:中央编译出版社,2010:304.

教育的繁荣主要受 20 世纪 70 年代大量出现的小企业的影响,加上个人主义、自由主义文化的熏陶,其创业教育是自下而上的过程;而中国的创业教育快速发展则是政府主导的结果,主要目的是缓解就业压力、促进经济转型,其过程是自上而下的。如果将美国的经验简单复制到中国,不仅不能促进中国创业教育的发展,相反还可能因水土不服而增加许多不必要的问题。创业教育是根植于实践的学科,必须能够适应本国的整体环境并回应具体需求才能具有坚实的发展基础和广阔的发展空间。因此,国际组织受西方经验影响而产生的创业教育发展策略,实际上并不能直接与世界各国的创业教育实际相融合,这必然将影响国际组织创业教育策略的有效性。

(2)难以摆脱的经济主义

联合国教科文组织在《反思教育:走向共同利益》中指出,教育的经济功能无疑是重要的,但我们必须超越单纯的功利主义观点以及众多国际发展讨论出现的人力资本观念。教育不仅关系到学习技能,还涉及尊重生命和人格尊严的价值观。维护和增强个人在其他人和自然面前的尊严、能力和福祉,应是 21 世纪教育的根本宗旨。[①] 随着人文主义教育观念的回归,国际组织对创业教育价值的认识正在进一步拓宽,但这一认识还未能完全成为国际组织创业教育策略的精神内核。目前国际组织的创业教育行为,仍旧难以摆脱经济主义的影响。

经济主义对国际组织创业教育发展策略的影响可以从创业教育的经济性和教育的经济性两个层面分析。一方面,创业教育因包含"创业"二字而天然地带有不可剔除的经济色彩。诚然,人们对创业的认识正从狭隘的"创办企业"走向广义的"开创事业",但无人能够否认创业的经济意义,并且创业教育最为人们关注和认可的,也是它的经济价值。另一方面,创业教育作

---

① UNESCO. Rethinking education: towards a global common good? [R]. Paris: UNESCO, 2015.

为教育的下位概念,也受到教育经济主义思潮的影响,从更极端的角度看,甚至可以看作教育经济主义的产物。20世纪60年代美国学者舒尔茨提出人力资本理论,从经济发展的角度重新定义了教育的价值,世界各国也纷纷承认:"国际经济竞争就是技术竞争,而技术竞争又成为教育竞争。"世界银行等组织对教育问题的关注,正源于这一根本性的认识。在这种背景之下,国际组织创业教育势必深受经济主义的影响,强调其经济价值。

这一判断与第4章的结论并不矛盾。尽管本书第4章曾经提到,国际组织从发展、扶贫、赋能三个维度综合认识创业教育的价值,但仍旧不难发现,其中包含难以摆脱的经济主义逻辑。我国学者丁瑞常在分析经合组织全球教育治理时曾通过两重还原过程概括经合组织教育行为的经济学逻辑,先将社会和个人的大多数问题归根于经济问题,而后基于人力资本理论和知识经济社会的想象,将经济问题进一步还原为教育问题。① 这一逻辑也同样反映在国际组织的创业教育活动中。从发展维度来看,创业教育的经济价值自不必说,其目的就是通过创业教育刺激创业活动,从而带动经济的发展。这也是国际组织创业教育兴起的直接背景——应对世界经济发展乏力的全球性问题。从扶贫维度看,创业教育仍与个人经济状况密切相关。经济收入是定义贫困的直接标准,通过创业教育扶贫,最根本的是要通过创业教育提高贫困人口的经济收入,打破贫困闭环。从赋能维度看,创业教育似乎包含经济增长之外的更广泛的价值,但所谓"赋能",必然包括经济赋能,即赋予个人在当今时代——也就是知识经济时代——能够发展自我并反哺社区的经济技能。

6.3.2　有限的专业

从专业的角度看,国际组织能够集合智力资源,提供专业知识,从而为

---

① 丁瑞常.经合组织参与全球教育治理研究[D].北京:北京师范大学,2018.

各国提供有效的参考和指导是国际组织获得权威的重要途径。国际组织标榜自己是国际社会的智库,致力于创业教育研究,为各国创业教育发展提出建议,并从整体上把握国际创业教育的进展。但事实上,国际组织在创业教育领域的专业程度是有限的,其研究的科学性、政策建议的可操作性以及监督与评价方式都有很大的提升空间。

(1)研究的科学性有待提升

联合国教科文组织将自己定义为"思想实验室",世界银行将"发展知识"作为组织的主要工作之一,儿童发展基金会基于数据、研究与分析开展工作,国际劳工组织也持续开展研究项目并发布了若干研究报告。可以说,国际组织普遍将开展前沿研究作为自身的职责。但细数国际组织的研究工作,我们可以发现有两个问题正影响国际组织创业教育研究的科学性。

其一,与其说国际组织是"参与"创业教育研究,不如说是"组织"创业教育研究。在部分研究工作中,国际组织所扮演的角色并非真正的研究者,而是支持者或组织者。例如儿童发展基金会出版的《儿童社会与金融教育指导手册》是由阿福童国际(Aflatoun International)和儿童与青年金融国际(Child and Youth Finance International)共同编写的,儿童发展基金会负责审议、编辑、出版和分发。再如联合国教科文组织发起的"高校创业教育生态系统研究"和"职业技术教育与培训中的创业教育研究",则是由各国专家共同参与完成。换言之,国际组织贡献的并非有丰富专业知识的专家或是相对完整的研究团队,而是丰富的研究资料(包括数据、信息、各国的背景资料等,国际组织拥有收集这些资料的途径与能力)、研究所需的资金、合作研究的平台。

其二,国际组织的创业教育研究,更多的是对已有经验的归纳与总结,前瞻性研究不足。纵观国际组织的创业教育研究报告,无论是联合国教科文组织的《技术指南:培养创业精神》,国际劳工组织的《构建商业和创业意识:在国家职业教育体系中融入创业教育——ILO 的经验》,还是世界银行的《全球创业教育与培训项目》,都是通过对已有的创业教育活动进行总结,从中分析和归纳出共同的经验作为未来开展创业教育的指导。这无疑是必不可少的一种研究路径,但不应是唯一的研究路径。创业教育随着时代的发展而处于不断的变化之中,国际组织对未来创业教育发展趋势的前瞻性研究略显不足。

(2)政策建议的可操作性有待加强

国际组织创业教育发展策略的一个重要目标就是为各国提供参考,引发各国创业教育政策转变。因此,国际组织会对各国的创业教育提供建议。从宏观来看,这些建议的正确性无可非议,但如果从实际操作的层面看,这些建议却往往浮于表面,不够具体,不能有针对性地对各国发展创业教育提供指导。例如,贸易发展会议在创业政策框架中提出的创业教育发展框架,建议各国"a. 将创业教育融入正规与非正规教育;b. 发展有效的创业课程;c. 培训创业师资;d. 与私营部门合作"。这的确是创业教育的关键问题,但各国在这些方面的工作成效不佳并非因为没有意识到其重要价值,而是在具体操作上面临难以解决的困难。以师资培养为例,贸发会议的建议中提到要鼓励教师参与企业活动并从创业者中引入教师,但对如何建立学校和企业间的人才流通通道、如何对创业教师的工作绩效进行评价等问题没有做出深入的回答。建议还提到要鼓励面向教师的创业培训、促进创业师资网络的建设,但就哪个部门主要负责这部分工作、需要进行哪些前期准备等实际问题没有深入论述。实际上,这些问题才是各国在创业师资培养环节中真正面临并难以解决的。

(3)监督与评价方式有待拓展

尽管国际组织强调要加强对创业教育的监督与评价,但在实际操作中,国际组织缺乏有效的方式对创业教育发展策略的具体落实情况进行评估,主要体现在两个方面。

首先,国际组织尚未制定创业教育指标来评估各国的创业教育进展情况。数据指标是基础的评价方式,但在国际组织的统计数据中,鲜少出现与创业教育相关的内容。联合国教科文组织设有统计研究所(UIS)收集各国教育数据并进行国际比较,世界银行建立开放数据库公开全球发展数据,但两者均未包含与创业教育、创业相关的数据。除了数据指标,国际组织还缺乏对各国创业教育进展的跟踪和规律性评价。

其次,国际组织对其主导的创业教育项目,相较于效果评价,更侧重于事实评价。换言之,国际组织偏向于描述某一项目具体做了哪些工作,而非评估这一项目对项目所在地产生了多大影响。例如,2009 年,国际劳工组织曾对全球 KAB 项目的实施情况进行了阶段评估,通过 KAB 材料的翻译语言数目、实施 KAB 项目的国家数量、KAB 教师与学生数等数据证明该项目在全球的进展情况。而实际上,这些数字仅能反映出 KAB 项目的规模,却难以反映 KAB 项目的真正质量。

6.3.3　松散的行为

从授权的角度看,国际组织创业教育策略应回应国家解决具体问题的诉求,代表成员方的集体意志,具体表现在行为上应有成员方共同缔结的条约,并有专门的部门或人员敦促国际组织各项策略的落实。而目前联合国系统的创业教育发展策略却并无有强制力的条约、公约、建议书等类型的文件,无论是在系统一级还是各组织机构一级都没有一个统一的指挥中心统筹协调创业教育活动。

(1)创业教育策略缺乏强制力

从全球治理的角度来看,国际组织主要通过制定规制来干预和解决国际问题,但国际组织规制的强制力一直以来都为人们所诟病。由于主权国家仍是构成世界的主体,纵使国际组织也无法绕开主权国家采取行动。国家遵循国际组织规制的原因追根究底是出于自身对国际组织的主动认可和对本国国际声誉的维护，换言之，国际组织对任何国家实际上都没有绝对的约束力。国际组织创业教育策略也同样存在强制力匮乏的问题。

从"应然"状态来看，国际组织策略对各国开展和改善创业教育必然缺乏强制力。美国学者肯尼斯·阿伯特(Kenneth Abbott)和邓肯·斯奈德尔(Duncan Snidal)将国际组织政策分为"硬法"和"软法"两种类型。"硬法"是指精确的(或者能够通过裁定或公布细则而变得精确)并且代表法律解释与执行权力的有法律约束力的义务。而"软法"则表现为法律制度在义务(obligation)、精确性(precision)和授权(delegation)三个维度中的一项或几项维度上受到弱化。我们使用记号{O,P,D}，每个三联码的组成元素分别指代义务、精确性和授权的水平。每个维度变量用大写字母代表高水平，小写字母代表适中水平，半短线代表低水平。因而，{O,P,D}代表一项制度安排在所有三个维度上合法化水平最高，从而形成"硬法"，否则则为软法。[①]以此为标准，我们可以对创业教育策略的合法水平进行判断。教育在某种程度上是个特殊的领域：一方面，国家将其视为主权的核心领域之一；另一方面，它又是解决各种国内外挑战和问题的重要工具，无可否认地具有普遍性，是国际公共领域的重要构成部分之一。[②] 作为教育的下位概念，创业教育亦然。国家开展创业教育具有较高的义务水平；作为主权领域的一部分，又具有适中的授权水平；同时相较其他问题而言，创业教育是相对年轻的主题，具体如何操作的精确性较低。使用符号表示，国际组织创业教育政策整体应该呈现{O,-,d}，为软法。

而从"实然"状态来看，目前的国际组织创业教育发展策略甚至尚未进入真正的政策范畴，而仅是作为一种行动策略存在于更上位的教育、经济、

①　阿伯特，斯奈德尔.国际治理中的硬法与软法[M].胡晓琛，译//杨雪冬，王浩.全球治理.北京：中央编译出版社，2015：93-138.
②　杜越.联合国教科文组织与全球教育治理[M].北京：教育科学出版社，2016：37.

人权等相关政策之中,连真正的"软法"状态都未达到。纵观联合国系统内各个国际组织的创业教育策略文件,都难以找到以创业教育为核心主题制定的契约、公约、决议、宣言、建议书,仅能在世界高等教育宣言、联合国教科文组织职业技术教育与培训战略(2016—2021)、国际劳工组织 189 号建议书等具有法律效力的政策文本中找到零星的与创业教育相关的内容,而其他文件则多是研究报告、指导手册、项目文件等类型,对国家行为的约束效果可想而知。

(2)缺少统一的协调和运作中心

在联合国 2030 可持续发展议程中,创业教育与目标 4、目标 8 的达成息息相关,而通过对联合国系统内各国际组织创业教育策略的梳理,我们发现至少已有七个组织机构采取了明确的创业教育行动。可以说,创业教育作为一个新命题已经全面进入了联合国系统的视野,并取得了一定程度的进展。但是,与终身教育、全民教育、可持续发展教育、公民教育等这些主题相比,创业教育还未形成一个边界清晰的行动领域,无论是在整个联合国系统抑或是单个国际组织中,都缺少可以整体规划和指挥创业教育活动的统一的协调和运作中心。

联合国汇集了一大批熟悉各种全球问题的难得专才和资源,应通过各项措施加强全系统的协调一致。《2005 年世界首脑会议成果文件》宣布了在国家一级建立更一致、更有效的联合国系统的原则,并在八个国家试点"一体行动"计划。可见,增强联合国系统工作的一致性、协调性和整体性是联合国处理各种问题特别是发展问题的显著趋势,但这一趋势并未体现在联合国系统的创业教育活动中。联合国教科文组织和国际劳工组织是联合国系统中较活跃的两个角色,分别在理念倡导和技术支持两方面发挥了重要作用,并且相互间有一些较为初步的合作。除此之外,世界银行、儿童发展基金会、粮农组织、工业发展组织等虽基于各自的立场采取了一系列创业教育发展举措,但并未达成密切的合作关系。无论是对创业教育的价值判断,抑或是对创业教育具体实施过程的研究和引导,联合国系统内还未对创业教育形成统一的认识,也没有就各个组织应侧重哪一部分工作做出具体安排。这一问题在单一的国际组织中也存在。以联合国教科文组织为例,该组织是最早关注创业教育的国际组织,在 20 世纪末期就已经意识到创业教育的重要性,并且在创业教育领域积累了若干经验,但时至今日仍未形成一个专门的机构或部门统筹管理与创业教育相关的工作。即使是在创业教育最为活跃的亚太地区,创业教育也仅是联合国教科文组织(曼谷)高等教育工作中的一项分支。

　　缺乏统一的协调和运作中心,给联合国系统创业教育带来了三个难以解决的问题。其一是资源利用不合理,降低了创业教育效率。任何组织要发展创业教育,都绕不开政策建议、课程设计、师资培养、教学材料准备等关键性问题,而缺乏协调的结果是各组织都投入资源开发同样的内容,而非在已有的基础上不断地修改完善。以教材开发为例,联合国教科文组织为推动职业教育中的创业教育发展曾设计过一套"开创自己的小企业"教学手册,而国际劳工组织 KAB 项目和 SIYB 项目也研发了培训包,其内容的设计与教科文组织的教材有相似之处。其二是削弱了国际组织创业教育策略的效果。创业教育的发展既需要新思想的普及,又需要资金的投入和技术的支持,而各国际组织在这些方面的能力是不同的。如联合国教科文组织更侧重于传播理念,国际劳工组织更侧重于提供技术支持,而世界银行和儿童基金会则能够提供资金。但由于缺乏统一的规划设计,各个组织之间始终没有形成合力,这使国际组织创业教育发展策略远没有达到其能力范围内的最好效果。其三是破坏了创业教育的连续性。创业教育是个循序渐进的过程,无论是自上而下还是自下而上,都需要层层推进,因此必须有整体的规划做指引。反观国际组织的创业教育活动,往往是运动式的,而缺乏长期的行动路线设计,这也解释了为什么国际组织至今都没有就创业教育主题形成一份有国际法效力的政策文本。

6.4　对我国创业教育发展的启示

2015 年,国务院办公厅《关于深化高等学校创新创业教育改革的实施意见》和国务院《关于大力推进大众创业万众创新若干政策措施的意见》的出台标志着我国创业教育进入新纪元,正面临着由规模式发展到内涵式发展的关键转型。一直以来,我国创业教育学者都注重借鉴来自国际社会的经验为我国创业教育的演进提供参考,但对国际组织创业教育缺乏应有的关注。实际上,我国创业教育与联合国教科文组织、国际劳工组织等关系极为密切,国际组织创业教育经验的价值并不亚于对美国、日本以及欧洲国家创业教育的研究。一方面,国际组织自身特点决定其无论从立场上还是资源上都具备单一国家所不具备的优势;另一方面,随着我国创业教育水平的提高,有限国家的经验已越来越难以满足我国创业教育革新的需求。国际组织创业教育发展策略反映甚至引领着国际创业教育的发展趋势,对我国创业教育质量提升有重要启示意义。

6.4.1　推进创业教育观念转型:由破解就业难题到促进全面发展

长期以来,创业被视为缓解就业压力的有效手段,因而全社会习惯于将创业教育的价值简单等同于刺激创业活动进而带动就业。这种观念严重阻碍了创业教育的可持续发展,影响了创业教育的应有效果。经济、社会、文化、教育等方方面面的改革转型对创业教育提出了新的发展要求。十九大报告中指出,要建设现代化经济体系,激发和保护企业家精神,鼓励更多社会主体投身创新创业,加快建设创新型国家;要加强和创新社会治理,鼓励创业带动就业,完善社会救助、社会福利、慈善事业等制度,打造共建共治共享的社会治理格局;要加快生态文明改革,构建市场导向的绿色技术创新体系,壮大节能环保产业、清洁生产产业、清洁能源产业。因而必须变革创业教育观念,做到创业教育包含"全类型"、发展"全过程"、实现"全覆盖",以满足社会全面发展的多重需求。

(1)发展多种创业教育类型

国际组织强调,创业教育具有发展、扶贫、赋能三重价值。目前,人们对创业教育能够缓解就业压力、释放经济活力已基本达成了共识,但就创业教育与个人发展和社会进步之间的关系还未形成正确的认识。在新时期,我们要扭转价值观念,重视创业教育的非经济价值,发展多种类型的创业教育。

一方面,要以育人为导向,以专业教育为依托,通过创业教育为公民赋能。创业不是创业教育的唯一目的,更重要的是培养学生的创业精神和创业技能,激发他们自主选择未来发展道路的意识,帮助他们实现个人价值。因此,要将创业教育融入人才培养的各个环节,在学校中营造创业文化,潜移默化地影响学生的思维方式。着力推动创业教育与专业教育的融合,突破创业教学的学科限制,在各个学科的专业教学中增加与创业教育相关的内容。

另一方面,要强化社会创业教育。社会创业教育能够使人掌握创造社会与经济双重价值所需要的精神、知识、技能和方法[①],从而使学生有能力以创业的方式解决所处社区面临的各种问题,进而增进社会福祉。因此,我们应在现有的创业教育基础上,增加与社会创业相关的内容,将绿色创业、可持续发展技能、社会企业和公益组织的构建与运营等主题纳入创业课程。

(2)构建终身创业教育体系

国际组织创业教育发展策略提出,要构建终身创业教育体系,将创业教

---

① 徐小洲,倪好.社会创业教育的发展趋势与策略[J].高等教育研究,2017,38(2):38-44.

育融入终身学习的各个阶段。相较欧美发达国家的创业教育现状,我国的创业教育仍集中于高校,大量的创业教育政策也普遍以高校为对象,包容性明显不足。为此,我国必须以政策为引导,以大学为中心,将创业教育向前后延伸,构建一贯到底的终身创业教育体系。

一方面,要将创业教育向前延伸至基础教育乃至学前教育阶段。研究早已表明,儿童和青少年时期是培养创业态度、掌握创业知识的最佳阶段。[①]反观我国中小学创业教育的情况却几乎是一片空白。为此,我们应采取政策手段,强制要求中小学纳入创业教育内容,依托各门课程,重点培养学生的创业意识和创业精神。同时,我们要结合国际先进经验,通过在中小学开设创业社团、模拟创业活动、参观企业、创新大赛等多样的形式,增强学生的创业体验,并培养基本的创业技能。

另一方面,要增加继续教育中的创业学习机会。MIT 研究发现,创业者成功创业并雇佣至少一名员工的平均年龄是 41.9 岁,说明大多数人的创业需求产生于离开学校多年之后,也就意味着创业教育不能随着学校教育的结束而结束。我们必须开发多样的创业教育资源,借助大学和社会培训机构的力量,开发在线创业课程、在职培训、创业工作坊教育与培训形式,为成年人提供创业学习的机会。

(3)面向全民开展创业教育

国际组织创业教育发展策略在全民教育思潮的影响下,强调将创业教育作为公共产品向全体公众提供。反观我国现状,创业教育仍较为关注以高校学生和教师为代表的高科技创业,并且东西部发展不平衡。在"大众创业、万众创新"口号的号召之下,我国创业教育也应该进一步拓宽受众群体,做到创业教育"全覆盖"。

---

① 　FILION L J. Ten steps to entrepreneurial teaching[J]. Journal of small business and entrepreneurship. 1994,11(3):68-78.

一方面,应将创业教育资源向弱势群体倾斜。相比于大量受过良好教育、有一定资源的"机会创业者",社会中还存在大量的"需求创业者",他们的谋生空间更小,更需要通过创业教育提升能力,改变自身处境。因此,我们应增强创业教育的包容性,更加关注处于贫困中的青年、农民、残疾人、刑满释放人员等边缘人群,通过开展有针对性的创业培训和创业工作坊等多种形式,为更多弱势群体提供必要的创业教育。

另一方面,要改善创业教育区域发展不平衡现象。我国不同地区的创业教育发展水平受外部经济条件、社会环境、文化氛围的影响很大,在东部发达地区创业教育如火如荼进行的同时,中西部地区的创业教育才刚刚起步。因此,要合理分配创业教育资源,总结并推广发达地区创业教育经验,大力加强对中西部地区的创业教育扶持,实现创业教育区域均衡发展。此外,创业教育有很强的实践特性,深受所处区域的具体环境影响,因而各地区应根据自身特点探索多样化的创业教育发展模式,发挥创业教育与区域联动作用,提高创业教育对区域发展的影响力。

6.4.2 建设创业教育生态系统:完善内部各要素并加强多方联动

国际组织创业教育发展策略也体现出创业教育生态发展的趋势,呼吁完善创业教育内部实施过程,倡导外部多元力量参与创业教育合作。创业生态系统理论认为,学术机构培养学生的创业态度、技能和行为,是创业教育生态系统的核心;国际、国家、区域、地方层面的政策制定者则通过法律和财政手段为创业教育营造良好的外部环境;公司和企业家作为重要的利益相关者为创业教育提供知识、指导和资本。[①] 我国创业教育生态系统的建

---

① WILSON K E, VYAKARNAM S, VOLKMANN C, et al. Educating the next wave of entrepreneurs: unlocking entrepreneurial capabilities to meet the global challenges of the 21st century[R]. Geneva: WEF, 2009.

设,首先要完善教育系统内部要素;其次要吸引外部力量参与,加强内外协作。

(1)完善创业教育内部要素

一段时间以来,我国创业教育的重点都落在普及创业教育理念、扩大创业教育规模上,但随着国务院《关于深化高等学校创新创业教育改革的实施意见》的出台,创业教育迎来了质量提升的关键节点。为此,我们应从师资培养、课程设计、质量评估等多方面入手,深入完善创业教育的实施过程中的诸要素,做到三个"新"。

一是开辟新的师资培养方式。优质的创业教育师资不足一直是我国创业教育的一个痛点。要提升师资质量,必须变革现有的师资培养方式。首先,创业教育师资不应局限于高校之中,应大力鼓励来自创业公司、社会组织、创业孵化器、风险投资企业等机构的各方专家以担任创业导师、开设讲座等形式参与创业教学。其次,可借鉴国际劳工组织创业师资培养的"乘数策略",不仅培养创业教师,还要培养创业师资培训师,形成梯形的创业教师储备结构,源源不断地为创业教育提供师资。

二是探索新的课程组织形式。我国创业教育课程还存在同质化、表面化的问题,许多高校为完成硬性要求而开设的两学分的创业通识课难以达到创业教育的预期目标。我们在设计创业教育课程时,应充分考虑课程的受众,根据不同学生的学习需求调整课程内容,结合创业教育的实践特性,采取以学生为中心、以实践为导向的体验式、项目式的教学方式。

三是尝试新的质量评估标准。从整体上看,我国对创业教育质量的监督与评价是相对匮乏的,并且形式较为单一,往往以创业课程覆盖率、毕业生创业人数等数据指标作为硬性评价标准。因而,我们一方面要建立多元的监督与评价标准,从学生创业精神、创业知识、创业技能、创业意愿、创业活动以及创业成功率等多层次全面评估创业教育的效果。另一方面,要建立长效的监督评价机制,分阶段地测评创业教育的效果并及时反馈,同时跟踪监测学习者在接受创业教育一段时间后的表现,包括思维方式的变化和切实的创业活动。

(2)加强创业教育内外协作

创业教育是以学校为核心,由政府、企业、社会各界力量共同构成的生态系统。目前,我国已初步具备创业教育生态系统的各种要素,但要素间缺乏联系,资源流动仍有阻碍,价值链条尚未形成,各要素各自为政的现象还较严重,特别是教育外部各利益相关者参与不足。应充分发挥高校在创业教育生态系统中的核心作用,鼓励企业为代表的社会力量的参与,进而增强创业教育的活力与可持续性。

第一,要鼓励高校积极寻找外部资源,并主动与政府、企业等机构建立联系。高校处于创业教育生态系统的中心,不仅要关注内部的创业教育进展情况,还要主动寻找教育外部的各种资源。例如,主动与所在地区的创业孵化平台对接,推荐优秀的学生创业项目入驻各类孵化器,形成"校内培养—校外孵化—反哺高校"的良性生态。另外,高校也要建立畅通高效的信息传递通道,使学生能充分了解政府的创业扶持政策和获取创业所需各项资源的渠道。

第二,要引导企业、基金会等投入创业教育活动。目前我国社会力量特别是企业对创业教育的参与度较低,主要是由企业逐利的特点导致的。可以通过政策引导、税收减免、资金补助等形式,鼓励企业为学生提供丰富的实习机会,并吸收高校科技创业的成果。也要允许和鼓励各种基金会、社会培训机构通过非正规教育的形式,参与创业教育培训项目的开发。

6.4.3 深化创业教育国际合作:充分利用国际组织的资源与平台

全球化不仅是当今时代的主要特征,还是国际创业教育发展的趋势之一。在创业教育全球化进程中，我国创业教育应不断深化与国际社会的合作。对国际组织创业教育发展策略的研究表明，国际组织是国际创业教育交流与合作的重要平台，并且能为各国创业教育发展提供理念引导、经费资助和技术支持。联合国教科文组织、国际劳工组织等也在我国创业教育的发展过程中发挥了重要的作用。我国未来应就创业教育主题继续深化与国际组织的合作，合理利用国际组织的各项资源，并借助国际组织传递中国创业教育经验，提升中国的影响力。

(1)合理运用国际组织各项资源

国际组织拥有许多特有的创业教育资源，例如以研究报告和各类出版物为代表的学术资源、以各类创业教育发展项目为代表的技术资源以及以教育援助为代表的经费资源等。合理运用国际组织的这些资源，有助于我们更清晰地认识国际创业教育发展趋势，借助外部力量进一步推动我国创业教育高质量发展。

第一，应利用国际组织的研究报告和出版物，开展创业教育国际比较研究，保持创业教育发展的前瞻性。国际组织能够收集到来自各国创业教育研究及实践的最新信息，并且拥有熟悉各国创业教育情况的专家团队对国际创业教育进行比较研究，有助于我们比较各国创业教育的进展情况，明确我国在国际中的位置，并通过比较分析获取经验，制订下一步发展计划。

第二，要积极引入国际组织创业教育项目，增强我国创业教育的资源储备和发展能力。为推动全球创业教育发展，各国际组织会通过开发培训包、开办工作坊等形式，在各国设立多样的创业教育项目。这些项目通常与当地政府或当地创业教育供应商共同运作，包括国际性项目、区域性项目、国家性项目三个层次。国际组织开设的创业教育项目一般会配备专家团队指导具体工作，部分项目还会提供项目资金。积极引入创业教育项目，有助于我们利用国际一流的技术资源，借鉴国际组织的项目实施流程，不断为创业教育可持续发展注入活力。

(2)借助国际组织传递中国声音

在新时期,我国创业教育发展不仅要引进来,更要走出去,应重视通过国际组织传递中国声音,提升中国创业教育的国际影响力。改革开放40多年以来,我国不断树立负责任的大国形象,积极参与国际事务,努力完成从国际游戏参与者到国际规则制定者的角色转变。在创业教育领域,我国紧随欧美国家,经过近几年的迅速发展,也取得了一定的成果。我们应充分利用国际组织这个平台,借助国际组织向世界分享创业教育经验,表达创业教育诉求,引领国际创业教育发展。

第一,以大学为先锋,我国与创业教育相关的机构应积极参与和承办国际创业教育会议。国际组织一直以来有在世界各地举办创业教育主题会议的传统,其中多数会议需要各国政府和相关单位作为承办方与国际组织合作共同完成。这一过程不仅能够增进我国创业教育相关人员与其他国家和地区的创业教育研究者、参与者的交流与互动,还可以使来自其他国家和地区的参会人员更直观地认识和了解我国创业教育的发展情况,并进一步理解我国的教育发展以及社会文化。

第二,我国应鼓励和组织学生和专家以实习、短期任职、长期任职等多种方式参与国际组织创业教育工作。国际组织创业教育发展策略既影响各国,也深受各国的影响。国际组织中各国工作人员自身的文化背景、思想观念直接影响国际组织的各项创业教育活动。派遣工作人员参与国际组织创业教育工作,一方面有助于我们第一时间掌握国际组织的最新动向,深入理解国际组织创业教育的理念,另一方面有助于向国际组织传递中国声音,在国际组织中注入中国思想,扩大我国创业教育的国际影响力。

6.5　结语

主权国家曾是国际舞台上绝对的主角,如今这种定式正随着全球化的深入和国际格局的变化而逐步被打破。国际社会中的权力主体类型不断增加,其中就包括国际组织。除此以外,国际社会正面临着日益复杂的挑战:全球性的金融危机、难以根除的贫困与不平等、区域冲突、全球变暖、传染病等。仅凭单一国家的力量难以消解上述全球性问题,国际社会需要新的组织形式和行动方式来捍卫人类共同的利益。人们希望国际组织能够承担全球治理的责任,采取一定的措施来解决人类的共同困境。笔者认为,发展创业教育正是国际组织在面对全球挑战时所采取的措施之一。

进入 21 世纪以来,以联合国系统为代表,多个国际组织就创业教育主题出台了相应的发展策略。这些策略涉及创业教育的内部价值、体系建设、实施过程及外部支持等多方面,既反映了国际组织对创业教育的思考,也为世界各国发展创业教育提供了重要参考。在诸多国际组织中,以联合国教科文组织、世界银行以及国际劳工组织在创业教育领域所做的尝试较为丰富。联合国教科文组织因其颇具"倡导性"功能而致力于在全球传播创业教育理念,世界银行和国际劳工组织则因"操作性"功能而分别为全球创业教育发展提供经济援助和技术支持。三大国际组织的实践举措进一步推动了国际组织创业教育发展策略在全球的传播与落实。

同单一国家的创业教育相比,国际组织创业教育发展策略呈现出公共性、立体性、指引性和合作性四大特点。其一,受国际组织使命影响,国际组织旨在通过创业教育实现人类共同利益,充分挖掘创业教育包括经济价值、社会价值、文化价值在内的三重价值,将创业教育作为公共产品向所有人提供,并利用创业教育实现可持续发展的目的。其二,国际组织注重创业教育的立体发展,横向拓展创业教育广度,纵向延伸创业教育长度,强调创业教育目标的多元化和种类的丰富性。其三,国际组织作为全球创业教育发展的智库,总结来自国际范围内的创业教育最佳案例向各国推广,引领和协助各国创业教育进步。其四,国际组织积极吸引来自企业和民间社会的资源,呼吁和推动创业教育的全球合作。

国际组织的举措在国际、区域乃至单一国家的创业教育的演进方面都产生了一定的影响。首先,国际组织通过传播创业教育理念、重塑创业教育价值的方式从认知、道德和制度角度强化了创业教育的合法性。其次,以亚太地区为例,国际组织通过在该地区开办创业教育会议、推广创业教育项目等方式,激发区域创业教育活力,使创业教育成为区域教育乃至区域经济发展中的一个重要主题。最后,在一些国际组织重点关注的国家中,各个国际组织凭借自身的资源和能力将创业教育植入国家教育体系,引导目标国家推行创业教育。

同时我们也应认识到,国际组织创业教育目前还存在一些问题。其一,国际组织受西方发达国家影响,并且国际组织在发展创业教育的过程中深受经济主义的影响。其二,国际组织创业教育研究的科学性有限,研究结论中对创业教育实践建议的可操作性也有待提高。其三,国际组织创业教育发展策略缺乏法律效力,强制力不足,并且因缺乏统一的协调运作中心,有效性也有待提高。

目前,我国创业教育正面临由规模发展到内涵式发展的转变,步入了质量转型的关键当口。国际组织创业教育的经验启发我们,首先应推进创业教育观念转型,建立终身创业教育体系,为全体民众提供多种类型的创业教育。其次要进一步完善创业教育的内部要素,引导校外多元力量参与创业教育合作,建设创业教育生态系统。最后要借助国际组织的资源和平台,进一步深化创业教育国际合作,在国际社会中传递中国声音。

参考文献

[1]习近平. 在庆祝改革开放 40 周年大会上的讲话[EB/OL]. （2018-12-18）［2019-03-14］. http：//politics. people. com. cn/n1/2018/1218/c1024-30474793. html? form＝rect.

[2]习近平. 在省部级主要领导干部学习贯彻党的十八届五中全会精神专题研讨班上的讲话［EB/OL］. （2016-05-10）［2019-04-10］. http：//www. xinhuanet. com/politics/2016-05/10/c_128972667. htm.

[3]GEM. Global report 2017—2018［EB/OL］. （2018-01-30）［2019-03-14］. https：//www. gemconsortium. org/report/50012.

[4]智研咨询. 2018 年中国人口老龄化现状分析及人口老龄化趋势［EB/OL］. （2018-05-17）［2019-03-14］. http：//www. chyxx. com/industry/201805/641672. html.

[5]LIANG J，WANGH，LAZEAR E P. Demograghics and entrepreneurship［EB/OL］. （2014-09-18）［2019-03-14］. https：//www. nber. org/papers/w20506.

[6]中央电视台. 互联网时代［EB/OL］. （2014-08-29）［2019-04-10］. https：//www. iqiyi. com/v_19rrmmoflg. html? vfm＝2008_aldbd&fv＝p_02_01♯curid＝300066200_712b789484a5d5f2c87be8f1b526f22b.

[7]王占仁.中国创业教育的历史发端与科学表述论析[J].东北师大学报（哲学社会科学版）,2015(4):181-186.

[8]关于 KAB 创业教育（中国）项目[EB/OL].（2011-09-15）[2019-03-15].http://chuangye.cyol.com/content/2011-09/15/content_4894576.htm.

[9]黄兆信,李炎炎,刘明阳.中国创业教育研究 20 年:热点、趋势与演化路径:基于 37 种教育学 CSSCI 来源期刊的文献计量分析[J].教育研究,2018,39(1):64-73.

[10]张民选,夏人青.全球治理与比较教育的新使命[J].教育发展研究,2017,37(17):1-9.

[11]MCNEELY C L. Prescribing national education policies:the role of international organizations[J]. Comparative education review,1995,39(4):483-507.

[12]中共中央、国务院印发《中国教育现代化 2035》[EB/OL].（2019-02-23）.[2019-03-14]. http://chuzhong.eol.cn/news/201902/t20190223_1645861.shtml.

[13]王旭燕,倪好,梅伟惠.促进亚太地区创业教育的举措与倡议:第四届联合国教科文组织亚太地区创业教育会议综述[J].世界教育信息,2015,28(23):17-20.

[14]梅伟惠.欧盟高校创业教育政策分析[J].教育发展研究,2010,30(9):77-81.

[15]王莉方.欧盟职业教育与培训中创业教育的特征与发展趋势[J].职业技术教育,2014,35(34):79-83.

[16]刘虹.欧盟创业教育政策和发展战略[J].世界教育信息,2016,29(21):27-33.

[17]常媛媛.新时期欧盟创业教育发展策略[J].复旦教育论坛,2014,12(6):102-106.

[18]崔军.欧盟创业能力框架:创业教育行动新指南[J]. 比较教育研究,2017,39(1):45-51.

[19]王志强.一体与多元:欧盟创业教育的发展趋势及其启示[J]. 教育研究,2014,35(4):145-151.

[20]黄兆信,张中秋,王志强,等. 欧盟创业教育发展战略的演进、特征与关键领域[J]. 高等工程教育研究,2015(1):91-96.

[21]张民选.国际组织与教育发展[M]. 上海:上海教育出版社,2010.

[22]KUZHABEKOVA A,HENDEL D D,CHAPMAN D W. Mapping global research on international higher education[J]. Research in higher education,2015,56(8):861-882.

[23]VAUGHAN R P. Girls' and women's education within UNESCO and the World Bank,1945—2000[J]. Compare,2010,40(4):405-423.

[24]CUSSO R. Restructuring UNESCO's statistical services:the "sad story" of UNESCO's education statistics:4 years later[J]. International journal of educational development,2006,26(5):532-544.

[25]MATASCI D. Assessing needs,fostering development:UNESCO,illiteracy and the global politics of education (1945—1960)[J]. Comparative education,2017,53(1):35-53.

[26]OLMEDO A. Something old,not much new,and a lot borrowed:philanthropy,business,and the changing roles of government in global education policy networks[J]. Oxford review of education. 2017,43(1):69-87.

[27]MUNDY K,VERGER A. The World Bank and the global governance of education in a changing world order[J]. International journal of educational development,2015(40):9-18.

[28]NORTH A. MDG 3 and the negotiation of gender in international

education organisations[J]. Compare,2010,40(4)：425-440.

[29]SHAHJAHAN R A. International organizations（IOs），epistemic tools of influence，and the colonial geopolitics of knowledge production in higher education policy[J]. Journal of education policy，2016,31(6)：694-710.

[30]杨启光. 国际教育组织及其对国家教育发展的影响论析[J]. 西南大学学报(社会科学版),2012(6):54-60,174.

[31]EDWARDS D B. Rising from the ashes：how the global education policy of community-based management was born from El Salvador's civil war[J]. Globalisation，societies and education,2015,13(3)：411-432.

[32]科拉罗,胡咏梅,梁文艳.国际组织教育政策监测与评价体系的架构及其对中国的启示[J]. 比较教育研究,2011,33(2)：70-75.

[33]陈法宝.国际教育组织在教育发展中的作用述评:基于国际教育局和国际教育规划研究所的比较[J]. 世界教育信息,2012,25(15):27-30.

[34]杜越.联合国教科文组织与全球教育治理[J]. 全球教育展望,2011,40(5):60-64.

[35]孔令帅,张民选,陈铭霞.联合国教科文组织全球高等教育治理的演变、角色与保障[J]. 教育研究,2016,37(9)：126-134.

[36]王晓辉.全球教育治理:鸟瞰国际组织在世界教育发展中的作用[J]. 北京大学教育评论,2008,6(3)：152-165.

[37]HEYNEMAN S P, LEE B. International organizations and the future of education assistance［J］. International journal of educational development,2016,48,9-22.

[38]赵玉池,陈时见.国际教育援助及其对世界教育发展的影响[J]. 比较教育研究,2010,32(10)：49-54.

［39］杨锐，吴玫．国际组织与中国高等教育发展［J］．复旦教育论坛，2009，7（2）：52-55，67．

［40］谷小燕．国际组织在中国教育融入世界教育蓝图中的作用分析：基于新制度主义的世界社会理论视角［J］．比较教育研究，2015，37（5）：58-65．

［41］ILO，UNESCO．Towards an entrepreneurial culture for the twenty-first century：stimulating entrepreneurial spirit through entrepreneurship education in secondary schools［EB/OL］．（2006-12-31）［2017-06-08］．http：//www．ilo．org/empent/Publications/WCMS_094015/lang--en/index．htm．

［42］OECD．Entrepreneurship and higher education［EB/OL］．（2008-10-10）［2016-06-12］．http：//www．oecd．org/publications/entrepreneurship-and-higher-education-9789264044104-en．htm．

［43］VALERIO A，PARTON B，ROBB A．Entrepreneurship education and training programs around the world：dimensions for success［M］．New York：World Bank Publications，2014．

［44］NIKOLAIDIS Z M N．Entrepreneurship and demand-driven training：the way to realize the potential of youth？［EB/OL］．（2012-09-12）［2017-06-08］．https：//unesdoc．unesco．org/ark：/48223/pf0000218660．

［45］王占仁，常飒飒．国际创业教育研究中的核心概念辨析：以"Enterprise"与"Entrepreneurship"语义、语用分析为中心［J］．外国教育研究，2015，42（6）：78-88．

［46］金彪．全球治理中的联合国［M］．北京：时事出版社，2016．

［47］FREEDMAN L．Strategy：a history［M］．Oxford：Oxford University Press，2015．

［48］联合国教科文组织国际教育发展委员会．学会生存：教育世界的今天和明天［M］．华东师范大学比较教育研究所，译．北京：教育科学出版

社,1996.

[49]杨雪冬,王浩. 全球治理[M]. 北京:中央编译出版社,2015.

[50] The Commission on Global Governance. Our global neighborhood [M], Oxford: Oxford University Press,1995.

[51]俞可平. 全球治理引论[J]. 马克思主义与现实,2002(1):20-32.

[52]蔡拓. 全球治理的中国视角与实践[J]. 中国社会科学,2004(1): 94-106.

[53]丁瑞常. 经合组织参与全球教育治理研究[D]. 北京:北京师范大学,2018.

[54]杜越. 联合国教科文组织与全球教育治理[M]. 北京:教育科学出版社,2016.

[55]蔡拓,杨雪冬,吴志成. 全球治理概论[M]. 北京:北京大学出版社,2016.

[56]CAIRNEY P,JONES M D. Kingdon's multiple streams approach: what is the empirical impact of this universal theory? [J]. Policy studies journal,2016,44(1):37-58.

[57]蔡李,张月,张伟捷,等. 基于渐进主义-多源流理论的公共政策过程分析[J]. 商业时代,2011(31):4-6.

[58]ZOHLNHÖFER R,HERWEG N,RÜB F. Theoretically refining the multiple streams framework: an introduction[J]. European journal of political research,2015,54(3):412-418.

[59]YOUNG T V,SHEPLEY T V,SONG M. Understanding agenda setting in state educational policy: an application of Kingdon's multiple streams model to the formation of state reading policy[J]. Education policy analysis archives/archivos analíticos de políticas educativas,2010,18(9):933-934.

［60］金登. 议程、备选方案与公共政策［M］. 北京：中国人民大学出版社,2004.

［61］陈建国. 金登"多源流分析框架"述评［J］. 理论探讨,2008（1）：125-128.

［62］COHEN M D,MARCH J G,OLSEN J P. A garbage can model of organizational choice［J］. Administrative science quarterly,1972,17（1）:1-25.

［63］CAIRNEY P,JONES M D. Kingdon's multiple streams approach：what is the empirical impact of this universal theory? ［J］. Policy studies journal,2016,44（1）：37-58.

［64］张小波. 国际组织研究的发展脉络和理论流派争鸣［J］. 社会科学,2016（3）:30-40.

［65］MEYER J W, BOLI J,THOMAS G M,et al. World society and the nation-state［J］. American journal of sociology,1997,103（1）:144-181.

［66］AMENTA E,NASH K,SCOTT A. The Wiley-Blackwell companion to political sociology［M］. Oxford：Blackwell Publishing Ltd,2012.

［67］JAKOBI A P. International organization and lifelong learning：from global agendas to policy diffusion［M］. Basingstoke：Palgrave Macmillan,2009.

［68］JAKOBI A P. International organizations and world society：studying global policy development in public policy［J］. TranState working papers,2009（81）:1-31.

［69］JAKOBI A P. International organisations and policy diffusion：the global norm of lifelong learning［J］. Journal of international relations and development,2012,15（1）：31-64.

[70]任路瑶,杨增雄.创业教育:第三本教育护照:国外创业教育研究综述
[J].教育学术月刊,2010(11):17-20.

[71]GYGLI S, HAELG F,POTRAFKE N,et al. The KOF globalisation
index-revisited[J]. Review of international organizations, 2019, 14
(3):543-574.

[72]AL-RODHAN N R F. Definitions of globalization: a comprehensive
overview and a proposed definition[J]. Program on the geopolitical
implications of globalization and transnational security, 2006 (6):
1-21.

[73]UNESCO. MOST annual report 2001[EB/OL]. (2001-12-31)[2018-
03-26]. http://www. unesco. org/most/most_ar_part1c. pdf.

[74]THURIK R,AUDRETSCH D,GRILO I. Globalization, entrepreneurship
and the region[J]. Scales research reports,2012,169(1/2):249-257.

[75]PRASHANTHAM S, ERANOVA M, COUPER C. Globalization,
entrepreneurship and paradox thinking[J]. Asia Pacific journal of
management,2018,35(1):1-9.

[76]NORBÄCK P J, PERSSON L, DOUHAN R. Entrepreneurship
policy and globalization[J]. Journal of development economics,2014
(110):22-38.

[77]HOPWOOD B, MELLOR M, O'BRIEN G. Sustainable development:
mapping different approaches[J]. Sustainable development, 2005, 13
(1):38-52.

[78]HALL J K, DANEKE G A, LENOX M J. Sustainable development
and entrepreneurship: past contributions and future directions[J].
Journal of business venturing, 2010, 25(5): 439-448.

[79]GIDDINGS B, HOPWOOD B, O'BRIEN G. Environment, economy

and society：fitting them together into sustainable development[J]. Sustainable development，2002，10(4)：187-196.

[80]HAUGHTON G. Environmental justice and the sustainable city[J]. Journal of planning education and research,1999,18(3)：233-243.

[81]付八军.知识经济与高等教育的相关性探析[J].高等教育研究,2005 (3):12-16.

[82]OECD. The knowledge-based economy[R]. Paris：OECD,1996.

[83]POWELL W W，SNELLMAN K. The knowledge economy[J]. Annual review of sociology，2004(30):199-220.

[84]联合国开发署.2016年人类发展报告[R].纽约:联合国开发署,2016.

[85]世界不平均实验室.世界不平均报告2018[R].柏林:世界不平均实验室,2017.

[86]联合国.水[EB/OL].[2022-04-02].https://www.un.org/zh/global-issues/water.

[87]粮农组织.食品价格指数[EB/OL].[2018-04-02].http://www.fao.org/worldfoodsituation/foodpricesindex/zh/.

[88]World Bank. Food security [EB/OL].[2018-04-02].http://www.worldbank.org/en/topic/food-security.

[89]International Energy Agency. World energy outlook 2017[EB/OL].[2018-04-02].https://www.iea.org/weo2017/.

[90]徐小洲,倪好.社会创业教育:哈佛大学的经验与启示[J].教育研究,2016,37(1)：143-149.

[91]LOWE J. Inter-governmental organizations in education[M]// STEPHEN M D. International Organizations in Education. London：Routledge，2021:19-32.

[92]饶戈平.全球化进程中的国际组织[M].北京:北京大学出版社,2005.

［93］UIA. Yearbook［EB/OL］. ［2018-02-01］. https：//uia. org/yearbook.

［94］HURD I. International organizations：politics，law，practice［M］. Cambridge：Cambridge University Press，2017.

［95］PEASE K S. International organizations：perspectives on governance in the 21st century［M］. 3rd ed. Englewood：Prentice Hall，2007.

［96］BENNETT A L. International organizations：principles and issues ［M］. Englewood：Prentice Hall，1984.

［97］蒲俜.全球化时代的国际组织变迁与中国的战略选择［J］. 教学与研究，2012(1)：47-54.

［98］SHAHJAHAN R A. The roles of international organizations (IOs) in globalizing higher education policy［M］//SMART J C, PAULSEN M B. Higher education：handbook of theory and research. Berlin：Springer Netherlands，2012.

［99］李薇.经合组织全民终身学习策略研究［D］. 杭州：浙江大学，2013.

［100］邓汉慧，刘帆，赵纹纹.美国创业教育的兴起发展与挑战［J］. 中国青年研究，2007(9)：10-15.

［101］KATZ J A. The chronology and intellectual trajectory of American entrepreneurship education［J］. Journal of business venturing，2003，18(2)：283-300.

［102］牛长松.美国创业教育的发展历程及启示［J］. 职业技术教育，2007，28(1)：88-91.

［103］SOLOMON G T. An examination of entrepreneurship education in the United States［J］. Journal of small business and enterprise development，2007，14(2)：168-182.

［104］梅伟惠.美国高校创业教育［M］. 杭州：浙江教育出版社，2010.

［105］徐小洲，梅伟惠.高校创业教育的战略选择：美国模式与欧盟模式［J］.

高等教育研究,2010,31(6):98-103.

[106] European Commion. Towards greater cooperation and coherence in entrepreneurship education[R]. Birmingham:European Commion, 2010.

[107] MATLAY H,CAREY C. Entrepreneurship education in the UK:a longitudinal perspective[J]. Journal of small business and enterprise development,2007,14(2):252-263.

[108] 牛长松.英国大学生创业教育政策探析[J]. 比较教育研究,2007(4):79-83.

[109] HANNON P D. Philosophies of enterprise and entrepreneurship education and challenges for higher education in the UK[J]. The international journal of entrepreneurship and innovation,2005,6(2):105-114.

[110] LUNDSTROM A. Creating Opportunities for Young Entrepreneurs[R]. Oslo:Nordic Examples and Experiences,2010.

[111] 何润宇,高俊山.瑞典创业教育的特点及其对我国高校创业教育的启示[J]. 中国人力资源开发,2008(10):77-80.

[112] Youth Enterprise. Entrepreneurship form ABC to PhD:impact of entrepreneurship education in Denmark[R]. Odense:Youth Enterprise, 2011.

[113] 沈雁.丹麦创业教育政策探析[J]. 高等工程教育研究,2011(3):118-123.

[114] 常媛媛.从 ABC 到 PhD:丹麦创业教育体系的框架设计与特点[J]. 比较教育研究,2015,37(8):7-13.

[115] 李志永.日本大学创业教育的发展与特点[J]. 比较教育研究,2009,31(3):40-44.

[116]李志永.日本大学创业教育述评[J].外国教育研究,2009,36(8): 65-70.

[117]李霆鸣.新加坡创业教育的发展及其对我国高校的启示[J].职业技术教育,2008,29(7):86-89.

[118]李鹏飞.新加坡高校创业教育特点与启示[J].南京理工大学学报(社会科学版),2009,22(4):94-96,124.

[119]张立艳.印度大学创业教育的缘起与发展特色[J].教育评论,2005 (3):95-98.

[120]赵观石.美国、瑞典、印度三国大学生创业教育比较及启示[J].教育学术月刊,2009(5):62-64.

[121]WILLETTS P. Non-governmental organizations in world politics: the construction of global governance[M]. London: Routledge, 2010.

[122]LEWIS D. The management of non-governmental development organizations[M]. London: Routledge,2006.

[123]CHARNOVITZ S. Two centuries of participation: NGOs and international governance[J]. Michigan journal of international law, 1997,18(2):183-286.

[124]联合国.联合国宪章[EB/OL]. [2018-02-10]. https://www. un. org/zh/about-us/un-charter.

[125]REINALDA B. Routledge handbook of international organization [M]. London: Routledge,2013.

[126]EBERWEIN W D, SAURUGGER S. The professionalization of international non-governmental organizations[M]. London: Routledge, 2013.

[127]倪好,蔡娟.近二十年国际创业教育研究的进展、热点与走向:基于

WoS 期刊论文的可视化分析[J]. 比较教育研究,2018,40(2):26-35.

[128]MATLAY H. Researching entrepreneurship and education [J]. Education and training, 2013,47(8/9):704-718.

[129]MCMULLAN W E,LONG W A. Entrepreneurship education in the nineties[J]. Journal of business venturing,1987,2(3): 261-275.

[130]PACHE A C,CHOWDHURY I. Social entrepreneurs as institutionally embedded entrepreneurs: toward a new model of social entrepreneurship education[J]. Academy of management learning & education,2012, 11(3): 494-510.

[131]BROCK D D, MARINA K. Social entrepreneurship education resource handbook[R]. Arlington:Ashoka,2011.

[132]黄兆信,陈赞安,曾尔雷,等. 内创业者及其特质对我国高校创业教育的启示[J]. 高等教育研究,2011,32(9):85-90.

[133]BOON J,MARCEL V D K,JANSSEN J. Fostering intrapreneurial competencies of employees in the education sector[J]. International journal of training and development,2013,17(3): 210-220.

[134] EDIAGBONYA K. The roles of entrepreneurship education in ensuring economic empowerment and development[J]. Journal of business administration & education, 2013, 4(1):35-46.

[135]VOSSENBERG S. Women entrepreneurship promotion in developing countries:what explains the gender gap in entrepreneurship and how to close it[J]. Maastricht school of management working paper,2013(8): 1-27.

[136]REGELE M D, NECK H M. The entrepreneurship education subecosystem in the United States: opportunities to increase entrepreneurial activity[J]. Journal of business and entrepreneurship,

2012,23(2):25.

[137]徐小洲,倪好,吴静超. 创业教育国际发展趋势与我国创业教育观念转型[J]. 中国高教研究,2017(4):92-97.

[138]LACKÉUS M. Entrepreneurship in education: what why when how [EB/OL]. [2019-03-15]. http://vcplist. com/wp-content/uploads/ 2014/10/Lackeus-2014_WP_Entrepreneurship-in-Education-FINAL-for-OECD-141023. pdf.

[139]RASMUSSEN E A, SØRHEIM R. Action-based entrepreneurship education[J]. Technovation,2006,26(2): 185-194.

[140]MOJAB F, ZAEFARIAN R,AZIZI A. Applying competency based approach for entrepreneurship education [J]. Procedia-social and behavioral sciences,2011(12):436-447.

[141]MORRIS M H,WEBB J W, SINGHAL S, et al. A competency-based perspective on entrepreneurship education: conceptual and empirical insights[J]. Journal of small business management,2013, 51(3):352-369.

[142]BACIGALUPO M,KAMPYLIS P, PUNIE Y, et al. EntreComp: the entrepreneurship competence framework [R]. Luxembourg: Publication Office of the European Union,2016.

[143] METCALFE R. Can entrepreneurship be taught? [J]. Texas education review,2013,1(1):119-131.

[144]KIRBY D A. Changing the entrepreneurship education paradigm in handbook of research in entrepreneurship education [M]. Cheltenham: Edward Elgar,2010.

[145]HAASE H,LAUTENSCHLÄGER A. The "teachability dilemma" of entrepreneurship [J]. International entrepreneurship and management

journal,2011,7(2):145-162.

[146] HEINONEN J, POIKKIJOKI S A. An entrepreneurial-directed approach to entrepreneurship education: mission impossible? [J]. Journal of management development,2006,25(1):80-94.

[147]TAN S S, NG C K F. A problem-based learning approach to entrepreneurship education[J]. Education and training,2006,48(6): 416-428.

[148]臧玲玲.国际组织推动高等教育国际化的比较分析[J].比较教育研究,2013,35(4):83-88.

[149]UNIDO. Conference on fostering entrepreneurial youth [R]. Vienna:UNIDO,2014.

[150]DE JAEGHERE J. Educating entrepreneurial citizens: neoliberalism and youth livelihoods in Tanzania[M]. London:Taylor & Francis, 2017.

[151]PETRIN T,GANNON A. Rural development through entrepreneurship [R]. Rome:FAO,1997.

[152]KAHAN D. Entrepreneurship in farming[R]. Rome:FAO,2012.

[153]UNESCO. Second international congress on technical and vocational education final report[R]. Paris:UNESCO,1999.

[154]World Bank Group. Learning for all: investing in people's knowledge and skills to promote development[R]. New York:Word Bank Group,2011.

[155]ILO. Facilitating youth entrepreneurship part I [R]. Geneva:ILO, 2003.

[156]GEM. Global entrepreneurship report [EB/OL]. (2015-03-27) [2019-03-18]. https://www. gemconsortium. org/report/47107.

［157］World Bank. Framing the global landscape of entrepreneurship education and training programs［R］. New York：World Bank,2013.

［158］UNESCO Principal Regional Office for Asia and the Pacific, Asia-Pacific Centre of Educational Innovation for Development. Becoming enterprising：technical guidelines［R］. Bangkok：UNESCO Principal Regional Office for Asia and the Pacific,1994.

［159］UNESCO. On promoting entrepreneurship education in secondary schools final report［R］. Paris：UNESCO,2008.

［160］UNESCO-UNEVOC. Revisiting global trends in TVET：reflections on theory and practice［R］. Bonn：UNESCO-UNEVOC,2013.

［161］UNCTAD. Entrepreneurship education, innovation and capacity-building in developing countries［EB/OL］. （2010-11-10）［2018-11-29］. https://unctad. org/enDocsciimem1d9_en. pdf.

［162］ILO. R189：job creation in small and medium-sized enterprises recommendation［EB/OL］. （1998-06-02）［2018-03-18］. https://www. ilo. org/dyn/normlex/en/f? p＝NORMLEXPUB：12100：0：：NO：：P12100_ILO_CODE：R189.

［163］UNESCO. World conference on higher education 2009 final report［R］. Paris：UNESCO,2009.

［164］顾明远. 终身教育：20 世纪最重要的教育思潮［J］. 职业技术教育, 2001,22(1)：5-7

［165］UNICEF. Child social and financial education［R］. New York：UNICEF,2012.

［166］UNESCO, ILO. Towards an entrepreneurial culture for the 21st century：stimulating entrepreneurial spirit through entrepreneurship education in secondary schools［R］. Paris：UNESCO, Geneva：ILO,

2006.

[167]UNESCO-UNEVOC. Revisiting global trends in TVET：reflections on the theory and practice[R]. Bonn：UNESCO-UNEVOC,2013.

[168] UNESCO-UNEVOC. Transforming TVET：from idea to action [R]. Bonn：UNESCO-UNEVOC,2012.

[169] ILO. Building business and entrepreneurship awareness：an ILO experience of integrating entrepreneurship education into national vocational education systems[R]. Geneva：ILO,2011.

[170]埃茨科威兹.国家创新模式:大学、产业、政府"三螺旋"创新战略[M]. 周春彦,译.北京:东方出版社,2014.

[171]UNIDO. Fostering entrepreneurial youth[R]. Vienna：UNIDO，2012.

[172]World Bank Group. World Bank Group support for innovation and entrepreneurship[R]. New York：World Bank Group,2014.

[173]陈乃林,孙孔懿.非正规教育与终身教育[J]. 教育研究,2000(4):20-23,80.

[174]ILO. Facilitating youth entrepreneurship part Ⅱ[R]. Geneva：ILO，2004.

[175]黄平,李太平.教育过程的界定及其生成特性的诠释[J]. 教育研究,2013,34(7):18-27.

[176]丁念金.霍恩斯坦教育目标分类与布卢姆教育目标分类的比较[J]. 外国教育研究,2004(12):10-13.

[177]World Bank. Youth employment a human development agenda for the next decade[R]. New York：World Bank,2013.

[178]UNCTAD. Entrepreneurship education policies[EB/OL]. (2010-11-10) [2019-03-18]. https://unctad. org/en/Docs/ciimem1crp2_en. pdf.

［179］DUVAL-COUETIL N. Assessing the impact of entrepreneurship education programs：challenges and approaches［J］. Journal of small business management,2013,51(3):394-409.

［180］ILO. Stimulating youth entrepreneurship：barriers and incentives to enterprise start-ups by young people［R］. Geneva：ILO,2006.

［181］UNESCO. UNESCO Chairs and UNITWIN Networks［EB/OL］. ［2019-03-20］. https://www. unesco. org/en/education/unitwin.

［182］UNESCO. UNITWIN/UNESCO chairs programme：brilliant minds for sustainable solutions 25th anniversary［R］. Paris：UNESCO, 2017.

［183］UNESCO. Shanghai consensus：transforming technical and vocational education and training, building skills for work and life［R］. Paris： UNESCO,2012.

［184］联合国教科文组织. 职业技术教育与培训战略 2016—2021［R］. 巴黎： 联合国教科文组织,2016.

［185］UNESCO-UNEVOC. Promoting learning for the world of work［EB/ OL］. (2012-12-31)［2019-03-21］. https://unevoc. unesco. org/go. php? q=page_entrepreneurial_learning.

［186］UNESCO-UNEVOC. Entrepreneurship education in the Arab States ［R］. Bonn：UNESCO-UNEVOC,2013.

［187］王坤庆. 论人文主义教育的价值取向［J］. 高等教育研究,1999(5)： 20-23.

［188］联合国教科文组织. 反思教育：向"全球共同利益"的理念转变？［R］. 巴黎：联合国教科文组织,2015.

［189］UNESCO. Rethinking education：towards a global common good？ ［R］. Paris：UNESCO,2015.

[190]World Bank. Education overview[EB/OL]. [2019-03-25]. https://www. worldbank. org/en/topic/education/overview.

[191]闫温乐. 世界银行教育援助研究:特征、成因与影响[D]. 上海:华东师范大学,2012.

[192]IDA. International Development Association: the World Bank's fund for the poorest[R]. Washington D. C. : IDA,2017.

[193]World Bank. Burkina Faso youth employment and skills development project [EB/OL]. （2013-04-29）[2019-03-25]. http://projects. worldbank. org/P130735/bf-youth-employment-skills-development? lang ＝en.

[194] World Bank. Jamaica youth employment in digital and animation industries[EB/OL]. （2014-06-16）[2019-03-25]. http://projects. worldbank. org/P148013? lang＝en.

[195]World Bank. Ethiopia women entrepreneurship development project [EB/OL]. （2012-04-26）[2019-03-25]. http://projects. worldbank. org/P122764/women-entrepreneurship-development-project? lang＝en.

[196] World Bank. Non formal vocational training project[EB/OL]. [2019-03-27]. http://projects. worldbank. org/P008976/non-formal-vocational-training-project? lang＝en.

[197] World Bank. Gabon skills development and employability project [EB/OL]. （2016-01-20）[2019-03-27]. http://projects. worldbank. org/P146152? lang＝en.

[198]World Bank. Djibouti support for women and youth entrepreneurship [EB/OL]. [2019-03-27]. http://projects. worldbank. org/P165558? lang＝en.

[199] World Bank. Youth employment support[EB/OL]. [2019-03-27].

http://projects. worldbank. org/P121052/youth-employment-support? lang=en.

[200]World Bank. Guinea stepping up skills project[EB/OL]. [2019-03-27]. http://projects. worldbank. org/P146474? lang=en.

[201]World Bank. Promoting the inclusion of conflict-affected Iraqi youth[EB/OL]. [2019-03-27]. http://projects. worldbank. org/P161654? lang=en.

[202] World Bank. Congo skills development for employability project [EB/OL]. [2019-03-27] http://projects. worldbank. org/P128628/congo-skills-development-employability-project? lang=en.

[203]World Bank. Mali skills development and youth employment project [EB/OL]. (2014-06-03)[2019-03-29]. http://projects. worldbank. org/P145861? lang=en.

[204] World Bank. Enterprise incubator project[EB/OL]. [2019-03-29] http://projects. shihang. org/P044852/enterprise-incubator-lil? lang=zh.

[205]World Bank. Employment opportunities for vulnerable youth project [EB/OL]. (2017-02-28)[2019-03-29]. http://projects. worldbank. org/P157036/? lang=en&tab=documents&subTab=projectDocuments.

[206]World Bank. Poland rural development project[EB/OL]. (2000-04-01) [2019-03-29]. http://projects. worldbank. org/P058202/rural-development-project? lang=en.

[207] World Bank. Industrial restructuring project[EB/OL]. [2019-03-29]. http://projects. worldbank. org/P002339/industrial-restructuring-project? lang=en.

[208]World Bank. Micro,small, and medium enterprise competitiveness project [EB/OL]. [2019-03-29]. http://projects. worldbank. org/P085007/micro-small-medium-enterprise-competitiveness-project? lang=en.

[209]World Bank. Enterprise rehabilitation and development project[EB/OL]. [2019-03-29]. http://projects. worldbank. org/P000464/enterprise-rehabilitation-development-project? lang＝en.

[210]World Bank. Kenya industry and entrepreneurship[EB/OL]. (2018-05-23）[2019-04-05]. http://projects. worldbank. org/P161317? lang＝en.

[211]World Bank. Agriculture commercialization project additional financing [EB/OL]. (2017-11-22)[2019-03-30]. http://projects. worldbank. org/P158499? lang＝en.

[212]World Bank. SME competitiveness project[EB/OL]. [2019-03-30]. http://projects. worldbank. org/P147705? lang＝en.

[213]BRUSH C G. Exploring the concept of an entrepreneurship education ecosystem［M］. Bingley：Emerald Group Publishing Limited,2014.

[214]World Bank. Finance for jobs Ⅱ[EB/OL]. [2019-04-02]. http://projects. worldbank. org/P159337? lang＝en.

[215]World Bank. Republic of Poland second programmatic policy loan [EB/OL]. (2009-06-03)[2019-04-02]. http://projects. worldbank. org/P116125/poland-employment-entrepreneurship-human-capital-dev-policy-program-dpl? lang＝en&tab＝documents&subTab＝project Documents.

[216]World Bank. Pakistan NWFP structural adjustment credit[EB/OL]. [2019-04-02]. http://projects. worldbank. org/P077834/nwfp-structural-adjustment-credit-project? lang＝en.

[217]孟莹. 美国大学生创业的外部支撑体系研究[D]. 杭州：浙江大学,2017.

[218]World Bank. G H eTransform Ghana[EB/OL]. (2013-09-26)[2019-

04-02]. http://projects. worldbank. org/P144140/gh-etransform-ghana? lang＝en.

[219]World Bank. Georgia national invation ecosystem project[EB/OL]. (2016-02-19)[2019-04-02]. http://projects. worldbank. org/P152441? lang＝en.

[220]刘骥. 如何应对全球学习危机?:世界银行《2018 世界发展报告》述评 [J]. 全球教育展望,2018,47(6):3-14.

[221]World Bank. J M youth employment in digital and animation industries[EB/OL]. [2019-04-05]. http://projects. worldbank. org/P148013? lang＝en.

[222]ILO. Mission and the impact of ILO[EB/OL]. [2019-01-21] https://www. ilo. org/global/about-the-ilo/mission-and-objectives/ lang--en/index. htm.

[223]ILO. Entrepreneurship education[EB/OL]. [2019-03-25]. https:// www. ilo. org/empent/areas/youth-entrepreneurship/lang--en/index. htm.

[224]ILO. Supporting entrepreneurship education: a report on the global outreach of the ILO's Know About Business programme[R]. Geneva: ILO,2009.

[225]臧玲玲. 国际视野下的高校创业教育课程研究[M]. 北京:中国社会 科学出版社,2016.

[226]ILO. Fostering future entrepreneurs[EB/OL]. (2014-11-04)[2019- 01-23]. https://www. ilo. org/wcmsp5/groups/public/---ed＿emp/--- emp_ent/---ifp_seed/documents/publication/wcms_175469. pdf

[227]ILO. History[EB/OL]. [2019-01-27]. https://www. ilo. org/ empent/areas/start-and-improve-your-business/WCMS_192060/lang-- en/index. htm.

[228]ILO. Key actors[EB/OL]. [2019-01-27]. https：//www. ilo. org/
empent/areas/start-and-improve-your-business/WCMS_537069/lang--
en/index. htm.

[229]ILO. Start and improve your business：implementation guide[R].
Geneva：ILO,2014.

[230]ILO. Women's entrepreneurship development programme[EB/OL].
[2019-01-27]. https：//www. ilo. org/empent/areas/womens-entrepreneur-
ship-development-wed/lang--en/index. htm.

[231]国际劳工组织. 妇女创业能力发展[EB/OL]. (2014-11-10). [2019-
02-04]. https：//www. ilo. org/wcmsp5/groups/public/---asia/---ro-
bangkok/---ilo-beijing/documents/publication/wcms_194356. pdf.

[232]ILO. ILO-WED products[EB/OL]. (2015-11-30)[2019-02-04].
https：//www. ilo. org/empent/areas/womens-entrepreneurship-develop-
ment-wed/facet/WCMS_431601/lang--en/index. htm.

[233]ETZIONI A. Common good[M]. Cambridge：Polity,2004.

[234]EESLEY C E, MILLER W F. Impact：Stanford University's
economic impact via innovation and entrepreneurship [J].
Foundations and trends in entrepreneurship,2018,14(2)：130-278.

[235]刘佳丽,谢地.西方公共产品理论回顾、反思与前瞻:兼论我国公共产
品民营化与政府监管改革[J]. 河北经贸大学学报,2015,36(5)：
11-17.

[236]穆勒. 政治经济学原理及其在社会哲学上的若干应用(下卷)[M]. 胡
企林,朱泱,译.北京:商务印书馆,1991.

[237]联合国. 可持续发展目标[EB/OL]. [2019-04-12]. https：//www.
un. org/sustainabledevelopment/zh/.

[238]UNESCO. ESD＋TVET：promoting skills for sustainable development

[R]. Paris：UNESCO,2012.

[239] UNESCO, UNEP. Youth X Change：green skills and lifestyles guidebook[R]. Paris：UNESCO,2016.

[240]FILION L J. Ten steps to entrepreneurial teaching[J]. Journal of small business & entrepreneurship,1994,11(3)：68-78.

[241]BYRNE J, FAYOLLE A. Global university entrepreneurial spirit students' survey national report[R]. Lyon, France：EM Lyon, 2010.

[242]倪好.美国高校社会创业教育研究：基于创业教育三分法的视角[D]. 杭州：浙江大学,2018.

[243]PARKER S C. Intrapreneurship or entrepreneurship? [J]. Journal of Business Venturing,2011,26(1)：19-34.

[244]DICKSON P. Think tanks[M]. New York：Atheneum,1971.

[245]许文立.全球化背景下的国际组织与世界高等教育发展[J]. 教育理论与实践,2018,38(6)：3-5.

[246] WILSON K E, VYAKARNAM S, VOLKMANN C, et al. Educating the next wave of entrepreneurs：unlocking entrepreneurial capabilities to meet the global challenges of the 21st century[R]. Geneva：WEF, 2009.

[247]UN Global Compact. Investing in youth entrepreneurship and employment [EB/OL]. [2019-04-12]. https://d306pr3pise04h. cloudfront. net/docs/ issues _ doc％2Flabour％2Fyouth _ employment％2FInvest _ Youth _ Entrepreneurship_Employment. pdf.

[248]王占仁,常飒飒.美国高校创业教育"成熟性"、"合法性"及"发展趋势"的论争与启示[J]. 比较教育研究,2016,38(1)：7-13.

[249]赵爽.教育政策合法性研究[D]. 长春：东北师范大学,2005.

［250］庞颖. 政府间国际组织的合法性研究［D］. 厦门：厦门大学,2008.

［251］UNESCO. World declaration on higher education for the 21st century：vision and action［EB/OL］.（1998-10-09）［2019-04-12］. http://www.unesco. org/education/educprogwchedeclaration_eng. htm.

［252］UN-ESCAP. Economic and social survey of Asia and the Pacific 2018［R］. Bangkok：UN,2018.

［253］UN-ESCAP. Social outlook for Asia and the Pacific poorly protected［R］. Bangkok：UN,2018.

［254］毛家瑞,丁伟红. 亚太地区部分国家的创业教育［J］. 外国教育资料,1992(4)：1-4.

［255］外交部. 约旦国家概况［EB/OL］.［2019-04-14］. https://www.fmprc. gov. cn/web/gjhdq _ 676201/gj _ 676203/yz _ 676205/1206 _ 677268/1206x0_677270/.

［256］Knoema. 约旦［EB/OL］.［2019-04-14］. https://cn. knoema. com/atlas/约旦/topics/教育.

［257］UNESCO-UNEVOC. Entrepreneurship education in the Arab States［R］. Bonn：UNESCO-UNEVOC,2010.

［258］World Bank Group. Project information document［EB/OL］.（2003-04-10）［2019-04-14］. http://documents. worldbank. org/curated/en/357731468276550319/pdf/multi0page. pdf.

［259］UNESCO-UNEVOC. Entrepreneurship Education in the Arab States：component Ⅱ：regional synthesis report［R］. Bonn：UNESCO-UNEVOC,2012.

［260］ILO. Entrepreneurship education：Know About Business in Jordan［EB/OL］.（2014-03-30）［2019-04-15］. https://www. ilo. org/wcmsp5/groups/public/---dgreports/---exrel/documents/publication/

wcms_238656.pdf.

[261]巴尼特,芬尼莫尔.为世界定规则:全球政治中的国际组织[M].薄燕,译.上海:上海人民出版社,2009.

[262]梅伟惠.我国高校创业教育组织模式:趋同成因与现实消解[J].教育发展研究,2016,36(Z1):29-34.

[263]罗伯茨,金斯伯里.全球治理:分裂世界中的联合国[M].吴志成,张蒂,刘丰,等译.北京:中央编译出版社,2010.

[264]阿伯特,斯奈德尔.国际治理中的硬法与软法[M].胡晓琛,译//杨雪冬,王浩.全球治理.北京:中央编译出版社,2015.

[265]徐小洲,倪好.社会创业教育的发展趋势与策略[J].高等教育研究,2017,38(2):38-44.